甘肃省属高校国家一流学科突破工程教育学科建设经费资助成果

中国教育学会 2022 年度教育科研规划重点课题
"兴趣教育思想理论体系的构建"（编号 202200013101A）结题成果

兴趣教育论

Xingqu Jiaoyulun

郭 戈 ◎ 著

教育科学出版社

·北 京·

没有爱就没有教育，
没有兴趣就没有学习，
教书育人在细微处，
学生成长在活动中。

辛丑初春 顾明远书于北京宜雅斋有三

顾明远先生题词

序

思想是前进的旗帜，理论是行动的指南。一个国家的强盛崛起和繁荣发展，可以归结为很多因素，但是最重要的还是思想的解放、理念的革命。过去的 40 多年我国之所以取得辉煌的成就，主要原因就在于打碎了多少年来禁锢中国人的思想束缚和精神枷锁。与此同时，各领域的学者们都在不断地思考新问题，探索问题的起源，把握未来的趋势，研究解决问题的办法，从而做出了诸多理论上的贡献。可以说，这是一项最神圣的事业和最高尚的工作，当然也是一项难度极大的开创性工作。

科学理论是学科发展的基础，也是科学研究的关键。教育学者一定要在教育科学理论上有所创新，并且在理论体系上有所建树。教育学并不是一门很简单的学问，要研究精到，成效卓著，不仅需要付出激情和努力，也需要一流的智慧和头脑，而广阔高远的视阈和广博深厚的知识积累，更是最基本的条件。教育学者们应当提振精神，好学深思，拒绝平庸，追求卓越，在新的时代对教育学的一系列基本概念、基本理论进行一番正本清源的梳理，做前人所没有做过的创造性的工作，给教育学一个宏观、完整、全面、具有系统性和学理性的概括和说明，从而构建一个新的教育学理论体系，给教育学以恰当的理论定位，并透显出教育学的理论价值。研究教育学中的一系列具体范畴和学说也是如此，一定要站得高，看得远，视野开阔、深邃。从纵向说，应有历史的头脑；从横向说，应有系统和跨学科的观念。

古人云：言之有理，言之有据，言之有序，言之有文，言之有我，言之有情。做学问或撰文出书要达到这样的境界，并不是一件轻而易

1

举的事情，需要长年的积累和不断的锤炼。我所要强调的是，一方面，真正的教育理论植根于实际又高于实际，既有鲜明的现实性与时代性，又有对现实与时代的超越性与理想性。这种理论不只是实践的操作行为指南，而是提供精神的引导，是一种实践的精神。教育理论应更多地从实践精神走向实际充实、照亮、引导、激励实践，这或许就是教育理论与实际相结合的真谛。在我看来，理论研究要说理，要讲道理；教育理论研究基于个体对教育现象问题的理性的思考，而不是盲从——从于权威，从于利益，从于时尚潮流，从于众口一词，或从于个人的滥情。另一方面，要写自己最有感悟的东西，只写自己懂得的东西，不写自己不懂的东西，并且写得明白易懂，深入浅出，使读者觉得不绕口，好读、好看点。然而，这些也正是我们的教育研究现实真正的欠缺之所在。

构建一套理论体系，成就一件精品力作，需要一种执着和坚守，也可以说是一种愚笨和痴迷。学术本来就是有智者、有闲者或清心寡欲者的人生取向，而学者治学的最高境界，就在于对学术的无穷乐趣，在学理上有所追求和不可压抑的激情。不抱任何功利的目的，即不以学术作为获取利禄的工具，却愿意为它付出毕生的精力。我以为，学问著作之事，既要相互观摩，彼此切磋，亦贵能孤往。既然不以时代群趋为是，就应由沉潜而千虑一得，以待来者。

常言道："兴趣是最好的老师。"兴趣是人人皆有、处处存在、时时显现的一种心理现象，它在教育和学习上具有十分重要的价值，这已为教育学和心理学研究所反复证实。所以，兴趣历来为古今中外诸多教育家、心理学家所关注。在西方，从近代的夸美纽斯、洛克、卢梭、裴斯泰洛齐、斯宾塞和赫尔巴特，到现代的杜威、克伯屈、德可乐利、皮亚杰、布鲁纳和苏霍姆林斯基等，都无一例外地论述了如何使学生学有兴趣、学得愉快的问题，并形成了较为完整的兴趣教育思想。在中国古代，既有先秦时期老子的乐业、孔子的乐学和孟子的乐教的思想，又有宋朝二程和朱熹倡导的由意趣或兴味达成乐业、乐学和乐教的观点，还有现代以梁启超为代表的趣味教育观和教育趣味观。这是中华民族一个一脉相承的优秀的教育思想，也是现代教育学研究的一个重要课题。当代教育家顾明远强调说："没有爱就没有教育，没有兴趣就没有学习，这是我的教育信条。"我也相信这是一条颠扑不破的真理，同时也表明师生积极情感的调动永远是教育尤其是教学的一个主题。新时代中国社会的主要矛盾转化为人民日益增长的美好生活需要和不平衡不充分的发展之间的矛盾，这对教育改革和发展创新提出了新的更高要求。其中一个关键问题，就是要解决学生兴趣缺乏、快乐不多、幸福不足的问题，以扭转当前应试严重、分数至上、功利导向的偏差。因此，如何在古今中外丰富成果的基础上沉思和遐想，重建符合新时代需要的兴趣教育理论，以指导人们破解实际问题、世纪难题，无疑是一件很有挑战性的研究工作。

郭戈是上世纪 80 年代末就学于西北师范大学的博士生，是一位真正爱好学问并很有感觉的好学者。他在学期间发表过许多论文，并经常到我家讨教问题，所以我比较了解。从他毕业到现在，虽然调换了不少工作岗位，但一直没有放弃对教育学术的执着追求，曾先后研究了李廉方等教育家、兴趣教育论和教材论等问题。这本《兴趣教育论》是郭戈研究员在其早年硕士论文的基础上，持续钻研四十年，以宽阔视野和深厚积累，结合历史和个人体悟，对教育学和心理学中的一个基本概念、基本理论进行全面、深入的总结和研究所形成的成果，是一本很有分量的学术专著。我读过之后，觉得有几点值得肯定：首先，作者作为一个教育学人，注重从理论上去把握兴趣与教育的关系问题，对兴趣教育尤其是兴趣教学的一系列现象予以理性说明和理论阐述，能够植根于实际又高于实际，其作用就比较大。其次，本书研究兴趣教育注重从理论体系上进行考察和梳理，形成了一个较为完整的结构或体系，这很重要，也很不容易，并不是每项课题研究都能够做到的。再次，本书特别重视历史方法和总结以往教育家的思想经验，占有了大量的文献资料，很有说服力，也说明作者平日很用心积累相关材料。从次，本书还有系统和跨学科观念，基于教育学视角，吸收了哲学、文艺学、社会学特别是心理学等相关研究成果，对于我们认识问题很有帮助。最后，作者研究的是无功利性质的兴趣问题，并且其长年对兴趣问题感兴趣，从 1983 年开始至今，先后发表了几十篇有关文章，最终四十年磨一剑，也体现了无功利的研究旨趣和好之、乐之的学术境界。这一点在当下学界尤其值得提倡。

　　是为序。

胡德海

2023 年 7 月 12 日

目　　录

绪　　论

天才就是强烈的兴趣和顽强的入迷。

——童第周

成功的真正秘诀在于兴趣。

——杨振宁

没有爱就没有教育，没有兴趣就没有学习，这是我的教育信条。

——顾明远

无论在心理学还是在教育学中，几乎没有比"兴趣"更重要的问题了。

——奥斯特曼

兴趣问题具有重大的意义，很久以来它又是许多心理学家特别是教育家所留意的问题。

——鲍若维奇

社会生活中的话题浩如烟海，但能够引起人们广泛关注并经常谈论的，"兴趣"（interest）可以算上一个；学术研究中的观点比比皆是，但能够得到多学科重视并形成理论体系的，"兴趣学说"（interest theory，interest doctrine）则为其中之一。"兴趣说"，即兴趣学说，是古今中外学问家们对兴趣问题深思、研究后，形成的系统的思想观点或理论体系。虽然它是多学科涉猎的一个领域，但最为教育学家和心理学家所看重；一般意义上的兴趣说，也多指教育学和心理学中的兴趣理论。

一、令人感兴趣的"兴趣"

（一）兴趣：一种人皆有之的心理现象

兴趣是生活中常见的一种心理现象，人皆有之，广泛存在，且时常显现。作为一个日常概念，兴趣表明人对一定事物的倾向、关切、喜欢或爱好，与无聊乏味、漠不关心相对立。兴趣在日语中称"興味"，与中文意思差不多；兴趣的英文和德文分别是 interest 和 Interesse，有多种含义，如趣味、旨趣、关切、利益等，与中文意思相差较大。在现实中，兴趣一词出现频率很高，如"感兴趣""有兴趣""兴趣盎然""兴趣广泛""浓厚的兴趣"等等，它还与"有趣""趣味""兴致""兴味""情趣""志趣"等概念密切相关。此外，兴趣同"热爱""爱好""用心""快乐"等概念也有关联。

常言道："兴趣是最好的老师。"兴趣的作用十分广泛，也显而易见。我们做任何事情，有没有兴趣，或兴趣大小如何，其结果和效率大不一样，过程感觉也会截然不同。无论是琴棋书画、体育锻炼，还是读书学习、工作研究，以至科学研究、发明创造，只要有了浓厚的兴趣，乐在其中，不厌不倦，就能全神贯注、深入钻研，自然就会提高进步。而且，若能在有兴趣的领域坚持不懈、不断追求，一定会有所作为、有所成就。对此，许多人都有切身的体会和深刻的感悟。

兴趣的功用很强大，甚至有化腐朽为神奇的效力。兴趣就像一台强力的发动机，不断驱使人们全身心投入而不知疲倦地工作；兴趣又像一支强效的催化剂，总是让人兴致勃勃、喜形于色，在旁观者看起来很枯燥、很辛苦的差事，对有兴趣者而言却是一种快乐和享受。在学习和工作当中，我们也常常用一些词语，如"持之以恒""全力以赴""夜以继日""废寝忘食""如饥似渴""手不释卷""兴致勃勃""津津乐道""不厌不倦""心驰神往""乐此不疲"等，来形容人们感兴趣的时候的状态。

古今中外也有不少赞叹兴趣的名言谚语，如"知之者不如好之者，好之者不如乐之者"（孔子），"教人未见意趣，必不乐学"（朱熹），"学问必须合乎自己的兴趣，方才可以得益"（莎士比亚），"哪里没有兴趣，哪里就没有记忆"（歌德），"兴趣是不会说谎的"（英国谚语），"天才就是强烈的兴趣和顽强的入迷"（童第周），"成功的真正秘诀在于兴趣"（杨振宁），等等。杨振宁教授在演讲中多次强调兴趣在科学研究和发明创造中的重要作用，他通过许多科学家的成功经历以及他本人的经验，特别指出"兴趣是创新之源、成功之本"，"在创新方面，个人兴趣尤其是早年兴趣，常常扮演了非常重要的角色"。（桂运安，2015）

正是因为兴趣在社会生活中具有普遍意义和重要作用，所以"心理学研究总是对'兴趣'很感兴趣"（Silvia，2006）[vii]。甚至有人断言："无论在心理学还是在教育学中，几乎没有比'兴趣'更重要的问题了。"（Ostermann，1899）[3] 由此可见，兴趣研究在这两个学科中的地位很不一般。尤其是近一百多年，一大批有关兴趣心理研究的成果得以涌现，其中一些著作的题名中就带有"兴趣心理学"字样。心理学把专门研究人的兴趣心理现象和规律的学问叫作兴趣心理学（psychology of interest）或兴趣学说、兴趣理论，主要涉及兴趣的概念和特性、类型和发展阶段、生理机制和发生基础、测量和评价，兴趣与动机、情感、态度、意志、自我等个性心理的关系，以及兴趣在社会生活、职业工作、人格发展和教育教学中的地位与作用等问题。

（二）兴趣：一个永恒的教育话题

教育和学习是兴趣最大有可为的领域，也没有比教育学更重视兴趣问题的了。苏联教育家鲍若维奇（1958）[1]说过，"兴趣问题具有重大的意义，很久以来它又是许多心理学家特别是教育家所留意的问题"。我国教育家顾明远（2010）也说过一句很精辟的话："没有爱就没有教育，没有兴趣就没有学习，这是我的教育信条。"在他看来，爱是教师的灵魂，兴趣是学习的关键，"教育就是要培养学生的学习兴趣"。关于兴趣在教育和学习中的重要作用，研究表明，兴趣大小影响对知识的识记、同化、迁移或者知识学习的深度和广度，并制约着学业成绩的高低。兴趣又是开发智能的"钥匙"，通过兴趣可以激活整个心理活动，使认识过程处于积极化、高效率工作的状态，从而打开思考的门扉、想象的翅膀、思维的路径、创造的源泉……。如此，智力发展和能力提高才真正具备了前提。兴趣不仅有知识价值、智能价值，还有德育价值，因为对学习丧失欲望和兴趣，就不可能有良好教育性的基础。兴趣是通向理想的桥梁，抓住学生的兴趣点是良好的德育时机。研究还表明：兴趣是学生生动活泼学习、快乐健康成长的明显标识，是有效教学和个性发展的内在动力，是维持学生长期注意和刻苦努力的重要保证，是快乐学习和减轻负担的主要源泉，还是终身学习、创造发明和事业有成的主要机理之一。所以，教育工作者、家长乃至学生自己都对学习兴趣问题相当看重，他们关于兴趣的经验体会在报刊和网络上屡见不鲜，有关的指导书籍或通俗读物也层出不穷。

如何使学生学有兴趣并学得愉快，不仅为广大教育工作者所津津乐道，也为古今中外的教育家所孜孜以求，并在近现代演进出一种影响较大的学说。在我国，自孔子倡言"好之""乐之"（《论语·雍也》）以后，好学乐学的思想主张便绵延不断且一脉相传，成为中华民族传统教育思想中的一份宝贵遗产。其间，宋朝二程阐发的"教人未见其趣，必不乐学"（《二程集·遗书》），可谓这一思想的丰富和发展，从此以后，趣学、好学、乐学思想融为一体，不断发展。20 世纪初期特别是"五四运动"之后，教育家们在继承这一传统教育思想的基础上，又学习借鉴了西方近现代教育思想中的兴趣学说，从而产生了"趣味教育"和"兴味教学""兴趣教学"的思想主张，并形成了具有中国特色的兴趣教育理论。"有一句古老的格言今天和将来都不会过时：'兴趣是求知和学习最大的动力。'这不单单是一种方法，而且包含人类获取知识的一个充满智慧而古老的法则。"（斯宾塞，2009）[87] 这方面的论述还有很多，例如，卢梭（2001）[223] 明确指出，"培养他有爱好学问的兴趣，而且在这种兴趣充分增长起来的时候，教他以研究学问的方法。毫无疑问，这是所有一切良好的教育的一个基本原则"。赫尔巴特（1989）[67] 说："没有这种兴趣，教学无疑是空洞乏味的。任何人都切不要说，他是全心全意在执教！因为这是一种空谈。"杜威（2008a）[14] 说，"兴趣是生长中的能力的信号和象征"。并且，"它们是自然的资源，是未投入的资本，儿童的积极生长仰赖于对它们的运用"（杜威，2008a）[48]。兴趣与教育和学习的关系，不但为历代著名教育家所论及，而且相关学说还对学校教育和教师教学产生过很大影响。正如美国教育家麦克墨里所言："在整个教育学思想的大事年表中都表明，古代和现代的教育学已经引起教师注意的就是兴趣的原理，它是唯一特别着重感情生活的。"（康内尔，1990）[131]就连对兴趣颇有微词的巴格莱也不得不承认，强调兴趣、自由、目前需要、个人经验、心理组织和学生主动性的理论，"已持续了若干世纪"，贯穿从古到今的欧美"进步派"和"各种教育的革新"，尤其是"一个多世纪以来，这些理论日益加深，……如此大量地被明确地表现在各种运动里"。（王承绪，赵祥麟，2001）[154-155]

　　兴趣也是教育现实中的一个突出问题。改革开放以来，我国教育事业繁荣发展，兴趣教育、快乐教育、愉快教育、情感教学等也得到学校和社会前所未有的关注，相关的理论研究、创新实践和试验成果不断涌现。但在实际当中，快乐教育如同素质教育一样曲高和寡，学生学习无趣、不乐的问题仍很突出。新时代中国社会的主要矛盾转化为人民日益增长的美好生活需要和不平衡不充分的发展之间的矛盾，对教育改革发展提出了新的更高要求。当前教育存在的最突出问题仍然是应试导向、分数至上、考试中心、强塞知识，严重损害青少年身心健康和学习兴趣，外在的、功利的目标追求成为学习的主要动机，由此带来的学生"被学习"、不喜欢学习或不能自主自动地学习等弊端，为许多有识之士所忧虑。个别教师也被裹挟其中，面临精神家园的迷失和职业兴趣的缺失等危险。由此可见，不仅学生的学习兴趣，而且教师的职业兴趣或专业兴趣，都是当下学校教育亟待关注的突出问题。

（三）兴趣：一个多学科涉猎的领域

　　如果把人和儿童的兴趣问题放在人类社会和教育事业发展的大背景中去考察，它实在说不上是一个较早被关注和研究的重要问题。大致说来，远古时代人类生存严重依赖于大自然，所以人类思考的对象首先是自然，之后才是人本身；在人类自我意识上，先关注的是人的认识，后关注的是人的情感；在人的情感生活中，最早关心的是人生意义和目的，主要体现为人的生活是不是幸福快乐的问题，至于人的兴趣问题，则排在靠后的位置。但恰恰是人的情感（包括兴趣）问题，才是人之所以为人的最重要、最基本的问题，因为只有情感归属和兴趣取向，才是人最首要、最基本、最有价值的存在方式。

由于兴趣关涉人以情感为动力的生活，直接影响人的认识活动、认知方式和评判结果，因此研究人的兴趣既不是教育学的专利，也不为心理学所独有，而是为包括哲学在内的多学科所关注。教育学和心理学都是从哲学中分化出来的，哲学是其最重要的学科基础。西方近代教育学和心理学的兴趣学说，与当时流行的哲学思潮有着密切联系。特别是像卢梭、赫尔巴特、斯宾塞、杜威等著名教育家本身也是著名的哲学家，并且像康德、费希特、培里、哈贝马斯等哲学家也对哲学认识论中的兴趣问题感兴趣，这就使兴趣学说与哲学的联系更加紧密了。一方面，一些哲学思想流派以及哲学家对兴趣的研究，为教育学、心理学的兴趣学说的产生和发展奠定了重要的理论基础，甚至直接为其提供营养；另一方面，教育学、心理学的兴趣理论和观点，反过来也促进了哲学对人的兴趣问题的研究和认识的深化。若就学科诞生先后而言，可以说哲学对人的兴趣的研究甚至还要早于教育学和心理学。哲学的兴趣学说主要研究人的兴趣与人的认识、价值的关系等，比较有名的有德国古典哲学家康德的"理性兴趣说"、美国现代哲学家培里的"价值兴趣说"、德国当代哲学家哈贝马斯的"认识兴趣说"、梁启超的"趣味主义"人生哲学等。

兴趣问题在职业咨询研究中也很受关注，相关成果包括《库德职业兴趣调查表》《斯特朗职业兴趣量表》以及霍兰德的职业兴趣理论等。社会学的兴趣说则以阿德勒的"社会兴趣理论"最为有名。此外，还有文艺领域的兴趣说，它主要研究人的兴趣取向、审美爱好与文艺创作和欣赏的关系等，并以兴趣作为审视诗歌艺术高下、优劣的标准，如我国古代文论的"趣论"、诗论史尤其是宋代严羽诗学思想中的兴趣说、民初小说的"兴味派"以及朱光潜的"美学趣味说"等。需要指出的是，兴趣问题最为教育学家和心理学家所看重，兴趣学说一般也多指教育学和心理学中的兴趣理论。

二、"兴趣说"的发展历程

兴趣历来是教育学、心理学研究的一个重要问题，甚至一度是这两个学科最重要的研究课题之一。正是在长期的历史过程中，通过对兴趣问题持续的深入探讨和科学研究，相应的兴趣说得以形成。

（一）早年的"兴趣说"

让学生好之、乐之，使其学有兴趣、学得愉快，在中西方古代都不乏精彩论述，但兴趣学说的形成则是近代的事情。瑞士心理学家皮亚杰（2015）[35]说，"真正的兴趣和活动等概念已经存在于他[①]的著作之中了"。美国教育家帕克（又译为帕刻，被誉为"进步教育之父"）认为："后来的教育家，大概从卢梭所说的兴味上发端，把他根据本能的教学理论，渐渐推行到实地教学上去。"（帕刻，1924）[55]特别是康德对卢梭怀有敬仰之情，其"理性兴趣说"受到了卢梭兴趣说的启发。以裴斯泰洛齐、赫尔巴特、第斯多惠等为代表的19世纪"教育心理学化运动"的开创者，高度重视兴趣在教育和学习中的作用，并提出了独具特色的兴趣教育思想或兴趣说，甚至将兴趣视为儿童积极心理的标识和心理能量的代名词。正因为如此，鲍若维奇（1958）[1]才断

---

① "他"指卢梭。

言：“早在 18 世纪末和 19 世纪初，兴趣的概念就已经牢固地进入了哲学、教育学和心理学著作中。”

赫尔巴特首次从教育学和心理学的视角给兴趣下定义并进行分类，把“多方面兴趣”作为教育教学的直接目的，并作为学校课程设置和“教学形式阶段论”的心理依据。他试图把兴趣理论与教育体系紧密结合起来，使二者融为一体。这样，赫尔巴特就将教学论完全建立在自己心理学分析的基础之上，既有力推进了“教育心理学化运动”，也增进了对课程教学论乃至教育学的科学认识。（郭戈，1987）

（二）赫尔巴特学派的“兴趣说”

19 世纪末期，西方开始普遍关注兴趣说，针对兴趣问题开展了大规模研究，这主要是因为赫尔巴特学派的兴盛，使得赫尔巴特兴趣学说连同他的教育学、心理学思想在 19 世纪 60 年代以后广泛流传。正如澳大利亚学者康内尔（1990）[135-136]（又译为康纳尔）所说：“直到赫尔巴特学派提出他们的兴趣理论时为止，兴趣仍然未成为教育理论的一个不可缺少的组成部分。……从赫尔巴特学派的时候起，兴趣已经是教育中的一个重要概念了。教育心理学家曾分析它的复杂结构，也已经在关于注意和动机的形成、心灵的建造和满足等许多方面进行了研究。”赫尔巴特学派把兴趣看作赫尔巴特的中心思想和教育性教学理论的基本概念，甚至认为兴趣是教育中“最伟大”的词语（康内尔，1990）[130]。这一时期涌现出了一批研究赫尔巴特兴趣说及兴趣教育的论著，如魏斯曼的《兴趣》、格罗斯勒的《多方面兴趣》、维尔特的《多方面的兴趣》、哈里斯的《赫尔巴特的兴趣学说》、威尔逊的《兴趣的学说》、奥斯特曼的《兴趣》《兴趣及其与教育学的关系》、F. M. 麦克墨里[①]

---

① F. M. 麦克墨里是前文提到的 C. A. 麦克墨里的兄弟。除像此处这样明确说明外，后文中的麦克墨里均指 C. A. 麦克墨里。

的《兴趣：对它的某些异议》、德加莫的《赫尔巴特的兴趣理论危险吗》《兴趣与教育：兴趣学说及其具体运用》、杜威的《兴趣和意志训练的关系》（又译为《与意志训练有关的兴趣》）等。此外，德国教育学家齐勒、莱因，英国心理学家斯托特和教育学家亚当斯、芬德雷、海华德，以及美国的麦克墨里等也对此有所研究。（郭戈，2016a）其中，"赫尔巴特学派对兴趣的最全面而清楚的说明是奥斯特曼、亚当斯和麦克墨里"（康内尔，1990）[130]。

（三）杜威及其学派的"兴趣说"

由于对兴趣问题的共同兴趣，以杜威为代表的"现代教育"与以赫尔巴特为代表的"传统教育"便有了一个难得的相通点。（郭戈，1987）正如康内尔所说，"赫尔巴特的有意义的贡献之一就是把兴趣看作是教育中的一个重要概念。杜威的著作则更加强化了兴趣的地位"（康纳尔，1991）[139-140]。他们不仅在教育哲学层面大量而深入地探讨了"兴趣概念"，体现了少有的一致性，而且使兴趣和兴趣学说在教育和教育理论中成为一个核心问题、热门话题（Clyde，1952）。

杜威是 20 世纪影响最大的教育家之一，现代教育的兴趣说也由他引领。受其影响，许多过去赫尔巴特学说的追随者开始倒向了进步主义教育，如德加莫在其《兴趣与教育：兴趣学说及其具体运用》一书的扉页上写道"献给杜威博士"。[①] 兴趣研究是杜威的一个研究兴趣所在，翻阅其诸多教育名著，大都有这方面的论述。其中，《教育中的兴趣与努力》一文[②]是对其《兴趣和意志训练的关系》一文的改写和扩展，

---

① 参见：DE GARMO C. Interest and education：the doctrine of interest and its concrete application［M］. New York：Macmillan，1902. 该书中文版由诸惠芳翻译，2016 年 1 月作为《外国兴趣教育名著丛书》之一由人民教育出版社出版。

② 该文共分五部分，分别是：一、统一的活动与分裂的活动；二、直接兴趣与间接兴趣；三、努力、思维与动机；四、教育性兴趣的类型；五、兴趣在教育理论中的地位。

为杜威兴趣说的集中体现，"照克伯屈的话说，杜威这个著作是'划时代'的，是杜威对教育理论的特殊贡献"（杜威，2008a）[本卷前言14-15]。杜威与赫尔巴特一样，集教育家、心理学家和哲学家等身份于一身，他探讨了兴趣心理学，特别是"真正的兴趣原理"（杜威，2008a）[163]，并把它作为整个课程教学论乃至教育哲学体系中的一个核心概念和重要范畴。纽龙认为，儿童中心论、"教育即经验改造"、"兴趣与努力"说、"学校即社会"是杜威教育思想的四大领域。（王承绪，赵端瑛，1993）但是，也有人质疑杜威的理论，如奈勒在《教育学基础》一书中说："杜威的一些追随者抓住他的'兴趣学说'，并将它施行到杜威本人没有想到的那种程度，其结果是产生了二十世纪三十年代和四十年代初盛极一时并大遭毁谤的儿童活动运动。"（陈友松，1982）[74]

这一时期，追随杜威并构建兴趣说的欧美教育学家、心理学家有不少。比如，美国的克伯屈深受杜威及其兴趣说的影响，他在《教学方法原理》中说："总之，通过将兴趣的学说及学习的心理学与自我及意志的概念更紧密地结合起来，我们似乎在将心理学与教育及伦理学的结合方面取得了进展。"（克伯屈，1991）[155] 又如，比利时的德可乐利发展了一种建立在兴趣中心基础上的课程，"是把儿童的需要和兴趣用作课程编排与教学方法的基础这一运动的先驱"（康内尔，1990）[319]。该教学法与苏联早期的沙茨基的"单元教学法"，被认为是"新教育家们以兴趣为中心设置综合性课程"最为典型的两个代表。（吴明海，2008）[313]

（四）"兴趣说"的多元化发展

20世纪，兴趣研究得到了学界的广泛关注，取得的成果和出版的论著比以往任何时期都多得多，兴趣说呈现出多元化发展态势。其突出代表除了杜威及其学派的兴趣说之外，还有苏联的高尔顿和别里亚耶夫的兴趣心理学（1940、1944）、伊万诺夫的教学兴趣说、阿纳尼耶夫的认识需求—兴趣说、休金娜（又译为舒基娜）的认识兴趣说（1971）、索洛维契克的兴趣学习说（1972）、莫洛佐娃的教师认识兴趣说，美国桑代克的成人兴趣说（1935）、波莱恩的兴趣—好奇唤醒说（1949）、霍兰德的职业兴趣理论（1959）、休珀的兴趣心理学（1961）、海蒂和贝尔德的情景—个体兴趣说（1990）以及西尔维亚的兴趣—爱好说（2006）等。

　　从心理学上看，有关兴趣的概念、类型、发展、生理机制、发生基础、影响因素，兴趣与动机、情感、态度、意志、自我等的关系，以及兴趣在社会生活中的应用等问题得到了广泛而深入的研究，从而推动了兴趣原理、儿童兴趣、学习兴趣、职业兴趣、兴趣测验、社会兴趣、教育兴趣等领域的发展，甚至形成了专门研究人的兴趣心理现象和规律的学问——兴趣心理学。

　　从教育学上看，兴趣学说广泛影响到教育教学的各个领域，特别是在教学的目标、原则、内容、方法、评价、模式以及教师等环节上都有相应的体现。正如庄泽宣（2006）[43] 所言：“19 世纪之末，一方面由于儿童研究之风靡一时，一方面由于心理学中兴趣说之崛起，间接受卢梭、福禄培尔、裴斯泰洛齐等之影响，直接则根于杜威之学说及试验，于是有所谓合于儿童心理的方法出现。”并且在实践中，这种“强调兴趣……的理论”已体现在“进步派”和“各种教育的革新”里，尤其是“一个多世纪以来，这些理论日益加深，……如此大量地被明确地表现在各种运动里”。（王承绪，赵祥麟，2001）[154-155]

　　从方法论上看，教育科学化运动、儿童研究运动和学校调查运动以及教育心理实验、统计、测量和评价手段的不断完善，使兴趣的实证研究得到长足发展，为教育学和心理学的兴趣说以及一系列关于兴趣的假说和研究提供了有力支撑和证据。

此外，从学科上看，哲学、社会学、文艺学、职业学领域的兴趣学说相继涌现，与教育学、心理学的兴趣说相映成趣、相得益彰，大大丰富了兴趣研究和兴趣理论的范围与视野。

对教育的兴趣说的历史研究，主要集中在 20 世纪。从我们所能见到的文献资料看，比较突出的有以下四种：一是瑞士心理学家皮亚杰在考察新教育方法的心理学基础和历史时，曾简要回顾诸多教育家对兴趣问题的关注。二是澳大利亚教育史学家康内尔在《二十世纪世界教育史》中用大量篇幅总结了赫尔巴特及其学派、杜威及其学派以及欧洲新教育倡导者的兴趣学说，并就其在教育学、教学论和教育史中的地位与作用给予了高度评价。可以说，该书论及 19 世纪末和 20 世纪上半叶教育兴趣说的主要内容，是关于西方教育兴趣说演进研究的重要文献。三是美国课程研究专家坦纳夫妇在《学校课程史》中回顾和反思了欧美课程思想与实践的兴趣说，将"兴趣和学习动机的激发"（坦纳 D，坦纳 L，2006）[305] 视为一个重要的"课程遗产"（坦纳 D，坦纳 L，2006）[291]，并充分肯定了教育上的兴趣理论。此外，苏联的达尼洛夫、鲍若维奇和休金娜等著名学者在关于学习和认识兴趣的研究中，也不同程度地涉及了有关内容。日本教育学者对赫尔巴特和杜威的兴趣理论有较多的专门研究，特别是在"二战"后，仅有关杜威兴趣说的研究论文就达 20 多篇。（松冈侑介，2007）从心理学的视角总结兴趣研究和兴趣学说成果的，主要有西尔维亚编著的《兴趣心理学探索》一书。

三、兴趣心理学

兴趣首先被当作一个心理问题。正是因为兴趣在社会生活中所具有的普遍意义和重要作用，"心理学研究总是对'兴趣'很感兴趣。关于兴趣、好奇心和内在动机的理论出现在历史典籍和广泛的现代研究领域中。在当下的情绪心理学、教育心理学、发展心理学、个性心理学、动机心理学、职业心理学、美学心理学、老年心理学以及文本加工心理学等领域，都能看到有关兴趣的研究"（Silvia，2006）[vii]。兴趣研究的不断深化和拓展，不但丰富和充实了兴趣理论体系，而且使兴趣学说"更上一层楼"，即形成了专门研究人的兴趣心理现象和规律的学问——兴趣心理学。

（一）兴趣心理学的提出和发展

从我们所能见到的文献看，"兴趣心理学"这个概念最早是由杜威在《与意志训练有关的兴趣》一文中提出的。他在"兴趣心理学"这个论题下，探讨了兴趣概念的含义、词源、特性，间接兴趣和直接兴趣，欲望、冲动、情绪、快乐、意志和努力及其与兴趣的关系等。（杜威，2010）[①] 后来，杜威又将该文加以改写和扩展，在《教育中的兴趣与努力》一书中进一步提出建设兴趣心理学的任务，并探讨了所谓"真正的兴趣原理"，如兴趣的概念、性质、类型、发生基础及其与本能需要、情感态度、动机动力、活动行为、自我主体特别是意志努力的关系等。杜威的论著不仅重新解释了赫尔巴特的兴趣学说，使兴趣成为教育教学的一个重要概念和课题，而且开启了作为一种专门

---

① 《与意志训练有关的兴趣》由"引论""兴趣与努力：一场教育诉讼""兴趣心理学""康德和赫尔巴特关于欲望和意志的理论""与教师和儿童有关的兴趣"等五个问题组成。

学问的兴趣心理学的研究。①

（二）兴趣心理学研究的方向和领域

自从杜威提出建设兴趣心理学的任务之后，兴趣研究主要朝着两个方向，即教育心理学和职业心理学发展，推动了四个领域，即学习兴趣、职业兴趣、兴趣测量和兴趣原理的研究，并且形成了相应的兴趣说。

首先是教育心理学方向，主要研究了学习兴趣、阅读兴趣、学科兴趣、学生兴趣等内容，多为定性的分析方法和理论的研究模式，不仅使教学兴趣论得到长足发展，而且由于涉及大量关于兴趣基本理论的研究，也推进了兴趣原理的发展。早期代表有两位，其中一位是德国的奥斯特曼，他在《兴趣及其与教育学的关系》中探讨了四个问题：兴趣的起因、本质和种类；兴趣在观念和推理活动中的重要性；在欲望和意志活动中的兴趣；兴趣在教育中的推论和应用。该书的出版，旨在使兴趣学说摆脱观点混乱的状态，使其清晰明了并具有一致性。（Oster-mann，1899）[4] 另一位是美国的德加莫，他在《兴趣与教育：兴趣学

---

① 这一时期的相关著作主要有汉特的《人的兴趣》（1900）、德加莫的《兴趣与教育：兴趣学说及其具体运用》（1902）、阿诺德的《注意和兴趣——一个关于心理学和教育的研究》（1910）、安南宁的《现代心理学和教育学说中的兴趣》（1915）、弗里尔的《兴趣的测量》（1931）、斯特朗的《随年龄变化的兴趣》（1931）、桑代克的《需要、兴趣和态度的心理学》（1935）和《成人的兴趣》（1935）、彪勒的《儿童兴趣的发展》（1938）等。兴趣心理学真正形成是在"二战"期间。据笔者考证，最早冠以"兴趣心理学"字样问世的著作，是苏联心理学家高尔顿在基辅出版的《兴趣心理学和教育学》（1940）与别里亚耶夫在伊尔库茨克出版的《兴趣心理学的基本原理》（1940）。其中别里亚耶夫还以《兴趣心理学》（1944）为题完成了他的心理学博士学位论文。此后问世的有关著述主要有别里亚耶夫的《关于兴趣的动力问题》（1940）、波莱恩的《作为一种心理概念的兴趣》（1949）、莫罗佐夫的《学习兴趣研究》（1951）、苏霍姆林斯基的《学习兴趣是学生学习活动的重要动力》（1952）、达尼洛夫的《鼓励学生学习》（1954）、鲍若维奇的《认识兴趣及其研究途径》（1955）、休珀的《兴趣心理学》（1961）、哈贝马斯的《认识与兴趣》（1968）、休金娜的《教育学中的认识兴趣问题》（1971）、索洛维契克的《学习与兴趣》（1972）、伦宁格等的《兴趣在学习和发展中的作用》（1992）、西尔维亚的《兴趣心理学探索》（2006）等。

说及其具体运用》中论述了兴趣的产生、概念、对象、个人或主观特征，以及兴趣与思维、生存、运动训练、选修科目、教学方法的关系等内容，目的是"把兴趣学说具体运用到教育的问题和方法中"（De Garmo，1902）[vii]。中期代表也有两位，即美国的克伯屈和桑代克，他们都深化了这个方向和相关领域的研究。其中克伯屈在《教学方法原理》中重点研究了教学中的兴趣与自我、努力、意志、成功、成长的关系，并深入研究了良好兴趣的品质、幅度、范围及其形成的条件、程序、方法等。他说，"所有这些放在一起，可以说就构成了我们的兴趣学说"（克伯屈，1991）[136]。桑代克在《需要、兴趣和态度的心理学》一书中研究了需要、兴趣和态度的作用与变化，特别是在决定情境中的作用与变化，以及在教育中的应用、困境，其中专门探讨了内部兴趣和外部兴趣等问题。（Thorndike，1935a）他还在《成人的兴趣》一书中探讨了兴趣的意义、兴趣的强度变化与年龄的关系、成人兴趣的控制、有无内在兴趣的学习、年轻人与成人兴趣的差异比较、成人兴趣的对象和个别差异、成人兴趣与成人教育的课程教学等。（Thorndike，1935b）

兴趣心理学诞生之后，特别是20世纪下半叶，兴趣研究虽然一度受到行为主义学派的负面影响（不关注兴趣），但仍然取得了较为丰硕的成果，特别是兴趣的概念、模型、个体差异及其与情绪、动机、人格的关系，以及学习兴趣和职业兴趣等主题得到了持续有效的研究。西尔维亚的《兴趣心理学探索》在这方面做了较为全面的总结和探讨。

其次是职业心理学方向，主要探讨了职业兴趣的结构、发展和测量等。由于这方面的研究多运用定量的研究方法和实证的研究模式，所以也推进了兴趣调查、测量、统计和评价领域的研究。甚至可以说，兴趣测量的应用主要限制在职业咨询方面，兴趣测验的历史主要与对职业兴趣的测量有关。（墨菲，大卫夏弗，2006）美国心理学家瑟斯顿、霍尔和迈勒、斯特朗等分别编制了早期的职业兴趣量表。（郑日昌，2008）此后，库德编制的爱好记录表、里姆应用对组方法开展的各种兴趣的差异研究、哈伯德研制的兴趣爱好分析表格、普雷西开发的情绪态度测验量表以及哈特曼和西蒙兹实施的两性兴趣差异调查研究等，也是当时重要的研究成果。（萧孝嵘，2009）需要强调的是，在20世纪初期，随着教育科学化运动、儿童研究运动和学校调查运动的兴起，一些研究者编制了儿童青少年兴趣量表，力图对兴趣测验进行分类并建立一个发展常模，为教师设计出符合学生兴趣的教学序列提供参考。（康纳尔，1991）[162] 我国近现代也有不少关于兴趣测验量表（沈有乾等）、阅读兴趣调查统计（艾伟、徐锡龄、萧孝嵘等）、学生兴趣测验调查（陈选善和郑文汉、何清儒、林传鼎、曹日昌等）、职业兴趣调查统计（庄泽宣等）的研究和成果。

　　"二战"之后，职业兴趣受到了研究者的更多关注，有关职业兴趣测验被广泛应用于教育、培训和人事组织管理等领域，对兴趣心理学研究以及职业咨询和辅导起到了重要的推动作用。霍兰德的职业兴趣理论、库德修订的《库德职业兴趣调查表》、坎贝尔修订的《斯特朗—坎贝尔兴趣量表》等是其中突出的代表。特别是霍兰德影响最大，他编制了《霍兰德职业偏好量表》，提出了"人格特质与工作环境相匹配"的理论，并编撰了《霍兰德职业兴趣代码字典》，这些为职业兴趣量表直接应用于职业咨询和辅导起到了重要的推动作用。（白利刚，1996）西尔维亚在《兴趣心理学探索》一书中认为，"职业兴趣研究很可能是兴趣心理学中最大的研究领域。在漫长的发展历程中，职业兴趣研究致力于为兴趣心理学提供理念和工具。……职业心理学家们研制了多种多样的评估兴趣的精细方法，……提出了兴趣发展理论，并通过广泛的研究来检验这些理论"（Silvia，2006）[153-154]。

（三）兴趣心理研究的争议和分歧

虽然心理学和教育学对兴趣问题有着长期的研究，但是至今人们对兴趣诸多问题特别是兴趣基本理论问题的认识并未达成共识。彪勒在《儿童兴趣的发展》中指出，对兴趣的研究是心理学最复杂的问题之一，因为兴趣是一种至今尚未确定的现象，是一种综合的现象，很难根据造成其多样性的原因去研究清楚其构成。（Buhler，1938）鲍若维奇（1958）[1]说，兴趣这一概念含义很多，莫衷一是。"有时候，'兴趣'这一概念被使用得非常广泛，它表示主观趋向的任何一种形式；有时候，它仅表示同主观的认识活动相联系的那些能动形式；有时候，'兴趣'这一概念被缩小成为不随意注意的概念等等。"心理学家波莱恩曾把关于兴趣定义的各种说法归结为四种：把兴趣视为自我基本机能，把兴趣当作动机，把兴趣作为态度，把兴趣看成情绪。（Berlyne，1949）此外，还有兴趣的情感动力说、意向活动说、心理定势说、认识倾向说、心理倾向说等。翻阅近几十年来我国出版的各种心理学著作，也可以看到类似的状况。（郭戈，2016b）

又如，关于兴趣的分类，也同对兴趣概念的界定一样五花八门。赫尔巴特把人的多方面兴趣分为两大类（认识的兴趣和同情的兴趣）六个方面（经验的兴趣、思辨的兴趣、审美的兴趣、同情的兴趣、社会的兴趣和宗教的兴趣）。杜威（2001）[264]把人的兴趣分为八种，即"政治、商业、娱乐、艺术、科学、学术专业、有礼貌的交往、闲暇等"，其中"每一种兴趣又可分成许多分支"。美国哲学家培里则根据兴趣的可变性向度，将人的兴趣分为十种，即先天兴趣与后天兴趣、积极兴趣与消极兴趣、肯定兴趣与否定兴趣、重复性兴趣与前进性兴趣、真实性兴趣与嬉戏性兴趣、进取性兴趣与顺从性兴趣、首要兴趣与次要兴趣、个人兴趣与社会兴趣、冲突兴趣与和谐兴趣、高级兴趣与低级兴趣。（李江凌，2004）此外，关于教育的、儿童的和职业的兴趣类型，也有许多不同的分法。最近几十年心理学关于兴趣的研究，多倾向于个体兴趣与情境兴趣、认知兴趣与情绪兴趣的分类方法。（Silvia，2006）[183]

再如，关于兴趣的发生机制也很不确定，有几种说法。一是"兴趣源于本能"说，流行于19世纪末20世纪初，"当本能在普通心理学里成了比较普通和基本的概念时，美国的教育家C. 麦克墨里和杜威，英国的教育家塞利尔·伯特和南恩，都提出兴趣是从天生倾向中产生的意向"（康内尔，1990）[133]。二是"兴趣源于需要"说。瑞士的克拉帕雷德和皮亚杰都认为，"兴趣，实际上，就是需要延伸"（皮亚杰，1982）[55]，或者说"需要，作为需要的一种结果的兴趣，乃是使反应成为真实行为的因素"（华东师范大学教育系，杭州师范大学教育系，1980）[353]。三是兴趣的定向反射说。苏联的巴甫洛夫和鲍若维奇（1958）[5] 都认为，定向探究反射是一个人的认识活动及其认识兴趣的生理基础。四是兴趣形成的活动说。休金娜提出，活动是学生认识兴趣形成的基础（杜殿坤，1993）。五是兴趣生成的自身掌握说。索洛维契克（1983）[15] 指出，"事物本身并不包含兴趣，兴趣产生于我们自身。凡是我们能做好的事情，我们就喜爱它"。

当前兴趣心理学需要加强下列问题的研究：一是兴趣基本理论问题，包括兴趣的概念、特性、意义、分类、结构、发生机制、影响因素，兴趣与认知、动机、情感、意志和个性的关系，以及兴趣学说的元认知。二是兴趣发展问题，如儿童兴趣、成人兴趣、老年兴趣，以及兴趣发展的差异（包括年龄、家庭、环境、职业、人格差异等）。

三是兴趣的社会应用问题，如社会兴趣、学习兴趣、学科兴趣、教育兴趣、职业兴趣等。四是各种人群的兴趣调查、测量、实验和评价等。

四、兴趣教学论

关于兴趣与教育的研究，主要集中在三个领域：一是学习兴趣，二是兴趣教育或兴趣教学，三是教育兴趣或教师兴趣。分析几百年来兴趣教育教学的思想理论，可以发现教育学或教学论的兴趣说有一个逻辑体系。作为一种理论形态的兴趣学说，它是西方近现代教育学和心理学发展的产物。这种学说不断发展，围绕兴趣与教育尤其是教学过程诸方面的关系形成了一套观点。一是高度重视兴趣在教育教学中的重大意义和作用，认为教学过程也可以成为情感发展、兴趣培养的过程，并不断构建一种以"兴趣"为主题的教学模式；二是把好之、乐之或学有兴趣、学得快乐视为教学的重要目标甚至最高任务；三是把兴趣性作为教学的主要原则之一，要求教师在教学过程中时刻注意发现、发展和培养学生的学习兴趣；四是强调兴趣取向的课程组织和教材编写，要求以生动有趣、富有内在吸引力的教学内容激励、吸引学生；五是把引起学习兴趣作为评价教学计划及效果的一个重要指标，但不是让学生只做有兴趣的事情，而要让学生有兴趣地去做一切必须做的事情；六是认为教师的教学和职业兴趣是兴趣教育或兴趣教学体系的有机组成部分，把教师兴趣作为发展和培养学生学习兴趣的主要途径和手段之一。

（一）认为兴趣是教学过程的一个要素，对学生个性的全面发展至关重要

对于兴趣在教育教学理论和实践当中的重要作用，古今中外许多教育家都有过精彩论述。特别是赫尔巴特在《普通教育学》中以"兴趣的多方面性"为标题阐述了他的全部教学论思想，又在《教育学讲授纲要》中坚持"多方面兴趣"是教学最重要的基石的主张。他说："教育的兴趣仅仅是我们对世界与人的全部兴趣的一种表现，而教学把这种兴趣的一切对象集中于青年的心胸中，即未来成人的心胸中——在这种兴趣中我们不敢想到的希望终于可以得救了。"（赫尔巴特，1989）[67] 乌申斯基（2007）[213] 说："要使教学工作尽可能引起儿童的兴趣，但又不使这一工作变成娱乐——这是教学论的一项最困难而又最重要的任务，对此我们已经指出过多次。"杜威（2008a）[14] 在《我的教育信条》中说："我相信，兴趣显示着最初出现的能力。因此，经常而细心地观察儿童的兴趣，对于教育者是最重要的。"他在《学校与社会》中明确提出了"兴趣在学校工作中的地位"问题，要求"在学校工作中赋予儿童的兴趣以重要的、积极的地位"。（杜威，2008a）[92] 他在《教育中的兴趣与努力》和《民主主义与教育》中又强调"兴趣在教育理论中的地位"（杜威，2008a）[198] 和"兴趣观念在教育上的重要性"（杜威，2001）[143]。休金娜则认为，兴趣是以智力、情绪、意志过程的统一整体为基础的特殊"合金"，其核心是带有积极情感色彩的思维过程。"认识兴趣的问题已经成为苏维埃教学理论的有机组成部分，这个问题很有希望地揭示教学过程内部的和外部的各种途径"，它"影响到教学的全部职能"，"可以把认识兴趣看作对学生的最重要的个性教育"。（休金娜，2006a）[221-222]

多年来，教育学、心理学的大量研究也提供了重要支撑："一般说来，关于兴趣在学习中的价值，在理论上已形成共识。研究表明，当学习者自己对学习感兴趣时，学习比较有效。"（坦纳 D，坦纳 L，2006）[306] 无论是赫尔巴特学派还是杜威学派，都把主动性或积极性视为兴趣的最大特征或本质属性，并把兴趣当作儿童心理能量的代表。因此，兴趣在教学实践中不仅使学习的主体与客体、儿童的自我与对象、求知的过程与结果自然地合二为一，而且也使认知与能力、情感与意志、思想与行动有效地达成一致，从而成为教学过程知、情、意、行有机结合的"发动机"和"催化剂"。

（二）把学有兴趣当作一个十分重要的教学目的和教育目标

兴趣既为教学手段更为教学目的，这反映了教育学兴趣说的目的观，是教学目的系统化和具体化的一个有益探索。在教育史上，把知识、德行或个性全面发展当作目的的比比皆是，把学有兴趣当作教学目的或教育目标的也不鲜见。如孔子提出"知之者不如好之者，好之者不如乐之者"（《论语·雍也》），把以学为好、以学为乐视为学习的最佳境界或最高目标，这种教学目的观影响和激励了后世几千年的儒家学者。（郭戈，2014a）梁启超（2005a）[337]倡导"趣味教育"和"教育趣味"，而且"想进一步，拿趣味当目的"。朱光潜（1987d）[351]强调"真正的文学教育不在读过多少书和知道一些文学上的理论和史实，而在培养出纯正的趣味"，则是以兴趣为取向的教学目的观在学科教育上的一个突出例证。

在西方，赫尔巴特（1989）[217]提出："教学的最终目的虽然存在于德行这个概念之中，但是为了达到这个最终目的，教学必须特别包含较近的目的，这个较近目的可以表达为'多方面的兴趣'。"杜威（2001）[137-138]也说："兴趣和目的，关心和效果必然是联系着的。目的、意向和结局这些名词，强调我们所希望和争取的结果，它们已含有个人关心和注意热切的态度。"此后，"进步主义教育的基本理论——即教育目标的主要基础是学习者本身的兴趣——经过大量宣传后已众所周知。按照这种观点，我们必须确定儿童的兴趣，以便使这些兴趣能够成为教育上注意的焦点"（泰勒，1994）[7]。泰勒受此影响，把兴趣当作手段，更当作目的。他说，"兴趣既是目标，又是与旨在达到目标的经验相关的动机力量。然而，在这里，我们把兴趣看作是一类目标。人们之所以常常强调兴趣是重要的教育目标，是因为一个人对什么感兴趣，在很大程度上决定了他会去注意些什么，而且还常常决定了他会去做些什么"（泰勒，1994）[62]。教学实践也证明：学生不喜欢学，对学习冷淡和厌恶，比成绩差、能力低更为可怕。情感的力量是无穷的，兴趣的驱力是强大的。真正的教学艺术不在于传授本领，而在于激励、唤醒和鼓舞。富有成效的教学重在从情感和态度上打动学生，激发学生的学习热情和欲望，培养学生的学习兴趣和爱好，追求让学生感到努力和奋斗是一种享受、一种快乐的境界。

（三）把发现和发展学习兴趣作为任何教学形式的一个重要原则

把兴趣性作为重要的教学原则，是兴趣教育理论的一个重要主张和鲜明特征。它不仅为西方兴趣教学理论所倡导，也为中国古代传统乐学思想所强调，即所谓"好学乐学""不厌不倦""寓教于乐"等。自教育学作为一个独立学科诞生以来，兴趣原则先是萌芽于夸美纽斯和洛克，经由卢梭和裴斯泰洛齐阐释，在赫尔巴特及其学派以及第斯多惠和斯宾塞的教学过程论中得到贯彻运用，此后受到帕克、库克、杜威、克伯屈等许多进步主义教育者和新教育者的提倡和实施，在20世纪上半叶的欧美教育界风靡一时，当时我国的教育学和教学法著作对此也有诸多反映。进入现代以来，这一原则得到布鲁纳、苏霍姆林斯基、巴班斯基、斯卡特金、休金娜、索洛维契克等人的认同和青睐。其依据主要有三点：一是对兴趣在教育活动和教学过程中的意义和价值的充分肯定，体现了教学内在规律对教学原则的要求；二是以兴趣为取向的教学目标，反映了一定教学目的对教学原则的要求；三是把兴趣视为心理能量的标识，为兴趣原则的确立提供了重要基础和特殊背景。

　　兴趣的产生有其自身规律，受诸多因素影响，多方面兴趣的形成更是一项复杂的系统工程，因此必须把兴趣原则的实施置于教育教学体系中来考察，而不要把兴趣视为孤立的心理现象或仅通过单一形式、方法加以解决的问题。在教学中，教师既可采用一些培养学生学习兴趣的特殊方法，如热情、赞扬、使新旧知识发生联系等等，又不要满足于若干具体举措，甚至陷入偏颇。所以，把握好兴趣原则的一般规则和要求十分重要。如善于发现儿童兴趣，既不要压抑，也不要放任；要从教材和知识中发掘兴趣，找寻所教内容与儿童经验和需要的联系；直接兴趣与间接兴趣的结合和转化；兴趣学习与刻苦努力相结合；等等。（郭戈，2012a）

（四）强调以儿童兴趣和心理为取向的课程组织和教材编写

　　知识学习、分科课程、学科教材、教师讲授历来是学校课程教学的主流和正统，然而挑战和冲突一刻也没有停止过。教育革新家们不断地探索着经验学习、活动课程、教材联络、自主发现，他们十分关注儿童的天性禀赋和个性发展，强调符合学习者兴趣需要的课程和教材。特别是当兴趣学说迁移到课程领域时，便形成了以儿童为本位、强调心理组织、注重儿童兴趣需要的课程观。它是西方近现代儿童中心理论和兴趣学说在课程领域中的反映和运用，其演进过程、编制原理和基本主张反映出课程、教学和教育理论发展中的一些重要问题。这种观念不仅将兴趣作为课程教学的目标和评价的标准，而且从儿童兴趣需要出发选择、组织课程教材内容。有学者认为，"兴趣需要"曾经是教育史上关于课程编制和教材选择的五大准则或派别之一（钟启泉，2006）[270]；坦纳夫妇在《学校课程史》中将兴趣说视为"课程思想与实践的冲突"的三大重要问题之一（坦纳 D，坦纳 L，2006）[161]。

纵观兴趣课程的发展，兴趣对课程设置的影响主要有以下几种形式。一是以夸美纽斯为代表，将"兴趣作业"或兴趣课程作为学校课程的"次要课程"，以辅助"主要课程"或学科课程，并且强调教材编写要有趣味性。二是以赫尔巴特为代表，按照兴趣分类来设置学校的全部课程，兴趣课程与传统的学科课程相对应。三是以卢梭、德可乐利和沙茨基为代表，打破传统学校的课程组织，以儿童兴趣为中心组织课程和教学。四是以斯宾塞、泰勒和布鲁纳为代表，在教材组织上强调心理顺序，特别是要切合儿童的需要、兴趣和能力。五是在课程教学上强调兴趣教学、经验学习和教材联络等。（郭戈，2012b）

（五）将学有兴趣当作评价教学计划及效果的一个重要指标

基于兴趣形成的教学评价，是教育中兴趣说的有机组成部分，也是兴趣教学论的一个重要环节。这方面的研究相对比较薄弱，究其原因，与教育心理测量评价学科成熟较晚、技术不完善以及兴趣等个性心理问题的复杂性有关。一方面，我们需要测量学生兴趣状况和变化的结果，进行分析诊断或评估，也就是运用测量手段和统计方法对教学过程中受教育对象的兴趣心理和行为进行检查和测定，提供其兴趣爱好状况"怎么样"的信息，以改进教育目标和课程教学；另一方面，我们需要对兴趣在教育目标和课程教学计划中的作用做出价值判断，即确定兴趣发展在教育目标任务、学习效果中的意义和分量。

在教育史上，斯宾塞率先提出教育计划的兴趣评价标准问题。他说，"作为评判任何培养计划的最后考验，应该提出这样一个问题：它是否在学生中间造成一种愉快的兴奋？……某个做法似乎最好，但如果它不引起兴趣或比其他办法引起较少的兴趣，我们就应该放弃它"（斯宾塞，2005）[64]。20 世纪初教育测验运动和兴趣测验调查的兴起，尤其是桑代克关于兴趣和心理测量的研究，推动了兴趣教学评价理论和技术的发展。在桑代克看来，"但谓兴趣，欣赏，情绪性向等不能测量，亦殊属不然"（桑代克，盖兹，1935）[264]。"泰勒原理"的提出，使人们对兴趣评价及兴趣在教育评价中的重要作用的认识进入一个新阶段。由于泰勒在阐述课程评价理论时常拿兴趣做例子，所以实际上他也同时阐述了兴趣课程评价的五个步骤：确定兴趣的行为和内容目标；创设引起兴趣的行为的表现情景；编制兴趣评价的方法和手段；确定兴趣评定的形式；使用兴趣评价的结果，以验证和改进课程教学。（泰勒，1994）[89-98] 索洛维契克（1983）[7]也认为："兴趣——这是工作质量的最准确的标志。如果你能满怀兴趣地做功课，这就说明你的功课做得很好。"他说："谁怀着一种厌恶的心情去学习，即使他在学校毕业时获得优异成绩，那他将来也是碌碌无为。谁带着一种学习的愿望从学校里毕业，尽管他的学习成绩并不十分令人满意，他将来也会有成就的。在毕业证书上是不给兴趣评分的，但是，生活却给我们每个人的兴趣评分。"（索洛维契克，1983）[39] 所以，"我们应该把自己产生的兴趣看作成效，而不应该把提问和分数看作成效"（索洛维契克，1983）[227]。他在"满怀兴趣地学习"的实验过程中，编制了一个从毫无兴味到饶有兴致的兴趣发展级差表。这个级差表所采用的等级评定法，可以作为了解所有学生学习兴趣的状况的依据。

（六）把教学兴趣、教师兴趣作为兴趣教学论的一个有机组成部分

兴趣教学理论既重视学的兴趣（兴趣教育），也重视教的兴趣（教育兴趣），两者结合在一起，就能取得教学的最佳效果。而这一切的一个重要前提在于教师的"兴趣"，因为激情感染激情，兴趣激发兴趣，教师有多喜欢学生，学生便会有多喜欢教师与学习。裴斯泰洛齐将这种现象称为"教师和受教者之间的共鸣"。他指出："教师的兴趣与他要向学生传授的东西之间存在着最为明显的交互作用。……对教学工作的真正兴趣——亲切的语言和更亲切的情感，面部表情以及眼神——决不会不对学生发生影响。"（裴斯泰洛齐，1992）[393] 第斯多惠（2001）[178] 也说："用什么方法来引起学生的学习兴趣呢？用什么方法会使学生对课文产生兴趣呢？我认为首先教师本人要从内心喜欢讲授课文，并把兴趣转移到学生身上。"杜威指出，为何有的教师并未受过教育理论和心理学知识的训练等，却成为受欢迎的优秀的甚至伟大的教师，其原因就在于他们以教学热情唤起了学生求知的渴望和心灵的萌动。克鲁普斯卡雅（1987）[295] 说："一个有才华的报告员，一个出色的教师，只有自己对某一事物非常喜爱，他才能使听众和学员对这一事物产生兴趣，才能把他们的思想引向这个方向，激发他们对这一问题的兴趣。"苏霍姆林斯基总结自己的许多学生受自己感染而对某一门学科感兴趣，甚至因此走上专业化道路，其原因就在于"我的这些兴趣和爱好，或者直接地或者通过教师间接地传给了我们的学生"（苏霍姆林斯基，1984）[462]。相反，"如果教师没有兴趣，那么学习对儿童来说就会变成枯燥的事情"（苏霍姆林斯基，1984）[496]。

　　教师兴趣的培养如同学生学习兴趣的养成一样，有多种途径和方法。比如，要有责任心和爱心，多与学生交流，善于学习和借鉴，体验内在成功感，掌握教学法和儿童心理等。梁启超（1992）[479] 说："凡职业都是有趣味的，只要你肯继续做下去，趣味自然会发生。"苏霍姆林斯基则"提倡教师在日常工作中做一些科学研究"。他说："如果你①想让教师的劳动能够给教师一些乐趣，使天天上课不致变成一

———————————

① "你"指校长。

种单调乏味的义务，那你就应当引导每一位教师走上从事一些研究的这条幸福的道路上来。"（苏霍姆林斯基，1984）[494] 具有浓厚的教育兴趣，应成为教育工作者的一项重要的心理品质，也应成为好教师的主要标准之一。如果所有教师都具有这样的职业素养，达到如此的精神境界——做教育工作是他的最爱，当教师是他的志趣，所教学科又是他的专业兴趣所在，那么不仅学生学习兴趣的培养能有可靠保证，而且教育事业必将充满生机活力而大有希望。（郭戈，2014b）

结语

兴趣人人都有，兴趣处处存在，不管是有意的还是无意的，它都在直接或间接地起着作用，促使人全神贯注，持之以恒，即使再苦再累也心甘情愿。可以说从事任何事情，只要有兴趣，没有干不成、做不好的。兴趣有高有低，有好有坏，我们提倡的是学习工作上的兴趣，也是贯穿人生最重要的高雅兴趣，包括读书学习的兴趣、研究写作的兴趣、创造发明的兴趣，以及琴棋书画、体育锻炼等方面的有益兴趣。过去，许多大家、学者高看兴趣，提出了一系列观点，尤其是兴趣教学观，不仅鲜明，而且深刻，让人大开眼界，又发人深省。

教学观点是关于教学的看法和认识，如果它是系统的、创造性的、理论与实践相结合的，就会成为教学思想。教学思想只要通过一系列概念、判断或命题，借助一定的推理形式构成关于整个教学问题的系统性概括，就可能形成一种教学理论或学说。具体来说，兴趣教育在文艺复兴之前甚至到夸美纽斯和洛克时代还只是一种教学的观点和看法，到卢梭和裴斯泰洛齐时代才成为一种真正的教学思想，而到赫尔巴特和杜威时代则不仅演进为系统的教学思想，而且成为比较完整的教学理论和学说。这种思想观点和理论学说在形成和发展过程中始终伴随着教育学界和心理学界的主流，并为近现代具有代表性的教育家们所倡导、构建，可谓出身豪门、归属正统，对欧美乃至东方心理学尤其是教育教学理论和实践产生了重大而久远的影响。

美国教育家、康奈尔大学校长舒尔曼说："兴趣是教育中最伟大的词语。"（C1yde，1952）并且"有关兴趣的学说也被广泛接受"（康纳尔，1991）[106]，这些说法是对当时兴趣说所处地位和流行程度的生动写照。其重大意义可以归结为三点：一是教育学与心理学中的兴趣说，成为将教育学特别是教学论建立在心理学基础之上的"主角"和连接点，在教育学与心理学的"联姻"和融合中发挥了重要作用，并且促进了教育心理学特别是教学心理学的研究和发展。二是教育学和心理学中的兴趣说，成为以杜威为代表的现代教育思潮和以赫尔巴特为代表的传统教育思潮的共通之处，体现了传统教育理论与现代教育理论的统一性或一致性，并且促进了重视学生情感、兴趣和态度的优秀传统教育思想的传播和现代教育理念的形成。三是教育学和心理学中的兴趣说，能够最大限度地发挥儿童的主动性、积极性及其他心理能量，使教学过程中的知、情、意、行有机结合，从而体现了形式教育与实质教育、教育的理性与非理性、教学的意识与无意识的统一，并且促进了知识与能力、认识与行动、主体与客体协调发展观的形成。

第一章

中国古代的乐学思想传统

知之者不如好之者，好之者不如乐之者。

——孔子

人若志趣不远，心不在焉，虽学无成。

——张载

教人未见其趣，必不乐学。

——程颢、程颐

今教童子，必使其趋向鼓舞，中心喜悦，则其进自不能已。

——王守仁

我们主张趣味教育的人，是要趁儿童或青年趣味正浓而方向未决定的时候，给他们一种可以终身受用的趣味。教育事业，从积极方面说，全在唤起趣味；从消极方面说，要十分注意不可以摧残趣味。

——梁启超

中国古代教育家有不少关于"趣""意趣"的论述，但更多的是关于"乐学""乐之"的论述。"乐"与仁、义、礼、智、信等一样，都是中国传统思想文化的核心概念，也是古代儒家学者不断阐述和不懈追求的至高境界。包括"趣学"在内的"乐学"思想是中国优秀的传统教育思想之一，是儒家思想"乐"的境界文化和人生哲学在学习上的表现。其所谓"乐"，是"著于心"的"内乐"或"本心之乐"；其所谓"学"，是基于"知之""好之"的"已有"之物或"自得之学"。这种乐学思想认为，学习可以成为一件快乐的事情，乐学是学业成功的要素，是学习的最高境界，也是教学的最高目标，还是评价教学成效和教师水平的一个重要指标。关于如何使学生学得快乐，主要的原则和方法有启发诱导、"学""习"结合、"兴其艺"、"见意趣"、知之好之、"乐教"感染、"乐""勉"相济等。这一系列真知灼见，形成了较为系统且一脉相承的乐学观，不仅值得我们学习继承，而且对于构建具有中国特色的快乐教育和兴趣教育的思想理论体系都具有重要的启发意义和借鉴价值。

一、中国乐学思想发展的简要历程

中国的乐学思想发轫于孔子。子曰："学而时习之，不亦说乎？"（《论语·学而》）"知之者不如好之者，好之者不如乐之者。"（《论语·雍也》）这两句话强调了包括趣学在内的好学、乐学的重要。孟子是我国乐教思想的先导者，他把"得天下英才而教育之"视为人生一大"乐"（《孟子·尽心上》），并且将之作为职业理想不懈地去追求，与乐学思想并行，也体现了一种崇高的精神境界。此后，儒家学者的乐学观以及乐教观，大都是以此为依据加以阐发的。

　　春秋战国时期，我国第一部教育专著《学记》首次提出"乐学"概念："不兴其艺，不能乐学。"此外，《学记》还提出了使学生乐学的"启发诱导"原则和"兴其艺"的方法。《吕氏春秋》则论述了"乐"与"情"的关系，揭示了乐学的情感心理机制，即"人之情，不能乐其所不安，不能得于其所不乐"（《吕氏春秋·孟夏纪》），强调"劝学"在于动"人之情"，"为之而乐矣"。汉代刘安在《淮南子》中明确表述了乐学的重要意义："同师而超群者，必其乐之者也。"（《淮南子·缪称训》）他还将"乐"分为"内乐"与"外乐"，要求"以内乐外"，强调"著于心"之乐。（《淮南子·原道训》）

　　宋代学者在重视快乐学习的基础上，指明了兴趣与乐学的内在联系。张载说："学至于乐，则自不已"，"学者不论天资美恶，亦不专在勤苦，但观其趣向著心处如何"。（《经学理窟·学大原下》）程颢、程颐认为，"学至于乐则成矣"，但"教人未见其趣，必不乐学"。（《二程集·遗书》）朱熹也说："教人未见意趣，必不乐学。"（《四书章句集注·小学集注》）

　　在明朝，乐学思想进一步发展，并出现了专谈乐学的文献。湛若水认为"乐学"乃"自得之学"，"学不至于乐则不安，终非己有"。（《圣学格物通·进德业》）王守仁大声疾呼："今教童子，必使其趋向鼓舞，中心喜悦，则其进自不能已。"（《传习录·训蒙大意》）其弟子王艮的《乐学歌》以及李贽的《读书乐》是中国古代乐学思想的生动体现。尤其是《乐学歌》写道，"乐是学，学是乐。呜呼！天下之乐，何如此学！天下之学，何如此乐！"（《王心斋语录》），令人耳目一新，刮目相看。

　　清代学者也很关注乐学问题。王夫之提出"乐""勉"结合、以"乐"促"勉"的教学原则，强调了"本心之乐为"的重要（《张子正蒙注·诚明篇》），从而将乐学思想提升到一个新水平。颜元"夜读不能罢，每先息烛，始释卷就寝。汝等求之，但得意趣，必有手舞足蹈而不能已者"（《颜习斋先生言行录》卷上），形象地描绘了"得意趣"的学习是多么快活和享受！王筠本着"学生是人，不是猪狗"和"人皆寻乐，谁肯寻苦"的朴素的人本理念，认为书中自有"乐趣"（《教童子法》），不但要求教师把书讲活，把学生教活，让学生在学习中获得乐趣，而且以学生学习有无兴趣、是否快乐作为评判良师和庸师的标准。

进入 20 世纪，中国社会发生深刻变化，新教育制度得以确立。虽然传统教育思想受到了一定遏制，但是其中的乐学思想却与西方教育思想有不谋而合之处且符合新教育理念，得到进一步发展。当时的中国教育界不仅引进了夸美纽斯、赫尔巴特、斯宾塞、杜威等人的快乐教育理论和兴趣学说，而且生成了以梁启超、蔡元培、胡适、陈鹤琴、朱光潜等为代表人物的新乐学思想和兴趣教育观。其中，梁启超撰写的《趣味教育与教育趣味》《学问之趣味》是这方面的代表作。他认定"乐业"即是趣味，"趣味教育"就是使学生"好之乐之"，"教育趣味"则是"乐哉教育！乐哉教育！"（梁启超，2005b）[342-347]，两者归结为一点，即为"学而不厌、诲人不倦"。胡适（1994）[246-247] 则"大劝人发痴"，其"所谓的'痴'，就是'精神所至'，不但'好之'，而且'乐之'，能有这种'发痴'的精神，虽排万难，若行所无事"。他们的话道出了中国古代乐学思想在现代的传承和新解。

二、中国乐学思想的文化基础

任何一种思想观点的产生和形成，都有其特定的基础和缘由。在西方，崇尚快乐的教育理论与其信奉的快乐主义或幸福主义哲学息息相关；在中国，乐学思想与儒家哲学特别是"乐"的境界文化和人生哲学紧密相连。

儒家学派是中国哲学思想中最重要的学派，儒家文化是中华文明的主导思想，包括"乐"以及"乐学""乐教""乐业"等在内的许多重要观点主张都源于此。如果说道家的境界是"虚"与"静"，佛禅的境界是"空"而"寂"的话，那么儒家的境界就是"诚"与"乐"。"乐"是儒家学者不懈追求的一种很高的精神境界或境界文化，也是其信奉的一种人生哲学或人生态度。在孔子的思想中，除了仁义礼智信等人伦规范之外，"乐"可算是一个最为重要的概念了。"乐"也是孟子人格修养的一个高度，"与民同乐""乐以天下"（《孟子·梁惠王下》），"君子有三乐""乐莫大焉"（《孟子·尽心上》）等均为其言。此后，"乐"就成为儒家学者不懈追求的一种十分重要的精神境界，并始终贯串在历代儒家学者的思想体系之中。（李春青，1996）这个"乐"不是指日常用语中的"乐"的情感，更不是指"对酒当歌，人生几何"和"人生得意须尽欢"所代表的享乐主义，而主要是指使人能够抗拒物欲诱惑、保持内心平和愉悦，与社会责任感、历史使命感相联系的求"仁"、求"道"、求"诚"之"乐"。这是一种纯粹的精神快乐，是有修养之人所具备的一种自由自觉状态。这种"乐"的境界文化和人生哲学体现在学习和教育上，就是"乐学"和"乐教"。

近代思想家梁启超将"乐学"和"乐教"阐释为"趣味教育"和"教育趣味"，并道出了其思想根源或理论基础，给了我们一个形象的解答。梁启超（1992）[476-480]说："我确信敬业乐业四个字，是人类生活不二法门"；"敬业即是责任心，乐业即是趣味"，是"我生平最受用的"两句话。"孔子屡屡说：'学而不厌，诲人不倦'，……问他为什么能不厌不倦呢？只是领略得个中趣味，当然不能自已。……孔子又说：'知之者不如好之者，好之者不如乐之者。'诸君都是在教育界立身的人。我希望更从教育的可好可乐之点，切实体验，那么，不惟诸君本身得无限受用，我们全教育界也增加许多活气了。""孟子说：'君子有三乐，而王天下不与存焉'，那第三种就是：'得天下英才而教育之'；他的意思是说教育家比皇帝还要快乐。他这话绝不是替教育家吹空气，实际情形，确是如此。"他还说："假如有人问我：'你信仰的什么主义？'我便答道：'我信仰的是趣味主义。'有人问我：'你的人生观拿什么做根柢？'我便答道：'拿趣味做根柢。'"（梁启超，2005a）[336-341]"我是个主张趣味主义的人：倘若用化学化分'梁启超'这件东西，把里头所含一种原素名叫'趣味'的抽出来，只怕所剩下仅有个 0 了。"（梁启超，2005c）[348]

三、中国乐学思想的基本观点

（一）乐学的教育含义

"乐学"的"乐"除了包含上述"乐"的一般意义之外，还具有其特定的教育含义。

首先，"乐学"的"乐"不是"外乐"，即一时一事的表面喜悦，更不是感官之乐，而是"著于心"的"内乐"或"本心之乐"。《淮南子》写道："不以内乐外，而以外乐内，乐作而喜，曲终而悲，悲喜转而相生，精神乱营，不得须臾平。……夫内不开于中而强学问者，不入于耳而不著于心，此何以异于聋者之歌也，效人为之，而无以自乐也。"（《淮南子·原道训》）意思是说人如果不能从内在心理上产生学习的爱好和乐趣，即便强迫他去学习或质疑问难，也只能是耳朵听见了，却不能牢固记在心里。这样的人如同聋人唱歌，仿效人是不会获得成功的。这句话表明了追求由外在事物或感官物质刺激带来的快乐（即"外乐"），是表面而暂时的，作用有限甚至有害；而"以内乐外""著于心"的精神愉悦（即"内乐"），则是内在而持久的，为学习所需要，也是真正有效的。清代的王夫之也很重视学习者主体的内心意愿，强调要"本心之乐为"。他说："苟非其本心之乐为，强之而不能以终日，故学者在先定其情，而教者导之以顺。"在他看来，"和者于物不逆，乐者于心不厌"，只有发自内心地把学习视为乐趣，才能不畏艰苦，"欣然有得"。（《张子正蒙注·诚明篇》）这种"乐学"的"内乐"观，反映了对学习者快乐情感和心理愉悦的深度与强度的特别关注。

其次，"乐学"的"学"是基于"知之""好之"的"己有"之物、"自得之学"。这种解说反映了学习者与所学内容的内在关系和紧密联系，体现了对学习者学习状态和结果的深度与境界的特别关注。北宋程颢、程颐说："学至于乐则成矣。笃信好学，未知自得之为乐。好之者，如游他人园圃；乐之者，则己物尔。"（《二程集·遗书》）南宋的张栻进一步阐释说："知之者，知有是道也；好之者，用工之笃也；至于乐之，则工夫至到而有以自得矣。譬之五谷，知者知其可食者也，好者食之者也，乐者食之而饱者也。知之而后能好之，好之而后能乐之，知而不能好，则是知之未至也；好之而未及于乐，则是好之未至也。此古之学者所以自强不息者欤？"（《论语解》卷三）意思是说，"知之者"只懂得要学习的道理；"好之者"既知道其道理，又付诸行动；而"乐之者"不仅付之于实践，还能从学习实践中得到心理愉悦和享受。这就好比五谷，"知之者"知道它可以吃；"好之者"既知道它可以吃，又亲自去品尝了；而"乐之者"则不仅知道它能吃，而且还饱餐一顿，吃了个痛快。"知之"而不能"好之"，是因为知的深度不够；"好之"而不能"乐之"，是因为好的程度不够。明代的湛若水说："乐者，乐此者也。学不至于乐则不安，终非己有，故作乐以安之，如田之入为己有也。此自得之学也。"（《圣学格物通·进德业》）在他看来，达到了乐学状态，就是"自得之学"，所学才能够真正同化内化而为己所有。朱光潜（1987d）[351] 认为"培养趣味好比开疆辟土，须逐渐把本非我所有的变为我所有的"，说的也是这个道理。

（二）学习可以成为一件快乐的事情

在思想理念上把学习视为快乐的事情，是对学习过程一般规律、特点认识的深化和拓展，也是乐学思想和学习愉快原则的重要基础和依据。《论语》开篇即道："学而时习之，不亦说乎？有朋自远方来，不亦乐乎？"（《论语·学而》）孔子认为学习是一件愉快的事情，求知过程本身就应该充满乐趣。在教书育人过程中，不但孔子本人能够"学而不厌，诲人不倦""发愤忘食，乐以忘忧"（《论语·述而》），堪称乐学的楷模和乐教的典范，而且其弟子也多像他一样"乐亦在其中矣"（《论语·述而》）。特别是颜回，"一箪食，一瓢饮，在陋巷，人不堪其忧，回也不改其乐"（《论语·雍也》）。

此后，不少教育家都把学习当成一件乐事，并提出了一些相关论据。如王守仁从儿童天性和心理出发，认为"大抵童子之情，乐嬉游而惮拘检，如草木之始萌芽，舒畅之则条达，摧挠之则衰痿。今教童子必使其趋向鼓舞，中心喜悦，则其进自不能已；譬之时雨春风，沾被卉木，莫不萌动发越，自然日长月化"（《传习录·训蒙大意》）。王艮更进一步说："乐是乐此学，学是学此乐；不乐不是学，不学不是乐；乐便然后学，学便然后乐。乐是学，学是乐。呜呼！天下之乐，何如此学？天下之学，何如此乐？"（《王心斋语录》）他认为，学习的实质就在于快乐，快乐的真正源泉在于学习。他还把学习看作天下最大的快乐和享受，从而使"学习本身是快乐的"这一观点达到了极致。王筠基于以人为本的理念和避苦趋乐的原则明确指出："人皆寻乐，谁肯寻苦？读书虽不如嬉戏乐，然书得有乐趣，亦相从矣。"（《教童子法》）

（三）乐学的重要作用

关于乐学的重要性，历代教育家论述颇多，仅举几例。《吕氏春秋》最早从情感心理机制上对乐学进行了分析："人之情，不能乐其所不安，不能得于其所不乐。……反诸人情，则得所以劝学矣。"（《吕氏春秋·孟夏纪》）意思是说一个人若能从心理情感上把学习当成一件快乐的事，真正沉浸在学习的乐趣之中，就一定能学有所得。刘安讲得更为明白："知人无务，不若愚而好学"（《淮南子·修务训》）；"同味而嗜厚膊者，必其甘之者也。同师而超群者，必其乐之者也。弗甘弗乐而能为表者，未之闻也"（《淮南子·缪称训》）。意思是一个人即使天资很聪颖，但若不好学自强，还不如愚笨却积极投入学习的人。同样是学习，只有那些热爱学习、以学为乐的人，才能出类拔萃。不甘之、不乐之却想学习优秀、出类拔萃，只能是痴人说梦。

北宋张载认为，乐学的作用在于保持学习的持久性，可以永不停业，即所谓"乐则可久"（《经学理窟·义理》），"乐则自不已"，并且"人若志趣不远，心不在焉，虽学无成"（《经学理窟·学大原下》）。在他看来，乐学的泉源——"志趣"是学习的重要心理条件，是决定学习成效和学业成功的关键因素。明代王守仁认为，乐学的效果不但"常使精神力量有余，则无厌苦之患，而有自得之美"（《传习录·教约》），而且"使其乐习不倦，而无暇及于邪僻"（《传习录·教约》）。否则，学生厌学不乐，则会"视学舍如囹狱而不肯入，视师长如寇仇而不欲见，窥避掩覆以遂其嬉游，设诈饰诡以肆其顽鄙，偷薄庸劣，日趋下流"（《传习录·训蒙大意》）。

（四）以学为乐的教育目标

在西方，把兴趣和快乐视为教育教学的一个重要目的或目标，始于赫尔巴特和斯宾塞，经由赫尔巴特学派和杜威学派（包括泰勒）得到进一步发展。在中国，这种观点也不鲜见，且更为古老。子曰："知之者不如好之者，好之者不如乐之者"（《论语·雍也》）；"学而知之者，次也；困而学之，又其次也；困而不学，民斯为下矣"（《论语·季氏》）。可见，孔子将学习状态和境界分成了若干等级，依次为"困而不学""困而学之""学而知之""好之""乐之"。其中，在"知之"或"学而知之"基础上的以学为好特别是以学为乐，是学习的最佳效果和最高境界，也是教学的最高目标和教育的重要任务。孔子这一观点及其好学乐学精神，深深影响和激励了后世几千年的儒家学者。如宋代程颢、程颐说："学至于乐则成矣。"（《二程集·遗书》）张栻说："好之而未及于乐，则是好之未至也。"（《论语解》卷三）元代吴澄也说："读书当知书之所以为书，知之必好，好之必乐。既乐，则专在我。苟至此，虽不读，可也。"（《宋元学案·草庐学案》）王守仁从教育者的角度提出，"凡习礼歌诗之数，皆所以常存童子之心；使其乐习不倦，而无暇及于邪僻。教者如此，则知所施矣"（《传习录·教约》）。这些都是对孔子这一重要观点主张的积极回应。

中国古代学者将"以学为乐"视为学习的最高境界和教育目标的观点，又为近代一些教育家所继承，并发展为培养学生学习"趣味"

"兴味"的教学目的观。如梁启超（2005a）[337]在研究了中国古代特别是孔子的"好之""乐之"及其"学而不厌，诲人不倦"的精神后，明确提出："'趣味教育'这个名词，并不是我所创造，近代欧美教育界早已通行了，但他们还是拿趣味当手段①，我想进一步，拿趣味当目的。"蔡元培说，"我们教书，并不是象注水入瓶一样，注满了就算完事。最重要的是引起学生读书的兴味"（高平叔，1991）[315]。朱光潜（1987d）[351]也说："真正的文学教育不在读过多少书和知道一些文学上的理论和史实，而在培养出纯正的趣味。"在他们看来，教授学问、掌握知识固然重要，但使学生学有兴趣、学得快乐则更为高明。这一观点主张不仅有着重要的历史价值，而且对现实也具有重要的指导意义。

（五）以乐为主的教学评价

在西方，把兴趣、快乐作为选择知识和评价教学的重要指标的观点，始于斯宾塞，发展于泰勒。在我国，北宋张载就说过："学者不论天资美恶，亦不专在勤苦，但观其趣向著心处如何。"（《经学理窟·学大原下》）在他看来，一个人学习好坏，不在于其天资优劣，也不单单决定于是否勤苦，而要看他的志趣、心向。清朝王筠说："观其弟子欢欣鼓舞，侈谈学问者，即知是良师也。若疾首顣额，奄奄如死人者，则笨牛也，其师将无同。"（《教童子法》）他认为教师是良师还是庸师，观察学生是否乐学即可分辨：如果学生学习时欢欣鼓舞、敞开心扉、乐在其中，教师即为良师；倘若学生学习时疾首蹙额、呆若木鸡、形同笨牛，教师必是庸师。

---

① 其实这是误解。

四、乐学的教学原则和方法

我国历代教育家提出了不少关于快乐教学的原则和方法。归纳起来，主要有下列几点：

（一）启发诱导

在教学中能否运用启发式教学，是能否使学生好学乐学的首要问题。我国古代教育家历来认为，死记硬背或强行灌输，学生必视学习为苦差事。梁启超（2005a）[338] 也指出，现代教育阻碍乐学或"摧残趣味有几条路：头一件是注射式的教育：教师把课本里头的东西叫学生强记；好像嚼饭给小孩子吃"。因此，历代教育家一贯主张教学要启发诱导。所谓"不愤不启，不悱不发；举一隅不以三隅反，则不复也"（《论语·述而》），"君子引而不发，跃如也"（《孟子·尽心上》），"故君子之教喻也，道而弗牵，强而弗抑，开而弗达"（《学记》），即是其中的精彩论述和核心内容。韩愈"讲评孜孜，以磨诸生，恐不完美，游以恢笑啁歌，使皆醉义忘归"（皇甫湜《韩文公墓志铭》），则是启发诱导教学实践的一个典型代表。启发诱导既是一种教学方法，又是一个教学原则。中国教育史上创造出来的遵循启发式教学原则的教学方法有很多，如举一反三、循序渐进、深入浅出、循循善诱、温故知新、长善救失、教学相长、质疑问难、触类旁通、寓教于乐等等，限于篇幅，恕不一一赘述。

（二）"学""习"并重

子曰："学而时习之，不亦说乎？"（《论语·学而》）朱熹注解道："说，喜意也。既学而又时时习之，则所学者熟而中心喜说，其进自不能已矣。"（《四书章句集注·论语集注》）"学"是从书本或师授中获取知识技能，"习"是通过个体的实践活动对已学的知识技能进行强化和巩固。在学习过程中，只要不断地将"学"与"习"有机结合起来，就能收到良好的学习效果，学习也就能成为一件愉快的事情。中国古代思想家一贯强调知行统一、言行一致的学习原则，主张学以致用、温故知新、学思结合，认为完全脱离实践的学业和缺失行动的求知，根本不可能使学习者好学、乐学，也谈不上真正"知道"，甚至"与不知同"。（黄晞《聱隅子·生学篇》）

（三）"兴其艺"

《学记》提出："时教必有正业，退息必有居学。不学操缦，不能安弦；不学博依，不能安诗；不学杂服，不能安礼；不兴其艺，不能乐学。故君子之于学也，藏焉，修焉，息焉，游焉。"这里的"操缦""博依""杂服"是围绕"弦""诗""礼"等"正业"服务的，"艺"指课外的活动、感性认识、待人接物等。这段话的意思是：如果不经过课外的技艺实操训练，学生就学不好正课，也就谈不上愉快学习。善于学习的人，学习时很努力，休息时就尽兴地搞课外活动。

（四）"见意趣"

中国古代关于"乐"与"趣"关系的论述有不少，如程颢、程颐说："教人未见其趣，必不乐学。"（《二程集·遗书》）朱熹说："教人未见意趣，必不乐学。"（《四书章句集注·小学集注》）"若读之数过，略晓其义即厌之，欲别求书看，则是于此一卷书犹未得趣也。"（《学规类编》）颜元说："夜读不能罢，每先息烛，始释卷就寝。汝等求之，但得意趣，必有手舞足蹈而不能已者，非人之所能为也。"（《颜习斋先生言行录》卷上）梁启超（2005a）[341]也说，孔子等先贤之所以"不厌不倦""可好可乐"，正是因为他们"领略得个中趣味，当然不能自已"。不难看出，"趣"是"乐"的泉源，兴趣愈大，则所得的快乐亦愈大。要使学生"乐学"，须先引发"其趣"或"意趣"。换言之，教育者不能责怪学生不"乐学"，而应当检查自己所教是否引起了学生的兴趣。

（五）"知之""好之"

在古人看来，"乐之"是有基础的，不是凭空而乐，没有"知之""好之"，就不可能有真正的"乐之"。首先，要乐学，基础在于知学，即知道学习的内容，明白学习的重要，有学习的愿望。其次，要乐学，关键在于好学，即爱好学习，热爱学习，对学习有兴趣，有学习的意志。子曰："君子食无求饱，居无求安，敏于事而慎于言，就有道而正焉，可谓好学也已。"（《论语·学而》）孔子要求学者饮食不求饱足，居住不求舒适，做事勤勉，说话谨慎，把心思用到靠近德才兼备等有道之人以匡正自己上面。西汉的扬雄也提出了一个"好学"标准："学以治之，思以精之，朋友以磨之，名誉以崇之，不倦以终之。可谓好学也已矣。"（《法言·学行》）他认为，一个人只有坚持以学习获取知识，以思考精通学问，靠朋友相互研讨共同提高，用荣誉激励上进心，并通过持之以恒的专心追求来完成学业、取得成就，才可以称得上一个真正"好学"的人。否则，"无好学之志，则虽圣人复出，亦无益矣"（《二程集·粹言》）。

（六）教材切合学童

我国古代教材特别是蒙学教材，如《三字经》《百家姓》《千字文》《千家诗》《杂字》等，多出自名人之手，注重人伦道德、生活知识、名物常识和历史故事，力求将知识性、教育性和趣味性融为一体，编写采用韵语和对偶句式，文字简练，通俗易懂，老幼皆宜，便于记诵，读起来朗朗上口，符合学童年龄和心理特征。这既有利于使学童乐学，也是蒙学教材能够长久流行、为社会接受的一个重要原因。

（七）"乐教"感染

教育是教育者与受教育者心灵交融的工作，师生情感存在着共鸣效应。为了让学生好学乐学，孔子不但要求教师"学而不厌，诲人不倦"，而且自己身体力行，率先垂范，"乐亦在其中矣"，甚至"发愤忘食，乐以忘忧，不知老之将至云尔"（《论语·述而》）。所以，他的学生受其教诲和感染，大多为好学者或乐学者。孟子更是明确将"得天下英才而教育之"作为人生三大乐事之一，把乐教当作一种崇高的职业理想去追求，并且注重以乐教吸引学生乐学："夫子之设科也，往者不追，来者不拒。"（《孟子·尽心下》）韩愈曾评论说，"乐得天下之英才而教育之。此皆圣人贤士之所极言至论，古今之所宜法者也"（《韩愈集》卷十六《上宰相书》）。梁启超受这一思想的影响，提出了"教育趣味观"，并进一步阐明了教育趣味与趣味教育的内在联系。教师能够心甘情愿地乐教爱生，教学不厌，诲人不倦，饶有兴味，必然会感染学生，促进其乐学爱学。从乐教思想的传承和发展来看，其意义不仅在于让教师具备一种崇高的职业理想和精神境界，还在于可以有效地促进学生好学乐学。

（八）"乐""勉"相济

我国古代教育家认为：乐学不是游戏，更不是放任自流；学习是一种艰苦的劳动，必须有严谨刻苦的学习态度、勉力顽强的学习精神，才能把学习搞好。但是，如果只有勉强而无"本心之乐为"，则学习"不能以终日"。王夫之的创新在于强调"乐""勉"统一，以乐促勉。他说："勉强之功，亦非和乐而终不能勉。养蒙之道通于圣功，苟非其本心之乐为，强之而不能以终日，故学者在先定其情，而教者导之以顺。"因为"和者于物不逆，乐者于心不厌"，只有把学习视为乐趣，才能不畏艰苦，"欣然有得"。（《张子正蒙注·诚明篇》）

结语

　　无论在西方还是在中国，长期以来都对快乐或愉快与教育教学之间的内在联系持普遍认同的态度，并逐步形成了一套完整的思想理论体系。在西方，快乐教育思想源于古希腊的柏拉图，初建于文艺复兴后的夸美纽斯，成熟于 19 世纪后期的斯宾塞，流行于 20 世纪欧美的"进步主义"和"新教育"之中。中国是世界上公认的文明古国，具有文化传承不断的突出特征。中国传统教育思想和学习理论博大精深，乐学思想便是其中的一个典型代表和突出范例。综上可知，中国乐学思想源远流长、一脉相承，经历了一个不断发展和完善的历史过程。其表达简洁精炼，内涵丰富深刻，观点鲜明独到，体现了教与学、学与习、情与意的统一，涉及教育领域的诸多方面和教学结构的诸多因素，并演进成为中华民族优秀的传统教育思想之一。有人认为我国教育家只有关于乐学的真知灼见，没有形成完整的理论体系或思想传统，这种看法有失公允。

　　我国既有关于好学乐学乃至乐教的思想传统，也有以"十年寒窗苦读""学海无涯苦作舟""头悬梁，锥刺股"为代表的关于苦学苦练的一贯主张。两者相辅相成，并行不悖。乐与苦、乐学与苦学是辩证统一的关系，它们既有矛盾、相互对立，又互为因果、相互转化。如上所讲，乐学思想基于中国儒家学者"乐"的境界文化和人生哲学，其"乐"是"著于心"的"内乐"或"本心之乐"，其"学"是基于"知之""好之"的"己有"之物或"自得之学"。这表明快乐不是单纯的情感愉悦和表面之乐，更不是享乐主义；乐学不是少学不学、没有必要的学业负担，更不是游戏玩乐；快乐教育也不是轻松教育，更不是放任纵容。把乐学或快乐教学简单地理解为娱乐、游戏、轻松或没有学业负担的教育，把乐学与勤奋刻苦、艰苦奋斗对立起来，是一种简单肤浅的认识。毋庸讳言，当前还有不少误解兴趣及其教育的言论，为此而辨析和正名，仍是兴趣教育论构建所要面对的一项艰巨任务。

改革开放以来，我国教育事业繁荣发展，快乐教育、愉快教学、兴趣教育等得到学校和社会前所未有的关注，相关的理论研究、创新实践和试验成果也不断涌现。但在实际中，快乐教育如同素质教育一样曲高和寡，学生学习不乐、无趣的问题仍很突出。为此，《国家中长期教育改革和发展规划纲要（2010—2020年）》（以下简称《教育规划纲要》）指出，学前教育要"遵循幼儿身心发展规律，坚持科学保教方法，保障幼儿快乐健康成长"，中小学特别是义务教育要注重"培养学生学习兴趣和爱好"，"把减负落实到中小学教育全过程，促进学生生动活泼学习、健康快乐成长"。在教育部最新印发的《义务教育课程方案和课程标准（2022年版）》中又提出"乐学善学，勤于思考，保持好奇心与求知欲，形成良好的学习习惯"以及"乐于提问，敢于质疑，学会在真实情境中发现问题、解决问题，具有探究能力和创新精神"等，体现了新时代教育对中国传统乐学思想的继承和弘扬。

新中国成立至今，减轻过重学业负担、切实提高教学成效被不停地提及和强调，一直是教育的一个热点问题。最近"双减"（减轻义务教育阶段学生作业负担和校外培训负担）政策的落地，再次引发了社会各界的普遍关注。其实，过度教育或学习的问题，在19世纪英国工业革命实现机械化之后也大量存在，给教育界造成困扰。由于涉及政府、学校、教师、学生、家长、社会机构等不同利益主体，这个问题的解决需要各方广泛协作与积极配合，就像顽疾一样需要通过多管齐下、标本兼治、综合调理进行医治。其中，挖掘、发现、发展和培养学生的学习兴趣，想方设法创设各种情境，使学生学得愉快、学有兴趣，无疑是一种先进的教育理念和对策，不失为当下破解学业负担过重问题、提高教学成效的一剂良药和治本之法。

我国的乐学思想传统为现代快乐教育或愉快教学的发展与理论建构，提供了重要的历史依据，奠定了坚实的理论基础。只要我们认真借鉴、继承和发扬这一优秀的传统教育思想，在实践中不断探索，在理论上不断创新，就一定能够探寻出一条使学生生动活泼学习、健康快乐成长之路。

第二章

西方兴趣教育思想演进史

真正的兴趣和活动等概念已经存在于卢梭的著作之中了。

——皮亚杰

早在 18 世纪末和 19 世纪初，兴趣的概念就已经牢固地进入了哲学、教育学和心理学著作中。

——鲍若维奇

赫尔巴特的有意义的贡献之一就是把兴趣看作是教育中的一个重要概念，杜威的著作则更加强化了兴趣的地位。

——康内尔

一个多世纪以来，强调兴趣、自由、目前需要、个人经验、心理组织和学生主动性的理论日益加深。今天，这些理论如此大量地被明确地表现在各种运动里。

——巴格莱

怎样使儿童学有兴趣、学得快乐，是教育中的一个重要问题，既为广大教师和家长所津津乐道，又为古今中外的教育家所孜孜以求。兴趣教育作为一种思想观点，在西方有着久远的历史。而兴趣说作为研究兴趣教育的一种理论学说，则是西方近现代教育学和心理学发展的产物。无论从赫尔巴特教育学的多方面兴趣理论，还是从卢梭教育思想中的"兴趣原则"算起，教育中的兴趣说都已有 200 多年的历史。"这个问题在智者派时期的希腊教育中已经很鲜明地表现出来。这在意大利的文艺复兴所引起的教育变革中已经反映出来。这还表现在 17 世纪的一些教育理论派别中，它的信从者早在那个时期里便已自称为'进步派'。这在卢梭、裴斯泰洛齐、福禄培尔和赫尔巴特先后倡议的各种教育的革新里也很明显。至于美国教育，它是反映在布朗森·亚尔柯德所提倡的理论和实践中，反映在贺拉斯·曼以及后来谢尔登和帕克的活动中；当代杰出的领袖约翰·杜威在 19 世纪末尾的十年初成名的时候，就在他的一篇著名的论文，即现在叫做《教育中的兴趣与努力》里，试图以综合的方式来解决这个二元论的问题。""一个多世纪以来，这些理论日益加深，影响到比较低级的学校。今天，这些理论如此大量地被明确地表现在各种运动里"。（王承绪，赵祥麟，2001）[154-155]本章拟对西方兴趣教育思想的演进过程和代表人物做一个较为全面的总结和概要的叙述，旨在使读者有一个整体的印象和全局的把握。

一、早期兴趣教育思想的萌芽

文艺复兴之前，是西方教育兴趣说的萌芽时期，有关论述散见于古希腊、古罗马先哲和人文主义教育家的论著中。基于人性自然和伦理哲学，从人生苦乐到幸福快乐，自教育快乐到教学的快乐、乐趣以至兴趣，反映了这一时期有关认识逐步深入的大致走向；将教育教学方法与愉快或快乐问题联系起来考察兴趣问题，是这一阶段的主要特征。

（一）古希腊、古罗马时期的认识

古希腊是西方文化学术思想发源地，西方后世的许多重要理论学说都可从中找到其渊源或"胚胎"，教育的兴趣说也不例外。虽然"古希腊三贤"（苏格拉底、柏拉图、亚里士多德）并未直接论及学习兴趣，但他们关于调动学习者积极性和教育使人快乐幸福的主张，对西方近现代教育的兴趣说产生了深远影响。苏格拉底的教学法，或称"产婆术"，主张从学习者熟悉的事物开始提问，促使其主动寻求答案，以有效激发其求知欲望和学习兴趣。所以，皮亚杰（2015）[34] 说："苏格拉底的助产式的辩论术所要求的是学生的积极性而不是他的驯服，这是十分明显的。"

柏拉图被认为是对教育贡献最大的古希腊思想家，他对快乐与教育关系的论述，特别是他把教育当作实现人生幸福快乐的根本途径的观点，可谓西方快乐教育学说的先声。（Lee，2008）在他看来，一个人获知"理性"（智慧、真理和卓见），便获得"快乐"，由此产生"幸福"，进而成为"完人"。教育的责任在于培养学生的理性或理智，教师则要善于启发诱导而不是强迫灌输，以使学生在苦思冥想后顿开茅塞，喜获理性之乐。柏拉图的结论是："我认为快乐与痛苦是儿童最先的知觉"；"快乐与痛苦的正确训练""是教育的一个原理"；"依适当的欢乐交往的规则而定"乃"正确教育的原则"。（华东师范大学教育系，浙江大学教育系，2001）[70]

亚里士多德以"善"和"幸福"为人生目的，认为"幸福与快乐相融合，遵循智慧的活动在合乎德行的活动中是最快乐的"（苗力田，

1989）[571]。在他看来，虽然每个人生来都是渴求知识的，但是"人们的活动为本身的快乐所加强、所延长、所改善，……如果一个人感到写和算对他是痛苦的，他就不肯再写，也不肯再算了，因为这些活动是一些痛苦"（亚里士多德，1990）[220-221]。可见，亚里士多德已经意识到兴趣快乐原理在学习中的重要性。

如果说古希腊思想家们给教育快乐和教学兴趣以伦理哲学或实践哲学启示的话，那么古罗马思想家则提供了教学法乃至早期神学的支持。昆体良较早论述了乐趣教学和"愉快感"的问题，是古罗马教育经验特别是教学法研究之集大成者。他说，"我的理想的学生要乐于接受教给他的知识并就某些事物提出问题"，"专心致志的学习有赖于学生的意愿，而意愿是不能通过强制得到的"。（昆体良，1989）[26-27]鉴于"大多数人是敏于推理和乐意学习的"，昆体良强调，"最重要的是，我们必须注意，一个还没有达到热爱学习的年龄的儿童……此时，必须使他的学习成为一种乐趣"。（华东师范大学教育系，浙江大学教育系，2001）[137-138]

中世纪是被宗教统治的时代，教育本身也渗透了神学的性质，但在一些教学观点和方法上却并不全是反动的，也有一些神学家重视学生心理感受，强调情感与理智结合以及启发式教学，这一点常常为人们所忽视。例如，奥古斯丁是基督教教育的代表人物，"他主张教学要注意激发学生的兴趣和好奇心，并应当是愉快的、自由的"（田本娜，2001）[46]，特别是"他在教学方法上主张：引起学生兴趣，教学生动"（吴元训，1989）[2]。他在《忏悔录》里还说，"在儿童的语言学习里，无拘无束的好奇心比讨厌的强制更有力量"（吴元训，1989）[9]。又如，旧教徒耶稣会教育的教授法注重讲授、记忆、温习，并提倡"借'竞争'（Emulation）以导出'兴趣'（Interest）"，鼓励学生辩论"而维持他们的兴趣和精力"。（格莱夫斯，2005）[230] 可见在当时，人们看待学习兴趣基本上是与教学方法和手段联系在一起的。应该说，只要是能够引发儿童兴趣的学习法，在任何时代、任何形式的教学中，都是卓有成效的。

（二）文艺复兴时期的观点

14—16世纪的欧洲文艺复兴运动，是通过回溯古希腊、古罗马的文化去对抗中世纪以神学为核心的文化。当时一批人文主义教育家以人为中心，要求自由平等和个性解放，扩大和革新教育的对象、目标、内容、方法。其中突出的一点是，"反对机械地、枯燥无味地对学生进行教学，主张教学要启发儿童的兴趣和学习的积极性"（单中惠，2011）[447]。尤其"在教学方法方面，主张取消体罚，利用儿童的竞争心、荣誉感和兴趣来调动他们学习的积极性"（吴元训，1989）[前言]。

意大利的维多利诺注重学生的自觉学习、独立创造和兴趣爱好，他提出教师要了解学生，安排适合每个人兴趣和能力的学习活动。他所办的宫廷学校（也称"快乐之家"）不仅校园环境优美、师生关系融洽、生活学习过程充满欢乐，而且学生自治能力和管理教学的能力都很强，令人耳目一新。（田本娜，2001）[57-60]

尼德兰（约当今荷兰、比利时、卢森堡及法国东北部）的伊拉斯谟认为，学习既需要付出艰辛的努力，又需要学习兴趣的伴随。他在《一个基督教王子的教育》中要求"采用任何其它适合王子的年龄、能使他感兴趣的方法"，使其能够"愉快地学习"。（吴元训，1989）[133-134]

德国宗教改革运动发起者马丁·路德呼吁"克服以往残暴的教育方法，主张温和愉快的教育方法"（吴元训，1989）[656]。

西班牙的维夫斯在《论教育》中希望儿童和青年学习适合他们年龄和兴趣的学艺（吴元训，1989）[275]，期望教师是学问的爱好者，并去促进学生兴趣。在他看来，"学习中的乐趣，那些深远的、长久的快乐，没有什么与之相比了"（吴元训，1989）[293]；"总的说，孩子们必须习惯于对好的事情感到愉快并且热爱它们，对坏的事情感到悲痛并且憎恶它们"（吴元训，1989）[268]。

法国的蒙田更是明确提出，要学习"真正有用的东西"，"选择他最喜欢的科学"。（华东师范大学教育系，浙江大学教育系，2001）[388]对此，"最好的办法莫过于培养对学问的兴趣和爱好，否则我们将只是教育出一些满载书籍的傻子"（华东师范大学教育系，浙江大学教育系，2001）[411]。

由此可见，文艺复兴时代的思想启蒙运动不仅造就了进步的人文主义教育，也使古希腊、古罗马的愉快和兴趣教学思想萌芽得以焕发新的生机活力。这些人文主义教育家的论述和做法闪耀着智慧的光芒，为近代各种兴趣教育思想的开花结果，特别是兴趣学说的创立提供了新的火种。

二、近代教育"兴趣说"的初建

17—18 世纪，欧洲率先进入近代社会，资本主义经济快速发展，自然科学取得巨大进步，思想启蒙运动风起云涌，各种哲学思想层出不穷，世俗教育也得到前所未有的发展。在这种背景下，不但独立形态的教育学得以创立，而且兴趣教学及相关的愉快教学、乐趣教学以及直观教学、活动教学等学说也得以初建。尤其是当时流行的自然主义教育思潮起到了关键作用。这种教育哲学主张顺应儿童自然本性，按照其年龄、兴趣、需要、能力的特点，引导他们在实际活动中合乎自然地获得知识、自由自在地发展个性。因而许多教育家把兴趣、快乐、求知欲、好奇心等视为儿童的自然本性加以强调，十分重视儿童投入学习活动的积极状态和动力活力。巧合的是，自然主义教育思想的三位最著名的代表人物——夸美纽斯、洛克和卢梭，分别是愉快教学、乐趣教学和兴趣教学的奠基者。尤其是卢梭，作为彻底的自然主义教育者，他真正把"自然适应性原则"从神学化推向人本化、从自然现象推进到适应人的身心发展特点，并且鲜明地提出了教育的兴趣原则。这成为西方近代教育兴趣说初步建立的最重要的标志。

（一）夸美纽斯的愉快教学观

夸美纽斯出生在远离欧洲文艺复兴中心的捷克，是一位笃信上帝的神学家。在近代夸美纽斯曾长期被人误解、遗忘，但岁月终究不能遮盖其教育思想的光辉。他不仅创立了独立形态的教育学、百科全书式的课程体系、集体式的班级授课制，对普及教育、早期教育、女子教育以及一般教学法、学科教学和教材编撰等方面也有重要的贡献，还在愉快教学的问题上提出了一系列创造性的观点，这成为西方近代愉快教学思想体系的肇始。（郭戈，2010a）

首先，"愉快"或"快乐"是夸美纽斯教育思想中的一个重要概念，也是构建其教学理论和艺术的一个主要任务，因而被后人认定为夸美纽斯的主要教学原则之一。夸美纽斯（1984）[致意读者3] 在《大教学论》一书中开宗明义地宣布："我们敢于应许一种'大教学论'，就是一种把一切事物教给一切人类的全部艺术……；并且它又是一种教起来使人感到愉快的艺术，就是说，它不会使教员感到烦恼，或使学生感到厌恶，它能使教员和学生全都得到最大的快乐。"在他看来，幸福快乐关系到教育乃至人生的最高目标，教育的职责在于培养有学问、有德行、有虔信的快乐之人，只有这样才能将教学艺术置于正确的基础上。他还说，教学法是良好教学的艺术，"教得好就是使别人能学得快捷、愉快和彻底",其中愉快的含义是,"在任何一门功课的全部教学过程中,学生不应对他已经完成的功课感到厌倦,而是对尚待完成的功课产生渴望"。(夸美纽斯,2006)[288]

其次,夸美纽斯所谓教学的愉快与兴趣密切相关。在他看来,愉快基于人的"本性"和"自然倾向",要培养学生的兴趣爱好,激发学生的意愿或欲望,引起学生的热情和专心,以减轻劳苦负担、提高教学效率,并指向一个共同的"敌人"——"厌恶",因为"这是学习中最险恶的毒药"。(夸美纽斯,2006)[356]他在《最新语文教学法》中明确指出,"愉快是必不可少的,因为它可以防止潜入的教学的祸患——厌烦和憎恶,因为它能刺激心理并保持它对功课的兴趣"(夸美纽斯,2006)[288]。概而言之,夸美纽斯把学有兴趣、学得愉快置于其教学法全部体系中来考察,而不是将其视为孤立的心理问题,或仅通过单一的途径方法加以解决的问题。它们是通过父母、师长、学校、所教科目、教学方法、教学组织形式、国家和教育行政部门等途径及一系列方法实现的,而且与夸美纽斯所倡导的自然教学、感官学习或直观教学、为用而学或应用教学、实践学习或参与教学、变换学习或多样化教学,以及教师的良好素养和艺术等密切联系在一起。

最后,夸美纽斯在兴趣教学上也有一些重要主张和具体做法。如:他提出"一切都与趣味结合"的教学"定理"(夸美纽斯,2006)[360];他最早将兴趣引入课程,制订了"由于直接的兴趣而组织的智力作业"(张焕庭,1979)[48];他希望学生能够从教科书中得到乐趣,并编写了"能激发孩子们的兴趣"的教材(如《世界图解》等)(任钟印,2005)[88];他还提出了"引起学生兴趣"的一些"惬意的方法"(夸美纽斯,2006)[122];等等。这些体现了当时教育理论对儿童个性、学习心理乃至对教育内在规律的认识水平,也反映了提升教学成效和追求教学艺术的迫切要求。对此，佛罗斯特（1987）[264] 指出："每个儿童特性不同，教育也必须依照他们的不同而异。这一点可以在他①强调教学兴趣上清楚地看到。他相信，强迫的教学就是失败的开端。每个儿童都可以被激励着学习，如果他对学习感兴趣的话。"佐藤正夫（2001）[7] 将"兴趣与自发原理"作为夸美纽斯教学法的三大原理之一②，也许是出于同样的考量。我国教育学家郑晓沧也说过，《大教学论》提出了"愉快的标准"，"换言之，也该使学者感到兴趣。夸美纽斯把这作为教学标准之一，正是人文主义者的特征，显然是与经院主义相对抗的"。（王承绪，赵端瑛，1993）[358]

（二）洛克的乐趣教学法

洛克是 17 世纪英国著名的哲学家、教育家，其教育思想具有世俗化和功利化的特点，相比弥尔顿古典主义色彩更少，相比夸美纽斯更彻底地破除了宗教神学的束缚。在《教育漫话》一书中，洛克有意地站在当时流行的文法学校的对立面，提出了一系列反对意见，其中一个突出的方面，就是在智育和教学法上提倡游戏娱乐法或乐趣教学法。所以，"很多的评论家则呼吁人们注意洛克对观察幼童游戏、把游戏当作一种教学方法以及依据幼童的兴趣进行教学等问题的关注"，认定"洛克是'儿童中心论教育的首创者'之一"（洛克，2005）[编者导言40]，并认为"轻易反对洛克在其人性观点的基础上对儿童的动机、兴趣以及什么因素将以德行的方式激励和塑造儿童方面作出的解释，是一件鲁莽的事情"（洛克，2005）[编者导言16]。

洛克从人的幸福快乐目的出发，认为教育目的是培养在身体健康基础上有德行、有智慧、有礼仪、有学问的"绅士"。其中，在"学

---

① "他"指夸美纽斯。

② 另外两个教学法原理是直观原理和活动原理。这个观点也得到了我国课程教学论专家的认同。参见：张华. 课程与教学论［M］. 上海：上海教育出版社，2000：335.

问"的教学任务上，洛克强调关键问题不在多学，而在会学、好学、爱学，即所谓"最主要的精力就该放在最有必要的事物上"，而"教师只负责把他们引进门，使他对某些学问发生兴趣"。（洛克，2005）[168-169] 在"学问"的教学方法上，洛克认为有兴趣是教学的最佳时机，坚决反对经院主义教育无视儿童心理的粗暴的教鞭纪律和原则。他说，"幼童学习任何事情的最适宜的时机是当他们处于注意集中、兴致很高的时候"，"因为他兴致好的时候，就乐于花上三倍的时间来学习"。"我们要仔细地观察幼童性情的变化，尤其注意把握他们喜好和兴趣上的有利时机"，而"教会他们诸种事项的正确方法是让他们养成一种对所学事物的喜爱和兴趣，这样他们才肯用功和练习"。（洛克，2005）[146-148] 洛克对把学习知识当作学生必须完成的工作任务和应尽的责任义务、把教学看成单纯传授知识甚至强迫灌输的做法很不以为然，认为不能把儿童的学习变成一种负担，也不要把它当作一种任务去完成，否则哪怕原本喜爱的事情，也会立刻感到乏味和漠然。他甚至说，"我常发一种奇想：学习可以变成儿童的一种游戏、一项娱乐；觉得如果学习被儿童当作一件充满荣耀、名誉、快乐及娱乐意味的事情，或者把它当成作了某事的奖励"（洛克，2006）[143]。总之，洛克十分尊重和关注儿童的心理和意向，极为重视游戏教学和教学的娱乐游戏化，强调引发和增进儿童学习欲望，要求充分保护和利用好儿童的好奇心，选择适合儿童能力的、有趣的课本和书籍等，以诱导学生产生浓厚兴趣并高兴地学、愉快地学、有效地学。

洛克对当时流行的脱离实际、学习无用知识和使用粗暴方法的经院教育的憎恨，由此可见一斑。他在智育和教学方法上尊重儿童及其身心特点，反对强迫命令和鞭挞惩罚，提倡乐学、趣学、爱学和会学，并且在教育上重视身心协调发展和健康人格养成，强调德行、智慧、礼仪的重要性，这不仅在当时具有很强的针对性，而且在今天，特别是在家庭教育、城市教育或独生子女教育中，也有相当的启发作用和借鉴意义。其中，洛克关于寓教学于游戏娱乐之中的主张，在教育史上（特别是对英国乐趣教学传统的形成）很有影响，也引起过诸多争议。他从个人功利主义出发提出的家庭式"绅士教育"，与夸美纽斯倡导的教育对象、内容和形式的民主、普及以及较为周全的愉快教学法相比，其局限性也显而易见。

（三）卢梭的兴趣教育观

卢梭是 18 世纪欧洲启蒙思想家的杰出代表，不仅在思想上点燃了一些国家革命的火种，而且以比洛克更为激进的理念点燃了教育革新的烈火，激励一代代教育改革者不断前行。在教育的兴趣说上，卢梭同样是那个时代最杰出、最有影响力的人物之一。他高度重视兴趣在教育教学中的重要作用，明确提出了教育的兴趣原则，并以此为取向构建了他的课程教学体系。可以说，是卢梭使"兴趣"首次作为一个主角正式登上教育大舞台并一举成名，从此这个耀眼的"新星"受到了诸多学者的追捧，但其中也不乏争议，正如人们对卢梭的争议一样。（郭戈，2011）帕克说过："卢骚（即卢梭）提创研究儿童心理，要顾到学生的本能和能量，使学生学习有兴味、有效力。他主张利用学生本能的兴味，是引起注意顶有效、顶经济的方法。后来的教育家，大概从卢骚所说的兴味上发端，把他根据本能的教学理论，渐渐推行到实地教学上去。"（帕刻，1924）[54-55] 皮亚杰（2015）[35] 指出，真正的兴趣和活动等概念已经存在于卢梭的著作之中了。将卢梭定位为兴趣教育和兴趣主义的首倡者，这在 20 世纪 30 年代初我国教学法著作，如谢恩皋《小学普通教学法》（中华书局，1930）、郭鸣鹤《现代教学法通论》（文化学社，1933）中已现端倪。有学者甚至认为，"在卢梭以前的许多教育著作中，最有价值的东西，也仅是求知的兴趣"（张法琨，1984）[86-87]。

卢梭继洛克之后进一步高扬改造旧教育的大旗，其代表作《爱弥儿》要解决相互联系的三大问题：转变对儿童的观念，把孩子看作孩子；将人为的教育变为自然的教育，遵循自然法则；改变旧教法，提出优良而容易的计划。卢梭的兴趣说就是基于这三个理念而衍生出来的符合儿童及其心理的教育方法论。这些观点今天看起来不觉刺眼，可在当时却引发了思想震动，它说明卢梭所理解的"自然"已纯人本化了，表明教育史上的儿童观开始发生巨大转变。有学者指出，卢梭"所主张的从儿童的个人爱好和兴趣出发进行教育的'儿童中心论'"，"为后来流行于资本主义国家的实用主义的教育思想开了方便之门"。（卢梭，1978）[出版说明2] 这个说法从一个侧面表明了卢梭的教育学和兴趣说辐射久远。

归纳起来，卢梭的兴趣教育观主要有以下六个特点：一是论及了兴趣的动力机制和调动积极情感的作用，强调兴趣欲望在促进学习、保持注意、形成习惯和产生快乐等方面的重要意义，认为兴趣是儿童的天然本性，是教育的重要因素和最大的动力，甚至是使人走得又稳又远的唯一动力。二是在教学目的上，追求有用知识的牢固掌握、学习方法和能力的提高、求知兴趣和欲望的养成这三个逐级递增的目标和境界，从而更好地服务于"自然人"的教育目的。其中，以兴趣为取向的表征十分突出，所以杜威（2001）[128]认定卢梭"遵循自然的教育目的，意思就是注意儿童爱好和兴趣的起源、增长和衰退"。三是在教学过程上，与夸美纽斯、洛克一样，把教学看作一种使人愉快的艺术，试图根据儿童对周围事物和现象的兴趣，建立一种能为儿童接受并使儿童感到愉快的教学体系。四是在教学内容上，与洛克一样，主张儿童要学有用的、能理解的和真正属于自己的知识，并认为培养兴趣爱好、学会学习方法，远比教给儿童各种知识或学问重要得多。五是在教学方法上，认为最好的办法是促使儿童有学习的欲望和兴趣，甚至对它产生热爱。这与前面提到的蒙田"最好的办法莫过于培养对学问的兴趣和爱好"的观点是一脉相承的。六是在教学原则上，首次提出了兴趣原则，即"培养他有爱好学问的兴趣，而且在这种兴趣充分增长起来的时候，教他以研究学问的方法。毫无疑问，这是所有一切良好的教育的一个基本原则"（卢梭，2001）[223]。卢梭还就教学中如何保护和培养儿童的学习兴趣、求知欲和好奇心等提出了不少意见和建议。所以有学者认为，"卢梭的教学论不是知识本位的，而是兴趣、能力取向的"，"卢梭的全部教学论主张无非是这个基本原则的具体化"。（张华，2000）[38]

三、19 世纪"兴趣说"的形成和发展

19 世纪是教育学真正创立的时期，也是教育兴趣说的形成时期。其标志是教育学、心理学先后从哲学中分化出来成为独立学科并得到快速发展，兴趣概念已牢固嵌入哲学、教育学和心理学著作中。特别是赫尔巴特创建"科学教育学"，在伦理学基础上提出了教育目的论，在心理学基础上形成了教育方法论，并把多方面兴趣论作为教育理论特别是课程教学论的基石，既表明教育学作为一门独立学科正式形成，也标志了西方教育兴趣说的真正创立。此后，赫尔巴特学派又将这一学说发扬光大，从而掀起了西方教育史上第一次共倡儿童兴趣需要、全面探讨兴趣心理和兴趣教育问题的热潮。此外，瑞士教育家裴斯泰洛齐、德国教育家第斯多惠、英国教育家斯宾塞以及俄国一些民主主义教育家，也都是这一时期的突出代表。教育兴趣说的形成，就其理

论基础和思想背景而言，除了继承和发展近代以来的兴趣教育思想，特别是卢梭的兴趣原则之外，还有三点值得特别注意：一是德国古典哲学的认识兴趣论，二是幸福主义伦理学和快乐主义教育，三是教育心理学化运动（参见本书第三章）。

（一）赫尔巴特的多方面兴趣论

众所周知，赫尔巴特创立了科学教育学，其兴趣学说也闻名于世。他在《普通教育学》中以"兴趣的多方面性"为标题阐述了其全部教学论思想，又在《教育学讲授纲要》中坚持多方面兴趣是教学最重要的基石的主张。所谓多方面兴趣，就是整体的、全面的兴趣。首先，它不是单一或某些方面的，而是多样化的兴趣追求；其次，它不是样样齐全、浅尝辄止的，而是均匀的、平衡的、和谐的兴趣和发展；最后，它与人的个性、兴趣爱好是相容不悖的，各种个性都包含在多方面性中，就像部分包含在整体中那样。

赫尔巴特在借鉴德国古典哲学家关于"认识兴趣"研究成果的基础上，从心理学、教育学视角全面而深入地探讨了兴趣的概念、类型、条件、意义及其在教育教学中的重要作用，形成了西方自近代以来最系统、最深刻、最具影响力的兴趣学说。概括起来，这一学说主要有五大要点：其一，在教育史上首次把兴趣作为一个教育心理范畴进行专门研究，并给兴趣下定义："兴趣就是专心所追随的、审思所积聚的对象"（赫尔巴特，1989）[58]，代表"智力追求的能量"（赫尔巴特，1989）[218]；"兴趣就是主动性"（赫尔巴特，1989）[222]，是同漠不关心相对立的。其二，最早划分兴趣的种类，从主观心理上把兴趣分成两大类（认识的兴趣和同情的兴趣）共六种（经验的兴趣、思辨的兴趣、审美的兴趣、同情的兴趣、社会的兴趣、宗教的兴趣）。其三，提出"多方面的兴趣"的独特概念，并把它的养成作为教育教学的直接目的（也称"可能的目的"或"较近的目的"）。其四，用兴趣状态下的专心和审思活动的交替运动所引起的四种连续心理活动——注意、期待、探求和行动，作为说明"教学形式阶段论"的心理依据，从而把教学过程和学生兴趣状态的心理活动具体地衔接起来。其五，以兴趣类型为基础全面论述了普通学校的课程设置问题，要求教师本着学生多方面兴趣的水平组织课堂体系，为此设置与之相应的几十门学科。这样一来，赫尔巴特就将其教育理论特别是课程教学论完全建立在兴趣说的心理学分析的基础上。从此以后，兴趣概念更加牢固地嵌入了教育学和心理学著作中。

赫尔巴特的多方面兴趣论得到了学界的高度评价和广泛赞誉。美国的尤福说："兴趣说是赫尔巴特的一盏明灯，为处在黑暗和迷津般教学阶段里的教师带来了光明。"（蒋晓，1984）[72] 英国的海华德指出，"赫尔巴特的要旨是兴趣"（康纳尔，1991）[110]。康内尔评价说，"由于他①将对形而上学、伦理学的兴趣与对心理学、教育学的兴趣结合为一体，成为名留后世的德国哲学家"（康纳尔，1991）[94]。罗廷光（即罗炳之）认为："自海尔巴特等人提倡兴趣主义以后，教学上如何设法引起儿童的注意和兴趣，成了中心的研究问题。"（罗廷光，1932）[72] 赫尔巴特这一前所未有、独具一格的兴趣学说，是其将教育学建立在心理学基础之上的典型表征和课程教学心理学化探索的集中体现，使西方近代教育的兴趣说发展到一个崭新的高度，从而给教育心理学化运动以强力的支持。从他开始，教育学与心理学相互融合为一个不可分割的统一体，同时兴趣问题又成为教育心理学化尤其是教学心理学化的一个主要联结点，为后来新教育、进步教育提倡和研究儿童兴趣和教育问题提供了重要依据，并使所谓"传统教育"和"现代教育"

---

① "他"指赫尔巴特。

有了一个难得的相通点。（郭戈，1987）

（二）赫尔巴特学派兴趣说的流行

赫尔巴特的兴趣学说连同他的教育学，得到了他的继承者——赫尔巴特学派的进一步演绎和极力推广，在 19 世纪 60 年代以后被学界关注并广泛流传。对此，康内尔做了总括性评价："赫尔巴特学派（Herbartian）运动统治了本世纪转折时期"（康内尔，1990）[23]，"进步主义者和保守主义者都在赫尔巴特学说的某些方面得到了满足"（康内尔，1990）[141]。并且"兴趣曾被赫尔巴特学派当作教育中的重要因素加以介绍"（康内尔，1990）[25]，"这是教育家们对 20 世纪教育进程有着极其重要影响的方面。从此开始，兴趣问题就为人们所感兴趣了"（康内尔，1990）[130]。

在德国，教育学家齐勒（又译为齐勒尔）最早发挥了重要作用，对于"赫尔巴特的这些原理，齐勒尔是满怀热情地接受的。他广泛地写了有关兴趣的著作，并使它成为他的理论中的一个主要概念"（康内尔，1990）[104]。莱因则认为，统觉、相关集中和兴趣是赫尔巴特最重要的三个概念，"教学的目的可以由此明确规定为：通过兴趣，培养思想之环，以便有可能使它变成意志力"（康内尔，1990）[109]。奥斯特曼不仅为莱因的著作撰写了关于兴趣问题的长篇论文，而且撰写了《兴趣及其与教育学的关系》这一具有开创性的专著。该书探讨了四个问题：兴趣的起因、本质和种类；兴趣在观念和推理活动中的重要性；在欲望和意志活动中的兴趣；兴趣在教育中的推论和应用。奥斯特曼在序言中断言，"无论在心理学还是在教育学中，没有什么比'兴趣'的性质和意义问题更重要的了"，并且"兴趣在教育实践中具有举足轻重的重要意义"。《兴趣及其与教育学的关系》的出版，旨在"使兴趣学说摆脱观点混乱的状态，使之更清晰并具有一致性"。（奥

斯特曼，2018）[1]

赫尔巴特教育学及其兴趣学说在国外输入最早、影响最大的国家是美国。正如纽约大学教育学院院长爱德华·R. 肖所说，"赫尔巴特思想的引进是对美国教育学的巨大激励。其中，赫尔巴特最卓越的思想之一，就是在全部教育教学中都要接受兴趣……。这一思想通过教育界人士在集会上的演说和讨论，以及通过文章和教育报刊而广为传播"（奥斯特曼，2018）[3]。同时，赫尔巴特兴趣教育理论也得到其追随者的进一步研究和发展。如：全美赫尔巴特教育科学研究会第一届会长德加莫在其著作《兴趣与教育：兴趣学说及其具体运用》中论述了原始人的兴趣激发，兴趣的基本概念，兴趣的目的，兴趣的个人或主观特征，兴趣精选案例，教育、兴趣与生存，兴趣和教学方法，兴趣与思维等问题。（De Garmo，1902）麦克墨里在其畅销的《建立在赫尔巴特理论基础上的普通方法纲要》一书中论述了"兴趣的本质"。他认为，"兴趣是一种独特的情感概念，意味着客观事物与人的现存知识的联系，包含着愉快与痛苦的精神状态，体现了情感与某些智力因素的结合"。并且，"兴趣学说是教育学史中最引人注目的情感理论，它给学校教育提供了一种新的判断标准，也开拓了一个新天地"。（McMurry，1893）[35] 他的兄弟 F. M. 麦克墨里在《兴趣：对它的某些异议》中强调，"兴趣是目的，知识是手段"，"可以对教育的进程作出鉴定的，不是获得知识的数量，而是所培养起来的兴趣之广度和深度。培养具有多方面兴趣的人，是赫尔巴特学派的理想"。（康内尔，1990）[132] 此外，作为全美赫尔巴特教育科学研究会理事的杜威，也在该研究会第一期年报上发表了著名论文《兴趣和意志训练的关系》。它是在德加莫与哈里斯和莫里斯就"兴趣主义"和"努力主义"（"训练主义"）进行论战的背景下完成的。杜威在文中对双方的观点做了

批评，并阐述了自己关于兴趣与努力（训练）相互关联的一元论立场，从而使讨论的局面大为改观。（松冈侑介，2007）

在英国，心理学家斯托特对赫尔巴特的心理学以及兴趣理论做了广泛评述。亚当斯在《赫尔巴特学派的心理学在教育上的应用》一书中指出，兴趣的理论并不排除艰苦的工作，而是赋予艰苦的工作以意义，使之能够忍受。（康纳尔，1991）[117] 海华德在 20 世纪初发表了数篇有关赫尔巴特学说的论著，他在《赫尔巴特的奥秘》中指出："赫尔巴特的要旨是兴趣；赫尔巴特的奥秘是统觉。对几乎每件事物——对自然、对艺术、对政治都有兴趣，是件好事，而多方面的兴趣就是统觉的兴趣，取决于已有的知识。但是，有一种比其他兴趣更重要、更加依赖于统觉的兴趣，那就是对优良品德的兴趣。"（康内尔，1990）[125] 芬德雷在《课堂教学原理》一书中将"兴趣的重要性"作为一章，并对"兴趣法则"做了专门的研究。他认为赫尔巴特的兴趣法则不是满足于"治标"——刺激和愉悦，而是着重于"治本"——真正的兴趣。（Findlay，1902）

（三）斯宾塞的愉快教育论

斯宾塞在哲学上信奉实证主义，在伦理学上倡导功利主义，在社会学上主张进化论；体现在人生目的和教育目标上是追求幸福快乐和完美生活，体现在知识学习和课程上是持有用价值论和实用科学论，体现在教学原理上是持自然和心理论，体现在智育和教育方法上是强调自我教育和兴趣快乐原则。他构建的愉快教育理论使这一古老思想焕发出新的生机活力，并达到了一个崭新高度，与赫尔巴特的兴趣学说殊途同归，相映成辉。（郭戈，2010b）

首先，关于快乐教育，斯宾塞（2005）[53] 最早在《智育》（收入《教育论》中）中呼吁："要早年教育使人愉快，要一切教育带有乐趣。"此后，他多次宣称教育应当是快乐的，应当以快乐的方法来教育青少年，声称"快乐教育是我所主张的"（斯宾塞，2009）⁵⁶，并深入探讨了快乐教育和自我教育的一些原理。他与夸美纽斯和洛克一样，把快乐作为智育和教学的一个重要命题，并进一步从多角度强化其重要作用。在此基础上，斯宾塞提出了一些重要观点：在教育目的上，快乐既是人类应有目的和合法目标，也是教育的一个有意义、有价值的目标；在教学过程上，应使求知成为愉快而非苦恼的事，使教育教学成为自学和愉快并行的过程；在教学原则上，应坚持与兴趣原则相一致的快乐原则，运用相应的策略和方法；在课业选择和教育评价上，"以是否能引起孩子内心愉悦作为衡量教育内容和办法的标准"（斯宾塞，2009）¹¹²。

其次，关于兴趣教育，斯宾塞认为快乐与兴趣是一致的，兴趣是快乐的源泉，兴趣与满足总可以带来快乐，孩子快乐学习需要兴趣诱导。也就是说，上述快乐的作用即为兴趣的价值，快乐教育原理亦适用于儿童兴趣的教育。他强调兴趣是求知和学习最大的动力，"是儿童对事物的主动选择"，"孩子兴致盎然，全神贯注，尽管汗水顺脖颈往下直流，甚至脊背被烈日晒脱了皮，儿童也毫不在乎，这便是兴趣的力量"。（斯宾塞，2009）⁸⁷⁻⁸⁸ 所以，选择知识如同选择食物要考虑身体健壮与爱好一样，要考虑到"为实现人生幸福的目的"，还要出于兴趣，把快乐和兴趣的多少"作为评判任何培养计划的最后考验"和"标准"。（斯宾塞，2009）⁶⁴ 他还指出，培养学习兴趣，发挥其推动求知的动力作用，"这不单单是一种方法，而且包含人类获取知识的一个充满智慧而古老的法则"（斯宾塞，2009）⁸⁷。正因为如此，有学者认为，斯宾塞看重个人利益和学习兴趣，"非常强调实用、自动和兴趣等教学原则"（张焕庭，1979）⁴¹⁶。并且，斯宾塞"基于儿童自发活动的兴趣教学法"和"更多通过发现来学习的快乐方法"，也被认为

"对于英国当今小学教育仍有重要的影响和作用"。（Holmes，1994）

（四）第斯多惠的兴趣教学观

第斯多惠虽然没有像赫尔巴特和斯宾塞那样建立起完整的兴趣学说和快乐理论，却有着关于兴趣教学的独到看法。他在《德国教师教育指南》一书中指出，"没有正确的心理学观点的人是很难理解教育学原理的"（第斯多惠，2001）[65]，并且就形式而言，"没有激发便没有发展，天资也就停滞不前。教育就是激发。教育理论就是激发理论"（第斯多惠，2001）[79]。所以，"教学的艺术不在于传授的本领，而在于关于激励、唤醒、鼓舞"。在他看来，"对一个教师来说，使教学变得有兴趣的能力还具有特别重要的意义"，"简言之，要努力以自己的整个人格来使教学有兴趣"。（张焕庭，1979）[386-387]

归纳起来，第斯多惠的兴趣教学观主要有三个要点：第一，他是继赫尔巴特之后又一位试图给兴趣下定义和做分类的教育家。他强调兴趣的指向性和情感性，注重激发高尚的兴趣而不是平凡的兴趣。第二，他强调全面认识学习兴趣的作用，提出了兴趣具有教育性的观点。在他看来，兴趣不仅能激发学生的注意力和同情心，促进学生勤奋学习、钻研知识并热爱教师、学校和学科，还能使学生获得对真善美的自由的爱好，找到自我和自信，终身保持旺盛的求知欲和自我教育的习惯。第三，他把"力求使教学引人入胜（有兴趣）"作为有关教师素养要求的第一个教学原则。（张焕庭，1979）[386] 第四，他从教师角度就如何激发和培养学生的学习兴趣提出了一系列行之有效的举措，如教师要活泼、课堂要活跃，将对学科的热爱和对讲授的热情传导给学生，让新旧知识发生联系，遵照教学论原理或教学法规则进行教学，等等。

（五）俄国教育家的有关主张

19世纪俄国一批民主主义教育家在兴趣学习和教育问题上也有一

些重要的主张值得一提。如：别林斯基（又译为柏林斯基）把他的新教学法建立在儿童的兴趣和年龄特征之上，强调"自然科学能够最有力地引起儿童的兴趣"（波兹纳斯基，1952）[112]。车尔尼雪夫斯基一方面指出教师的义务和责任是使教学尽可能引发学生的兴趣，另一方面又批评了想借此把教学变成消遣过程的企图。（曹孚，1979）[275] 他认定能够引发学生兴趣的教学只是提高教学效果的手段，而不是目的本身；要使学生对教学发生兴趣，只有采用最适当的、动人的讲述形式。乌申斯基写道，"没有任何兴趣的和一味强制的学习……扼杀着学生的好学精神，没有这种精神，他是学不好的"。托尔斯泰说，"为了让学生学好，必须使他好学"。他认为，要使学生学有兴趣，应使传授的东西明白易懂、引人入胜，使学生的智力处于最有利的条件之下。杜勃洛留波夫说，"当人们乐意学习的时候，就比被迫的学习轻松得多，有效得多"。（斯卡特金，1982）[55]

其中，俄国教育心理学创始人乌申斯基最为突出。他提出，在学龄时期，学习和教育应当成为人的生活中的主要兴趣，然而"要使教学工作尽可能引起儿童的兴趣，但又不使这一工作变成娱乐——这是教学论的一项最困难而又最重要的任务"（乌申斯基，2007）[213]。他还认为，"使严肃的课业吸引孩子——这就是初级阶段教学的任务"，尤其是从一开始就应当使孩子学会热爱自己的责任，并从执行责任中找到乐趣。他强调教学一定要把学习与游戏分开，使学习成为儿童的一项严肃的任务。因为教学并不都是趣味性的，其中必定并且应当有枯燥乏味的东西。他提出了一个著名论断："应当教育孩子不仅习惯做他感兴趣的事，也要习惯做他不感兴趣的事——以执行自己的责任为乐趣而做。"（乌申斯基，2007）[368-369]这种观点深深地影响了俄罗斯和苏联的教育学家（如索洛维契克等）。

四、20 世纪上半期 "兴趣说" 的兴盛

（一）欧美新教育、进步教育的 "兴趣说"

19 世纪末至 20 世纪上半期，是兴趣学说的兴盛时期，主要表现为：兴趣概念成了当时教育界一个流行的话题，兴趣原理被广泛运用于教育教学理论和实践，许多教育家和心理学家都积极提倡兴趣教学并投身有关的科学研究，一批专门研究兴趣心理及兴趣教育的论著得以涌现。这主要得益于著名教育家、主流教育思潮和正统教育理论都不约而同地看中了兴趣的重要作用和教育价值。一是由于赫尔巴特学派的鼓吹和推动，赫尔巴特兴趣学说得到了进一步发展，并伴随着赫尔巴特的教育理论在 19 世纪末和 20 世纪初盛行于欧美乃至东方。二是此时在欧美兴起的现代教育思潮和教育革新运动，虽然严厉批评以赫尔巴特为代表的传统教育理论，但却继承和发展了他的兴趣学说，尤其是杜威的重视、研究和推动，使教育的兴趣说进入了一个新境界和黄金期。三是教育科学化运动、儿童研究运动和学校调查运动，使研究教育教学的方法特别是教育心理测评和实验得到了新的拓展，并推动了关于儿童兴趣的科学研究，从而也为兴趣学说的传播和应用提供了有力支持。如美国教育心理学家桑代克关于兴趣测量和 "兴趣标准" 的研究、霍尔关于儿童好奇心和兴趣发展的问卷调查，法国心理学家比奈关于儿童兴趣和驱力的调查测验，德国实验教育学倡导者拉伊关于儿童兴趣和注意发展阶段的结论，等等。还有一些研究者编制了儿童青少年兴趣量表，力图对兴趣测验进行分类并建立一个发展常模，为教师设计出符合学生兴趣的教学序列提供参考。（康纳尔，1991）[162] 其中桑代克还出版有《需要、兴趣和态度的心理学》一书。

我国教育学家庄泽宣（2006）[43]对此曾有所论及："19 世纪之末，一方面由于儿童研究之风靡一时，一方面由于心理学中兴趣说之崛起，间接受卢梭、福禄培尔、裴斯泰洛齐等之影响，直接则根于杜威之学说及试验，于是有所谓合于儿童心理的方法出现。"

在 19 世纪末到 20 世纪中期美国教育界声势浩大的进步教育运动中，帕克是先驱，杜威是领袖，约翰逊、克伯屈、桑代克、泰勒等是其中的重要人物，他们在兴趣与教育问题上都提出了独到的见解。比如，帕克较早提出"兴味学习"和"兴味教学"概念，他强调"兴味在教育上的重要"，并认为"兴味对于学习的效果有重大的影响"，所以它"是教学法里重要的问题"。（帕刻，1924）[37-38]帕克根据本能心理将儿童兴趣分为十种，要求教师善加利用和培养。又如，约翰逊创立了有机教育学校和有机教育理论，其出发点就是根据儿童兴趣需要组织教学。"同赫尔巴特学派一样，约翰逊也认为兴趣是教育过程中的关键因素。它不是努力使学生对预先编制的教材感兴趣，而是寻找到学生已经感兴趣的材料并以有趣的方式在其上建立教学的体系。"（康纳尔，1991）[213]杜威（2008a）[221]评价说："约翰逊女士的训练计划对于一切教学企图形成的爱学校、爱工作是有助益的。当工作感兴趣的时候，就不必要用无意义的束缚和烦琐的禁令去阻止儿童完成这个工作。当儿童乐意地在工作时，他们就会把志趣相投的工作的做和学联系起来。"同时，欧洲新教育与美国进步教育遥相呼应，共同引领现代教育思潮和革新运动。但由于产生于不同地域，其发生背景及发展过程存在一定差异，其兴趣说也各具特色。

（二）杜威的兴趣心理学和"教育上的兴趣"

杜威可谓 20 世纪影响最大的教育家，进步教育的兴趣说也由他引领。受其影响，许多过去赫尔巴特学说的追随者开始倒向了进步教育。

兴趣研究可以说是杜威的一个研究兴趣所在。翻阅其诸多教育名著，尤其是《我的教育信条》《学校与社会》《教育中的兴趣与努力》《明日之学校》《民主主义与教育》等，其中都有这方面的精彩论述，这是杜威教育思想和教育哲学的一个重要领域。（郭戈，2011）其中，《教育中的兴趣与努力》为杜威有关主张的集中体现，也标志着进步教育兴趣说的最高水平。康内尔认为，《教育中的兴趣与努力》"揭示了占统治地位的赫尔巴特主义的一个中心概念"（康纳尔，1991）[134]。他还指出，"赫尔巴特的有意义的贡献之一就是把兴趣看作是教育中的一个重要概念。杜威的著作则更加强化了兴趣的地位"（康纳尔，1991）[139-140]。

　　杜威的兴趣学说内容丰富，独树一帜，影响巨大。鉴于旧心理学过于偏重知识、智力和感觉，杜威（2008a）[163]先探讨了"真正的兴趣原理"，提出了建设兴趣心理学的任务，并就兴趣的概念、性质、类型、发生基础及其与本能需要、情感态度、动机动力、活动行为、自我主体特别是意志努力、道德义务的关系等进行了深入系统的探讨。杜威与赫尔巴特一样，集教育家、心理学家和哲学家等身份于一身，把兴趣作为心理和教育的重要问题来对待，将它作为整个课程教学论乃至教育哲学体系中的一个核心概念和重要范畴。杜威的兴趣学说，既受到赫尔巴特及其学派的影响，又适应了当时进步主义教育和教育革新运动的需要，并与其整个教育思想紧密相连。它与杜威关注教育过程的心理因素和以心理学为取向的教育学研究逻辑有关，是杜威"儿童中心主义"教育主张的自然结果，也符合其民主主义教育思想。纽龙认为，儿童中心论、"教育即经验改造"、"兴趣与努力"说、"学校即社会"是杜威教育思想的四大领域。（王承绪，赵端瑛，1993）我国也有学者认为，将兴趣与努力统一起来是杜威对教育的一个重大贡献，也是他对赫尔巴特兴趣说的继承和发展。（中国教育史研究会，

1985）[225] 日本教育学者佐野真一郎（1995）认为，杜威的兴趣论是对当时美国教育学界关于兴趣与努力论争的调和，以及对"兴趣主义"和"努力主义"（"训练主义"）这两派理论缺陷的纠偏，它与杜威的学术经历及教育理论有着密切的关系，也符合"儿童个性化"或"教育个性化"的趋势。松冈侑介认为，杜威的兴味论有其时代背景和理论基础，它是杜威整个教育哲学思想中的一个重要问题，也是他一生感兴趣的一个热点问题。（松冈侑介，2007）但是，杜威的兴趣学说也带来了一些争议，如奈勒认为："杜威的一些追随者抓住他的'兴趣学说'，并将它施行到杜威本人没有想到的那种程度，其结果是产生了二十世纪三十年代和四十年代初盛极一时并大遭毁谤的儿童活动运动。"（陈友松，1982）[74]

（三）克伯屈的兴趣学说

将杜威教育哲学发扬光大、由理论推及具体的方法与实际者，首推克伯屈。他早年曾认真研读杜威的著作，尤其是《教育中的兴趣与努力》为他开辟了一个全新世界，影响之大无其他书籍能与之相比。（黄昆辉，1968）[177] 克伯屈在《教学方法原理》中主张调和的兴趣理论，反对一味取悦儿童的极端兴趣主义，主张与努力相容的兴趣、促进学生有效成长的兴趣、符合社会要求和正确引导的健康的兴趣。为构建有生命力的兴趣学说并消除人们的误解，克伯屈进行兴趣教学研究创新，在课程教学中使之可操作、具体化。在这一过程中，他试图重点调和教学中兴趣与自我、努力、意志、成功、成长的关系，并深入研究了良好兴趣的品质、幅度、范围及其形成的条件、程序、方法等，"所有这些放在一起，可以说就构成了我们的兴趣学说"（克伯屈，1991）[136]。他还说："总之，通过将兴趣的学说及学习的心理学与自我及意志的概念更紧密地结合起来，我们似乎在将心理学与教育及伦理学的结合方面取得了进展。"（克伯屈，1991）[155] 换言之，克伯屈的兴趣学说不是"放纵与惯坏儿童的学说"，而是研究"一个人专心致志于某件事"、"全力以赴做那件事"的学说，是关于"专心致志、乐在其中的努力"的学说，也是"心理定势与有准备状态的心理学理论"。（克伯屈，1991）[119-125]

（四）"泰勒原理"中兴趣的地位

被誉为"现代教育评价和课程理论之父"的泰勒（1994）[164] 经历了进步教育运动由鼎盛走向衰落的全过程，其理论仍较多地受杜威与怀特海关于教育目的的理论以及各种教与学理论指导，充满了对学习者特别是儿童兴趣的关注。他断言："在教育上，兴趣既与目的有关，又与手段有关；也就是说，兴趣既是目标，又是与旨在达到目标的经验相关的动机力量。然而，在这里，我们把兴趣看作是一类目标。人们之所以常常强调兴趣是重要的教育目标，是因为一个人对什么感兴趣，在很大程度上决定了他会去注意些什么，而且还常常决定了他会去做些什么。因此，兴趣往往使行为集中在一些特定方向上而不是其他方向上，这种兴趣确实是使一个人成为哪一种人的强有力的决定因素。"（泰勒，1994）[62]

在确定教育目标上，泰勒受到进步主义教育关于"教育目标的主要基础是学习者本身的兴趣"的影响，确信学习者积极主动性的作用，因而最关注对学习者本身即学生的兴趣和需要的研究，甚至在20世纪70年代中期还坚持这一看法。他说，"60年代在美国从事的大量课程研究项目，目标通常是由教材专家选择的，很少关注学习者的兴趣与需要"，"强调学习者的积极作用，对教育目标的选择具有重要意义"。（泰勒，1994）[117] 在课程或学习经验的选择和组织上，泰勒受杜威"从经验中学习"的影响，把对学生兴趣和需要的了解置于重要位置。他说："在勾划所提出的学习经验时，不仅非常需要考虑与这个单元的组织原则有内在联系的学习经验，而且还要照顾到这个年级中每一个学生具有的各种不同的兴趣与需要，并且也要为每一个学习者提供多种不同的学习经验，激发他们持久的兴趣和注意力，防止出现厌倦。"（泰勒，1994）[82] 在教育评价上，他认为既然兴趣是一个有意义的目标，那么就得进行以兴趣为依据或为目标的评价。由于泰勒阐述其评价理论时常拿兴趣为例加以说明，所以实际上他也同时阐述了兴趣的评价过程，即确定兴趣的行为和内容目标、创设引起兴趣行为的表现情景、编制兴趣评价的方法和手段、确定兴趣评定的形式、验证和改进课程教学。

（五）德可乐利教育法的"兴趣中心"

德可乐利是比利时著名教育家，小时候曾经厌倦大部分学科，只对物理感兴趣，因为物理老师用的就是德可乐利后来所倡导的那种教育法。德可乐利也因此对儿童心理学产生了浓厚兴趣，并形成了他的教育法的要旨——"在生活中学习，在兴趣中学习"。他认为，"要掌握孩子的兴趣，就必须抓住孩子的心理和身体，根据不同孩子的心理和身体状况制订出不同的兴趣培养计划"。（Peers，1942）[15] 他与杜威等"一致赞成学校与生活接近，要使儿童活动来教他们活动"，"但是要使儿童活动，必须给他一些活动的欲望"，所以他提出"想教育绝应适合儿童的兴趣"。（德可乐利，1932）[原序4] 德可乐利对当时学校教育脱离儿童生活、活动、能力的弊端极度不满，试图建立以儿童心理为依据、以儿童兴趣需要为基础的教学体系。在他看来，兴趣是保持注意的关键，是脑发展的刺激物，"儿童的兴趣绝不同成人的兴趣：如果我们想利用儿童的兴趣，我们必须认识他"（德可乐利，1932）[26-27]。德可乐利把儿童兴趣需要分为进食、不受自然伤害、防御敌人、活动娱乐和自我发展四种。他经过十多年实验创立的"德可乐利法"的基础就是"兴趣中心"，即以兴趣为中心组织一切课程教材和教学，他也由此成为欧洲新教育运动的代表人物和兴趣教育的领军人物。康内尔（1990）[26]评价说，德可乐利"通过发展一种建立在兴趣中心的基础上的课程，引起了第一次世界大战前夕和第一次世界大战以后欧洲一代人的极大注意"。他认为，"德可乐利在比利时的成果，是把儿童的需要和兴趣用作课程编排与教学方法的基础这一运动的先驱"（康内尔，1990）[319]。

（六）克拉帕雷德的兴趣发展阶段论

克拉帕雷德是瑞士心理学家和新教育运动的先锋，他在试图为教育原理找到心理学的依据，提出了"功能上的自主规律"，即"在发展的每一时刻，动物构成了一个功能上的整体，也就是说，它的反应能量是适应于它的需要的"（皮亚杰，2015）[50]。他认为，儿童的智力和道德结构同成人的不一样，儿童的兴趣也有其自身规律和特殊功能，并不是完全与外在的要求相一致，因而没有把工作从外边强加于心理的可能性。"强迫的工作是一种违反心理学的反常活动，一切有成果的活动都以一种兴趣作为先决条件"（皮亚杰，2015）[44]。克拉帕雷德十分强调儿童期及其活动的重要性，认为儿童活动"从功能的意义上讲，指建立在兴趣上的行为"（皮亚杰，2015）[53]。他主张新学校以儿童的需要与兴趣为基础，但这并不意味着活动教学要求儿童做他所想做的事情，"它首先要求儿童愿意做他所做的事情；他们活动，他们不是被动的"（皮亚杰，2015）[43]。在他看来，作为需要结果的兴趣"是把反应变成真正动作的因素"，是"整个体系随之运转的唯一轴心"（皮亚杰，2015）[44]。克拉帕雷德在《实验教育学和儿童心理学》一书中从儿童在各个时期所表现出来的兴趣出发，将儿童心智发展历程划分为三个阶段六个时期，这是对兴趣分类理论的深化和发展，也为深入认识儿童、细化教育工作提供了心理依据。他的研究和观点直接为他的学生皮亚杰所继承和发展。

（七）皮亚杰的智力发展"兴趣律"

瑞士心理学家皮亚杰早期也是新教育的追随者和鼓吹者，他批评传统学校把它的工作强加于学生，无视儿童对于这种工作产生多少兴趣并做出多少努力，"单纯用接受的教育方法去处理"，而新方法必须"利用儿童期固有的倾向以及心理发展必然具有的自发活动"。他特别强调，"新学校是以个人的需要与兴趣为基础的真正的活动和自发的工作"。在他看来，兴趣是儿童需要的结果，是同化作用的动力，代表着儿童本身的自主机能和反应能量，驱动和支配着儿童的行为活动和智力发展，是"现在的方法的决定因素"，是"真正的活动和自发的工作"。（皮亚杰，2015）[38-50] 而且，兴趣还是缩短"主观时间或心理时间"（皮亚杰，1980）[96] 并"加快了工作的速度"的主要机理。

皮亚杰赞同杜威的看法，认为"当自我和观念或对象合二为一的时候，当自我把观念或对象当作表达的手段，并且它们又变成了激起自我活动的必要因素时，便出现了真正的兴趣"。他在克拉帕雷德的"功能自主律"基础上，提出了智力发展的"兴趣律"——"儿童和成人是完全相同的；像成人一样，他们是能动的动物，他们的动作是受兴趣和需要的规律所支配的，如果不依靠这种活动的自动的动力，这种行动就不能充分发挥它的作用"。他说："所有智力都是一种适应，所有的适应都意味着把事物同化到心理之中，相辅相成的顺应过程也一样。所以，所有智力的工作都建立在一种兴趣之上。""所以，支配着成人智力作用的兴趣规律，对儿童则更不必说了。"（皮亚杰，2015）[44-50]

归纳起来，皮亚杰对兴趣与教育问题的研究主要有三个特点：一是把兴趣作为儿童期及其活动的象征，以此为基础揭示教育原理的心理学依据；二是把建立在儿童兴趣需要基础上的教学，作为与传统教育相对立的新教育、新学校特别是新教育方法的一个中心问题来看待；三是重视前人经验，其新探索立足于对以往教育兴趣说的历史总结，可以说在主张兴趣说的教育家和心理学家中，皮亚杰称得上较多了解它的过去的人。

（八）苏联早期教育家的兴趣教育思想

在苏联建立初期，社会主义教育理论尚不成熟，伴随着儿童学的发展，苏联教育家采用了与欧美新教育和进步教育相吻合的思想理论，包括兴趣学说。其中以克鲁普斯卡雅和沙茨基最为有名。克鲁普斯卡雅认为，兴趣是人的一种重要的积极情感，是学习教育的重要动因。她说，"每个人的兴趣各不相同……。一个人是被迫学习还是乐于学习（俗话说的，带着脑袋去学），其效果是有很大差别的"（克鲁普斯卡雅，1987）[295]，"兴趣所决定的与其说是所获得的知识的内容，毋宁说是对这种知识所持的态度；兴趣是籍以掌握别的知识的一种基础"（克鲁普斯卡雅，1987）[299]。她指出："儿童对某一事物或活动发生兴趣，这说明这一事物或活动有使儿童感兴趣的地方，说明有某种东西能满足他的正在发育的有机体的一定的要求。如果这些要求得到满足，儿童就会感到满意；当儿童从事他所喜欢和感兴趣的工作时，他就会全力以赴地去做，他的积极性就会充分发挥出来，有机体不需要外界的强制就能加强起来，由于从事感兴趣的工作，儿童的精神力量就能得到发展。教师在研究了儿童的个性和兴趣之后，就可以经常去培养这种兴趣，把它加以发展、深化和改造。如果能照顾到儿童的个性，就能取得巨大的成果。"（克鲁普斯卡雅，1987）[175]

沙茨基深受杜威的影响，把教育看成社会，视学校为生活，把生产劳动当作教育的基础，以儿童兴趣需要为中心组织课程教学，努力使儿童充分而自由地生活、快乐而有效地发展。其实验学校与社区农场和生产劳动相结合，学校工作就是围绕儿童对周围的农业环境的兴趣而展开的。沙茨基提出的"单元教学一体化课程"或单元教学法注重各学科教材之间的联系，运用一种使社会和自然科学在一体化课程中相互联系的组织形式，学习活动围绕自然、工作和社会三个主要概念进行组织。这种课程逐年扩展，从乡土地理和家庭，到乡村、城镇、大行政区、苏联乃至世界。在每一学习阶段，自然、工作和社会相互联系，而诸如历史、地理、算术和语文等传统学科，都是在"单元"学习中需要它们时才进行教学的。有学者认为，德可乐利的兴趣中心课程和沙茨基的单元教学一体化课程大纲是"新教育家们以兴趣为中心设置综合性课程"两个典型的代表。（吴明海，2008）[313]

五、20 世纪下半期"兴趣说"的衰落

（一）"'兴趣'是过去流行的词汇"

"二战"之后特别是 20 世纪 50 年代，国际形势发生变化，国家竞争日趋激烈，各国都在进行教育改革和调整，强调教育民主化、科学化和现代化，比较注重义务教育的普及、各级教育数量的增长和教育结构的多样化。特别是发达国家关注的重心逐步由初等教育向中等教育以至高等教育转移，由教育内部问题向教育外部问题转移，由个体成长向群体受教育水平转移，由学生的个性发展向学业成绩和智能发展转移。在这种形势下，新传统教育思想占了上风，新教育思潮、进步主义教育思潮走向衰落。与此同时，教育上的兴趣说也受到了很大影响，遭到要素主义、永恒主义、新托马斯主义等教育流派的围攻和

批判，自此走向低谷。正如康内尔说的，"兴趣"是"过去流行的词汇"（康纳尔，1991）[663]，"'改革'成了教育上的一个重要词汇"（康纳尔，1991）[646]。于是，作为一种专门理论的兴趣学说，在较长一个时期便处于教育研究和改革的边缘。

这种情况在教育心理学以至心理科学中也有明显的表现：有关兴趣的学术研究明显降温，兴趣心理学停滞不前，兴趣问题的地位和分量每况愈下——由一级标题变成二级或三级标题，以致被动机、情感、态度或心理倾向等问题所替代，即使有为数不多的兴趣研究成果也多是些细枝末节的问题。难怪有心理学家指出，"从行为主义兴起到认知心理学的革命以后，兴趣研究一直没有大的进展，兴趣在教育心理学理论体系中也缺乏应有的地位。80年代，西方关于兴趣的本质及其对学习的影响的研究开始复苏"（章凯，2000）[27]。其中，比较突出的有美国的伦宁格、海蒂和克拉普主编的论文集《兴趣在学习和发展中的作用》，西尔维亚编著的《兴趣心理学探索》，等等。西尔维亚在其著作的"前言和致谢"中写道："心理学研究总是对'兴趣'很感兴趣。关于兴趣、好奇心和内在动机的理论出现在历史典籍和广泛的现代研究领域中。在当下的情绪心理学、教育心理学、发展心理学、个性心理学、动机心理学、职业心理学、美学心理学、老年心理学以及文本加工心理学等领域，都能看到有关兴趣的研究。"（Silvia，2006）[vii]

（二）布鲁纳的"兴趣说"

即便是在教育兴趣说发展的衰落时期，依然有一些教育家和心理学家在继续关注兴趣问题，只是不像以前那样把它看作教育教学的主要目标、课程教材的主要基础和引发儿童学习的唯一依据，并用内在动机、情感态度或心理倾向替代兴趣需要。其中，最有代表性的是美国著名教育心理学家布鲁纳。其影响巨大的《教育过程》一书"集中于四个题目"，"即结构、准备、直觉和兴趣这四个题目"。（布鲁纳，1989）[30] 他认为，"我们在这里面临的首要任务之一，是激发和支持孩子们的兴趣，并且引导他们进行解决问题的活动"（布鲁纳，1989）[148]。在他看来，兴趣是最重要的心理倾向和理想的内在目标，是学习的最好刺激和动机，对保持注意力、唤起学习欲望和态度、启迪智慧、发展智力以及追求学业成绩等都具有重要的作用，因而他把以激发和维持兴趣为核心的心理倾向作为教学的首要原则。其学科结构课程论的一大特点，就是体现了基本原理的设计和教学与儿童兴趣和能力的统一。有学者认为，"布鲁纳与杜威在教学的认识论观点上有些相同之处，例如，他们都重视儿童的兴趣与爱好，在解释'学习的动机原则'时都强调要引发其对学习内容的好奇心和诱惑力，使之产生学习活动的心理倾向、学习的兴趣等。不过他反对杜威等人把这些看作引发儿童学习的唯一依据，而是认为兴趣与爱好等也是可以培养的，不是自发的"（布鲁纳，1989）[12]。

概括来讲，布鲁纳的兴趣说主要有以下特点：一是把培养兴趣与教育改革任务结合起来，始终强调怎样引起学生的兴趣，认为这个问题确是值得思考的。二是把兴趣问题与其一系列重要主张，如学科结构、螺旋式课程、智力发展、发现教学、早期教育和学习动机等联系起来，并指出它们之间的内在联系。比如，"发现法"可使学生产生兴奋感和愉快感，增强对学习本身的兴趣，"教材编得有兴趣和材料介绍得可靠决不是矛盾的"（布鲁纳，1989）[441]。三是对兴趣心理倾向的探索主要"集中注意于个人的认识水平，即个人作出选择的探索活动"（布鲁纳，1989）[43]，而不是把传统和惯例的焦点对准文化、动机和个性等因素对学习者渴望学习和解决问题的影响。四是把学习兴趣与学习欲望或意愿、内部动机、心理倾向结合起来。这一点在布鲁纳的《教育过程》《教学论探讨》《论教学的若干原则教育过程》等论著中都有明显表现，由此也折射出"二战"后教育中的"兴趣"概念在西方的退化和不确定性。

（三）沙俄和苏联时期教育家的"兴趣说"

俄罗斯教育家、心理学家的兴趣说与其教育学、心理学理论一样，既与欧洲大陆的教育传统相连，又具有本民族的特色；不仅在十月革命之前有着丰富的思想观点，而且在苏联时期也形成了独到的理论体系。其演进过程可分为三个阶段：一是沙俄时期至十月革命，特征是在批判继承近代兴趣学说的基础上，强调兴趣与责任的统一，代表人物有乌申斯基、托尔斯泰等。二是十月革命之后至"二战"前，受欧美新教育、进步教育特别是杜威兴趣说的影响较大，代表人物有克鲁普斯卡雅、沙茨基等。三是"二战"爆发后至 20 世纪 60 年代，试图以马克思主义为指导构建教育兴趣说。这一时期发表了一系列集中研究兴趣心理和兴趣教育的论著，如高尔顿的《兴趣心理学和教育学》、别里亚耶夫的《兴趣心理学》、莫罗佐夫的《学习兴趣研究》、苏霍姆林斯基的《学习兴趣是学生学习活动的重要动力》、达尼洛夫的《鼓励学生学习》、鲍若维奇的《认识兴趣及其研究途径》、休金娜的《发展学生认识兴趣的途径和方法》等。后来在此基础上还涌现出一批创造性地探索教育兴趣说的教育家。

1. 苏霍姆林斯基的兴趣教育思想

教育实践家和理论家苏霍姆林斯基在兴趣与教育的理论和实践问题上做过全面而深入的探索。他早年的《学习兴趣是学生学习活动的重要动力》一文，被认为是苏联多年来仅有的关于培养学生兴趣、激发学习愿望的专门研究。（达尼洛夫，1955）在他看来，教学任务主要有三件事：一要教给学生一定范围的知识，二要使学生越来越聪明，三要让学生学有兴趣、学得愉快。其中学生对学习感兴趣，是学生求知的主要动因和刻苦学习的最大力量，是教学促进学生智力发展的重要起点，也是进一步提高学生的知识质量和学校教育教学工作水平的保证。（郭戈，1985）否则，"如果一个学生没有爱上一门具体的学科、一个具体的科学知识的领域，那就没有个性的智力充满性和精神生活的丰富性"（苏霍姆林斯基，1984）[60]。所以，"教师的任务就是要不断地发展儿童从学习中得到满足的良好情感，以便从这种情感中产生和形成一种情绪状态——即强烈的学习愿望"（苏霍姆林斯基，1984）[153]。为此，他要求"每一个教师都在尽量唤起学生对自己所教学科的兴趣，使他们入迷地酷爱这门学科"，"让学生们把你所教的学科看做是最感兴趣的学科，让尽量多的少年像向往幸福一样幻想着在你所教的这门学科领域里有所创造，做到这一点是你应当引以为荣的事"。（苏霍姆林斯基，1984）[60]

关于如何培养学生的学习兴趣，苏霍姆林斯基主要就教师、课堂和课外三大途径及一系列方式方法进行了论述，体现了教师主导作用与学生主体作用、课堂教学与课外活动、广泛兴趣与特殊爱好的统一。（郭戈，1984）其兴趣教育思想主要有如下特点。一是实践性和创新性。一方面他运用丰富的实践经验、生动的事例和形象的表述，为兴趣学说提供了重要的实践价值依据；另一方面他对许多有关兴趣的问题，如兴趣的价值和源泉、培养学生兴趣的途径和方法、教师兴趣及其与学生兴趣的关系等都有创造性的贡献。二是丰富性和全面性。在苏霍姆林斯基的论著特别是《给教师的建议》中，到处可见"兴趣"或"智力兴趣"字样，并且他还发表了一系列有关著述，如《兴趣的秘密何在》《争取学生热爱你的学科》《怎样才能使儿童愿意好好学习》《怎样使小学生愿意学习》《怎样教育学生热爱劳动》等，对兴趣教育问题有较为全面的论述。他注重从学生个性全面发展或全部精神生活的角度来考察兴趣问题，强调教师兴趣与学生兴趣的统一、课内兴趣与课外兴趣的结合，既关注一般的学习兴趣与特殊的课的兴趣、劳动兴趣、智力兴趣、阅读兴趣的结合，也强调兴趣与愿望、情感、爱好、快乐的联系，还探讨了各年龄段儿童青少年的兴趣特点和发展规律，几乎涉及兴趣教育领域的所有问题。三是政治性和思想性。苏霍姆林斯基注重运用马克思主义观点，联系学校思想政治工作来分析兴趣教育问题。他明确指出："马克思、恩格斯、列宁的著作帮助我分辨清楚，培养人的爱好和志趣所要依赖的那些复杂交错的条件。"（苏霍姆林斯基，1984）[95] "热烈的学习愿望是一种道德的和政治的情感，培养这种情感首先是我们教师的职责。"（苏霍姆林斯基，1984）[156]

2. 休金娜的认识兴趣说

休金娜是一位对兴趣教育理论有突出贡献的苏联教育学家。她在20世纪50年代初期就选择以"认识兴趣"作为自己的重点课题。她说："在多种多样的鼓舞学生热情地学习和自觉地对待学习劳动的方法中，发展学生的认识兴趣是起着很大作用的。学生的认识兴趣可以说明学生对待科学和掌握知识过程的态度，这种兴趣首先是学生在课堂上的活动中表现出来，发展起来的。"（舒基娜，1955）[35] 自1965年起，休金娜领导"关于学生认识兴趣问题的实验室"，于1971年出版了《教育学中的认识兴趣问题》。该书曾荣获"乌申斯基奖"，可谓20世纪后期教育兴趣说的一部经典著作。之后，她又陆续出版了《教学过程中学生认识活动的积极化》《教学中兴趣形成的若干迫切问题》等著作（杜殿坤，1993），并发表了《认识兴趣是现代教学理论的重要问题》《教学过程中的主体与客体的辩证关系与学习兴趣》《认识兴趣和形成世界观及进行德育的关系》《差生的认识兴趣的培养》《培养差生认识兴趣的途径》《培养学生的学习兴趣》《培养学生的学习兴趣是完善现代教学的重要因素》等论文，形成了较有影响的系统的兴趣学说。

休金娜认为，从研究教学过程的个别要素（如教学内容、方法、组织形式等）转向研究正在成长中的人的个性，是教学论的一个重大发展。其中，"认识兴趣的问题已经成为苏维埃教学理论的有机组成部分，这个问题很有希望地揭示教学过程内部的和外部的各种途径"，"可以把认识兴趣看作对学生的最重要的个性教育"，因为"认识兴趣影响到教学的全部职能"。（休金娜，2006a）[221-222] 她将兴趣定义为学生心理的一种选择性倾向，指向认识领域，指向该领域的对象内容及掌握知识的过程，是以智力、情绪、意志过程的统一整体为基础的特殊"合金"，其核心是带有积极情感色彩的思维过程。休金娜深入研究了兴趣与活动和个性之间的关系，认为活动是认识兴趣形成的基础，兴趣在社会现实条件下参与人的活动过程、人的个性形成过程并由此获得发展。关于认识兴趣的作用，她强调兴趣对学生活动与个性的多方面影响：兴趣能提高教学效率，因而成为教学手段；兴趣是极其重要的内在动力，因而变成活动；兴趣能强化整个心理过程、满足精神需要和自我价值，因而成为重要的个性形成物。关于认识兴趣的发展，她以兴趣的指向性、稳定性、区域性、意识性为参数，揭示了认识兴趣发展的初级、中级和高级水平，并探查了低年级、中年级和高年级认识兴趣的表现及其特征。此外，休金娜还对认识兴趣与教学过程、师生关系的联系，以及认识兴趣在克服学业不良、处理差生问题上的特殊作用进行了富有成效的探讨。

3. 巴班斯基教学过程最优化理论中的兴趣原则

苏联心理学关于认识兴趣和儿童兴趣问题的研究成果被广泛地运

用于教育研究和实验，成为后来教育学家特别是教学论专家构建新的理论体系的一个重要依据。因教学过程最优化理论而闻名于世的巴班斯基指出，在教学论中激发学生学习兴趣是一项重要任务，现在的习惯说法是产生稳固的学习动机。并且，近年来学习的刺激和学习动机成为心理学家和教学论专家深切关注的问题。在巴班斯基（1982）[109]看来，"事实上，形成良好的学习态度、刺激学习、引起学习动机等，都是学习过程不可分割的因素。没有这些因素，学习过程就不可能有效地发挥作用。我们确信，这一条要求带有规律性，可以作为教学论的一条基本原则，并因此设想，教学过程中刺激学生的活动是有各种专门的方法的"。这类方法旨在保证教学活动意志和情绪的积极化，与学习活动的组织、方法以及检查与自我检查的方法，共同构成巴班斯基的教学方法论体系。并且，"这个类型可以按条件分成两大亚类，培养学生认识兴趣的方法归入第一亚类，以培养学生的义务感和责任感为主要目的的方法列入第二亚类"。对于该原则和方法如何实施及运用，巴班斯基都有详细的阐述。

4. 斯卡特金教学论的兴趣法则

著名教学论专家斯卡特金在论述现代教学问题时，给予"学生的学习态度"（主要指学习的兴趣和热情）特别的关注。他从教育史经验和心理学研究出发，断言"教学的效果主要地决定于学生对学习活动的态度。他们的学习志趣愈浓，学习效果就愈大"（斯卡特金，1982）[作者的话1]。他强调，虽然这些都是人所共知的真理，然而在教学理论和学校实际工作当中，都未得到足够的重视。因此，对于社会和媒体的呼吁——"第一位的是精神动因，而首先是学习的兴趣。就是说，我们不要再不好意思用'兴趣'这个词了，再不要每走一步都要说：对于我们，兴趣不是目的本身了。很多问题都取决于我们如何迅速地承认并接受这个最简单的学校法则：带着兴趣学习"（斯卡特金，1982）[60]，斯卡特金表示深切的关心和认同，并且鲜明提出"把教学的积极情感背景原则纳入现代教学论原则体系，理由相当充分"（斯卡特金，1985）[94]。为此，他全面探讨了一系列激发学生的求知欲和学习兴趣，使他们好学爱学的方法和举措。

5. 索洛维契克的兴趣学习说

索洛维契克是"满怀兴趣地学习"的实验者和创立者，其"基本目的以及提出的主要假说，可以归结为一句话，即：人自己完全可以学会满怀兴趣地工作"（索洛维契克，1983）[9]。20 世纪 70 年代，他在深入调查、实验和研究的基础上，全面论述了该实验的时代意义及其方法途径等一系列问题。

在学习与兴趣的关系上，他认为在新时代"光是学习还不够，还必须使所有的人带着兴趣去学习"，因为"谁怀着一种厌恶的心情去学习，即使他在学校毕业时获得优异成绩，那他将来也是碌碌无为。谁带着一种学习的愿望从学校里毕业，尽管他的学习成绩并不十分令人满意，他将来也会有成就的。在毕业证书上是不给兴趣评分的，但是，生活却给我们每个人的兴趣评分"。（索洛维契克，1983）[6-7]

在对兴趣学习的认识上，他强调兴趣与义务、责任、努力的结合，指出学校不是马戏院，而是劳动场所，"满怀兴趣地学习——这绝不是象娱乐那样学习"，"这是一种严肃的、负有重大责任的生活，是一种充满意义和欢乐的生活"。他说："义务和兴趣象两台牵引着重载列车的联接在一起的内燃机车。那些怀着厌恶心情尽守职责的人，那些只凭兴趣却又玩忽职守的人，他们的生活都是不充实的、无价值的、痛苦的。只有愉快地履行自己义务的人，才能得到愉快。"所以，学校不能只选择有趣的东西，而应该传授系统的知识；学生既要学好比较容易和有趣的课程，也要学好比较枯燥和比较难的章节。他总结道："不要只做有兴趣的事情，而要有兴趣地去做一切必须做的事情。"（索洛维契克，1983）[8-12] 这与乌申斯基的主张是一致的。

对于形成兴趣的方法途径，索洛维契克认为，兴趣是可以培养的，而不是天生的；兴趣的发生不在事物或知识本身，而取决于我们对事物或知识的掌握程度。一些学生之所以缺乏学习兴趣以及表现不佳，就是因为他们达不到我们所希望的那种程度。因此，"唯一能够自救的办法，就是自己使自己对工作产生兴趣"。他坚信："一个人能够做到按着自己意愿对事物发生兴趣"，即"可以是自己对某项工作感兴趣，也可以迫使自己对某项工作产生兴趣"。（索洛维契克，1983）[19-20] 据此，怎样提高学生的求知兴趣、如何让学生对非常枯燥无味的东西感兴趣、如何调动他们的情绪并使其发自内心地认定学习是有趣的，成为索洛维契克的兴趣学习理论和实验关注的重点。此外，在培养学习兴趣的方法上，索洛维契克提出了"魔力圈"的概念和"兴趣学习方法"的问题。

结语

在教育领域，兴趣是一个古老的话题，也是一个持续受关注的话题，在一定时期还是一个热门问题。无论在西方还是在中国，都长期存在着对兴趣与教育特别是兴趣与教学之间内在联系的认同，这种思想在中西各自时空中从小到大、由弱至强，并在各自的近现代之交，形成一种与主流教育思想密切相连、对教育理论和实践都有较大影响的思想理论体系。其中，许多关于兴趣及其与教育关系的专门研究和深刻观点都超过了今天。对此，我们应该重视，需要总结，并进行合理借鉴。

　　在西方，兴趣教育作为一种思想观点，有着漫长的发展历程。它萌芽于文艺复兴时期乃至更为久远的古希腊和古罗马时期，初建于 17 世纪中叶后，形成于 19 世纪初，兴盛于 19 世纪末和 20 世纪上半叶，其中每个阶段都有一些代表性的教育家（如柏拉图、卢梭、赫尔巴特、杜威等）。而作为一种理论形态的兴趣学说，是西方近现代教育理论体系中的一个重要学说，是西方近现代教育和心理学科发展的产物。这种学说，无论从赫尔巴特教育学的多方面兴趣理论还是从卢梭教育思想中的兴趣原则算起，都已有 200 多年的历史。如果把它当作一种思想观点来考察的话，可以说不仅其历史还要久远得多，而且在此方面有所贡献的教育家也多得很。兴趣教育理论或兴趣学说虽然在 20 世纪中期开始走向衰落，但并未销声匿迹，仍然得到不少教育理论家和实践家（如布鲁纳、苏霍姆林斯基、休金娜等）的持续关注和深入探讨，并且在 20 世纪后期以新的面貌得以复苏。兴趣学说始终是这些教育革新家和改革派在同传统和现实的旧教育观念及方法进行斗争时高举的一面旗帜。

　　西方兴趣学说和兴趣教育思想的发展，也反映了主流教育思想和教育学学科发展的主要进程，它不是支流末梢的教育教学思想理论，而是归入主流正统的教育教学思想理论；它也不是某一时间某一个或几个教育研究者、教育家的个别的或普通的观点主张，而是许多著名教育家在不同历史时期关于兴趣与教育教学的一贯主张的发展结晶和集体智慧的硕果。它所反映的"两种对立的理论很明显地贯穿在漫长的教育史中"（巴格莱语），而且也体现于现代的教育实践中。

　　西方兴趣学说和兴趣教育思想的发展，也揭示了以杜威为代表的现代教育理论和以赫尔巴特为代表的传统教育理论内在的联系或共通性。"可以说兴趣是构成二人严谨教学体系的一个'聚核'，是一块

'拱心石'，这也是对教学规律的一种客观反映。"（何喜刚，王兆璟，1994）[72] "虽然赫尔巴特所说的'兴趣'、'经验'等与杜威的不完全是一码事，但至少从文本字面上看，教师与学生、系统知识与个人经验、课堂与活动，杜威与赫尔巴特谁都没有因为固执一端而偏废另一端。"（周谷平，叶志坚，2006）[34] 他们的兴趣学说和对兴趣教育的关注，不仅引领着兴趣心理学的研究，也使得他们的教育学者们大都将兴趣作为自己教育或教学理论中的一个重要命题。

第三章

"兴趣说"的理论基础

把自然倾向看做本性的要求，这是愉快的进步的基础。

——夸美纽斯

"训练"是那些夸大学科作用的人的口号；"兴趣"是那些大肆宣扬"儿童"的人的口号。

——杜威

根据心理学上的理由，杜威强调激发儿童的兴趣的重要性。

——胡克

我是个主张趣味主义的人：倘若用化学化分"梁启超"这件东西，把里头所含一种原素名叫"趣味"的抽出来，只怕所剩下的仅有个0了。

——梁启超

任何一种学说的产生和发展，都有自身的理论基础，兴趣学说也不例外，而且表现出多样性和差异性。大致说来，哲学、心理学和一般兴趣学说是其最重要的理论基础。其中，就哲学而言，在教育哲学上表现为自然主义，在伦理哲学上表现为幸福主义或快乐主义，在社会哲学上表现为民主主义，在人生哲学上表现为趣味主义；就心理学而言，主要涉及教育心理学化运动、意动心理学和动力心理学、儿童中心主义和儿童研究运动；就一般兴趣学说而言，主要有康德的理性兴趣说、培里的价值兴趣说和哈贝马斯的认识兴趣说。

一、哲学和教育哲学基础

教育学和心理学最早都是从哲学中分化出来的，哲学是二者最重要的学科基础。同样，哲学也是教育学和心理学的兴趣说最一般的理论基础、理论前提。像卢梭、赫尔巴特、斯宾塞、杜威等倡导兴趣学说的教育家本身也是著名的哲学家，并且像康德、费希特、培里、哈贝马斯等哲学家也对哲学认识论中的兴趣问题感兴趣，这就使兴趣学说与哲学的联系更加紧密了。

（一）自然哲学与自然主义教育

自然哲学发端于古希腊，它把"自然"（*Phusis*）这一不因外力而生长、变化的对象作为思考对象，探索其奥秘，追寻人类本性的精髓。在欧洲宗教改革和自然科学革命的推动下，这一思想在16世纪中后期发展到一个新阶段，形成了"自然哲学"思潮。（苗力田，李毓章，1990）自然哲学思潮以人文主义精神为核心，在科学、哲学、文学、艺术、教育等领域表现出以人为中心或以人为本的取向，反对中世纪神学抬高神、贬低人的取向及禁欲、来世、等级观念，肯定人的价值、尊严和高贵，追求人生享乐和个性解放，肯定现世生活的意义，主张人的自然平等。自然主义教育是这一思潮在教育上的体现和延伸，是西方近代最重要的教育哲学之一，尤其是在 17—18 世纪极为流行并达到高潮，对现代西方教育思想理论产生了广泛而深远的影响。这种教育哲学主张顺应儿童的自然本性，按儿童年龄、兴趣、需要、能力的特点，引导儿童在实际活动中合乎自然地获得知识，自由自在地发展个性，以便培养出自然的和自由的资本主义新人。它在教育目的上主张解放人的思想，发展个性和才能，追求德智体和谐、自然发展；在教育内容上注重对自然科学和实用知识的学习；在教育方法上提倡直观的、循序渐进的、自然的教育。可以说，遵循自然、适应儿童的天性和身心发展需要、追求儿童个性解放和自由的理论体系，构成了西方儿童教育理论发展的主线。包括兴趣教育和兴趣学说在内的许多重要的教育教学理论观点（如愉快教学、乐趣教学、直观教学、活动教学等），在形成和发展过程中均受到这一理论体系的影响。

　　自然主义教育思想奠基或开端于夸美纽斯，集大成于卢梭，后由裴斯泰洛齐、福禄培尔、第斯多惠和斯宾塞等人发展完善，其显著特点是创立了"引证自然"的论证方式。① 并且，这些教育家都把兴趣、快乐、求知欲、好奇心等视为儿童的自然本性加以强调，十分重视儿童投入学习活动的积极状态和动力活力。所以，重视自然的教育必然是重视儿童、儿童心理及其兴趣需要的教育。

　　比如，夸美纽斯的愉快和兴趣教学观，就是以其自然哲学思想及

---

① 参见：高伟．论近代自然主义教育哲学的起源：对西方教育现代性的一种追问式解读 [J]．南京师大学报（社会科学版），2005（2）：68-73；刘黎明．论西方自然主义教育思想的形成、演变及历史贡献 [J]．河北师范大学学报（教育科学版），2004，6（5）：75-79；王小丁，高志良．西方自然主义儿童教育理论的历史演变 [J]．河北师范大学学报（教育科学版），2005，7（2）：57-60．

教育适应自然的原则为基础的。"教育适应自然的原则是贯穿夸美纽斯整个教育理论体系的一条根本的指导性原则"（吴式颖，2003）[152]，他强调"教导的恰切的秩序应当从自然去借来"，这是"教学与学习的方法所根据的，如同不拔的岩石一般的原则"。具体来讲，"实施这种教育的时候不用鞭笞，无需严酷，也不用强迫，它可以实施得尽量和缓快乐，尽量自然"。（张焕庭，1979）[9-11] 他所谓的"自然"，等同于"温和而愉快"（夸美纽斯，2006）[79]，也就是其所谓的"秩序"——"秩序是把一切事物教给一切人们的教学艺术的主导原则，这是应当，并且只能以自然的作用作为借鉴的"（夸美纽斯，2006）[93]。所以在他看来，"使学习快速、愉快、彻底，使教员可以少教、学生可以多学，就要遵循自然的秩序（任钟印，2005）[简介8]。夸美纽斯还明确指出，"把自然倾向看做本性的要求，这是愉快的进步的基础。不这样看到自然倾向就是与本性作斗争，也就是阻碍、破坏和压制本性的努力"。比如，"人性是自由的，它喜爱自发性，憎恶强迫。因此，它希望得到顺其自然的引导，不希望被拉、被推或被驱策。这就是那些坏脾气的、作威作福的、惯于鞭打学生的教师是人性的敌人的缘故"。（夸美纽斯，2006）[356]

但是，在夸美纽斯生活的时代，自然哲学仍然留有它所"复兴"的古代哲学的某些朴素性以及基督教神学的成分，具有过渡性、不成熟性和不彻底性。这些在夸美纽斯的自然主义教育思想中有明确的表现，即把"神道"和"人道"结合起来，既皈依上帝又强调现实生活和自然的秩序。真正把"自然适应性原则"从神学化推向人本化、从自然现象推进到适应人的身心发展特点的，是18世纪法国启蒙运动的杰出思想家卢梭。（张二庆，耿彦君，2006）他从自然哲学观出发提出的自然主义教育思想，是要把人交给自然，使之服从于自然的永恒法则，听任人的身心的自由发展，更好地培养"自然人"。他说："真正的教育不在于口训而在于实行"（卢梭，1978）[13]，"大自然希望儿童在成人以前就要象儿童的样子"。（卢梭，1978）[91]。可见，卢梭所理解的"自然"已纯人本化了，它是指人（即儿童）的自然本性及发展的自然进程。由卢梭初步提出的兴趣学说是其自然主义教育思想的重要组成部分。为了实现培养"自然人"的教育目的，他认为教育教学的任务和基本原则，不在于知识传授的全面系统，而在于求知兴趣和欲望的培养、学习方法和能力的提高以及有用知识的掌握。对此，杜威（2001）[127]评价说："回到卢梭的主张中所包含的真理因素上，我们发现，把自然发展作为教育的目的，使得他能指出种种方法，纠正目前教育实践中的许多流弊，并指出若干可取的特殊的目的。""最后，遵循自然的教育目的，意思就是注意儿童爱好和兴趣的起源、增长和衰退。"（杜威，2001）[128]

裴斯泰洛齐接受并发展了卢梭的自然主义教育思想，将儿童的自然本性及发展的自然进程扩展为心智演化的自然过程或心理的自然机制规律，并在此基础上提出了有关兴趣与教学的一系列观点。他说："人的所有的教学艺术实质上都是心理的自然机制规律的结果。"（裴斯泰洛齐，1992）[192]"教育必须提高到科学的水平，教育科学应该起源于并建立在对人类天性最深入的认识的基础上。"（裴斯泰洛齐，1992）[330]为此，他高度重视兴趣在教学中的重要作用，认为"厌倦是教学的主要弊病"，"兴趣是学习中的头等大事"，并将儿童兴趣培养作为教师教学的"一个法则"。（裴斯泰洛齐，1992）[391-392]

受其影响，斯宾塞在建构愉快教育论和兴趣教学原则时，既依据当时的心理学，又以自然主义教育思想为出发点。他指出，随着工业革命的发展，"我们逐渐认知心理的发展有其自然的程序，违之则伤；

我们不应采用不自然的方式，强加之于正在发展的心能。心理学告诉我们以供求的定律，我们若要避免因错误而致害，就应遵循这一定律。"其中，"在这些改变中，其关系最为重大的，是一种方兴未艾的愿望，要使求知成为愉快而非苦恼的事件"。"所以我们选择学科的程序和方法时，必须使学者能够发生兴趣；这样，就是顺从自然的命令，而使我们的进程符合于生命的规律。如是，我们已接近于往昔裴斯泰洛齐所宣述的主义了。"（张焕庭，1979）[434-436] 斯宾塞（2009）[133] 指出，"我倡议孩子快乐地写作，就与倡导对孩子进行快乐教育那样，皆是源于孩子自然属性所提出来的。以我来看，没有一种教育方法能超过顺应孩子自然的兴趣更有益、更有效了"。为此，他批判旧式教育中的独断教条、严苛训练、烦琐限制、虚伪禁欲以及过于人为的方法，强调适应儿童心智发展顺序，按照从简单到复杂、由粗略到精确、从具体到抽象、从现象到理论、从经验到推理、由传授到自学的规则进行教育教学。

（二）幸福主义伦理学与快乐主义教育

快乐主义或幸福主义是西方一种解释人生目的和性质的伦理学说，也是一种与人的心理和教育特别是教育目的、德育密切相关的实践哲学。其基本观点是人类一切行为的动因都是趋乐避苦，人生的目的就在于追求幸福快乐，心灵以及身体的幸福快乐状态是可求的和合乎人性的，幸福快乐就是善，是道德教育的主要内容和任务。快乐主义是与禁欲主义对立的，它反对宗教道德和仁爱的道德说教，在历史上特别是文艺复兴时期和近代有过进步意义，但也引起过诸多争议。"快乐主义是被按照两种方式来解释的，或被解释为唯一的内在的善是快乐感这样的一个论点，或被解释为人们追求的唯一事物是快乐这样的一个心理学论题。"（罗尔斯，1988）[484] 它不仅为快乐教育思想奠定了坚实的理论基础，也为兴趣学说提供了重要的理论依据。正如杜威（2008a）[125] 所说："什么是人性，人性趋向于在愉快的而不是不愉快的以及在有乐趣的而不是在痛苦之中寻求动机。正因为这样，便产生了对兴趣这个名词作错误理解的近代'兴趣'的理论和实践。"

快乐主义最早产生于古希腊思想家特别是德谟克利特的道德哲学，希腊化时期由伊壁鸠鲁发展成为理论体系。德谟克利特认为，"幸福不在于畜群或金银"，而在于"灵魂"安宁和"精神"快乐，"只有通过节制的享乐和过一种宁静的生活，才会得到精神上的愉快"。他建议人们不要有过多欲求和做超越自己自然能力的事情，"必须谨小慎微"，多"做善事"，"做公正和合法的事情"，成为品德高尚、追求智慧的人，由此才能"十分快乐，一无所惧，并且无忧虑"。（苗力田，1989）[168-169] 伊壁鸠鲁是古希腊快乐主义思想的集大成者，他把"快乐即是目的"这一原则置于自然哲学的基础之上，建立了幸福主义伦理学。他说："快乐是幸福生活的始点和终点。我们认为它是最高的和天生的善。我们从它出发开始有各种抉择和避免，我们的目的是要获得它。要把情感作为判别一切善的准则。"他还强调，精神上的快乐胜于身体上的快乐，而且追求快乐不是绝对的，而是有条件的，甚至要忍受必要的痛苦来换取。"因为快乐是我们最高的和天生的善，所以我们并不选取所有的快乐。要是它会带来更大的痛苦，我们常常会放过许许多多的快乐。如果忍受一时的痛苦将会使我们获得更大的快乐，我们还常常认为痛苦优于快乐。"（苗力田，1989）[639] 在他看来，心灵要想获得宁静，就必须生活得高尚、正直，尤其是要审慎。而要想审慎，就必须受教育、有知识，特别是哲学知识。因此，伊壁鸠鲁的快乐主义哲学并不像有人说的那样是纯粹的享乐主义，更不是腐朽堕落的。后来，快乐主义理论体系在卢克莱修、霍布斯、洛克、伽森狄等人以及18世纪法国唯物主义者和19世纪初英国功利主义者的伦理学说中，得到贯彻和进一步发展。

在西方，将快乐主义引入教育并最早提出快乐教育原理或原则的，是古希腊三哲，特别是柏拉图。可以说，研究兴趣就要研究快乐，研究快乐就要研究幸福，研究幸福就要研究善、德行和理性，这是古希腊三哲给我们的最大启示。西方近现代教育的快乐说以及兴趣说的产生和发展，也与快乐主义思想和幸福主义伦理学有着密切的联系。夸美纽斯（2006）[35] 说，"人的最终目的是与神永享幸福"。"我们把'幸福'这个词不是理解为身体上的快乐……，而是理解为灵魂的幸福，它或者来自我们周围的事物，或者来自我们自己，或者来自神"，所以，"学问、德行和虔信这三条原理是三个泉源，一切最完美的快乐的溪流都是从这里流出的"。（夸美纽斯，2006）[71-72] 在他看来，为了人的幸福快乐，学校教育不但要培养有学问、有德行和有虔信的人，而且"学校将实实在在地变成娱乐场、欢乐宫和富有吸引力的地方"（夸美纽斯，2006）[23]，并使学生"能学得快捷、愉快和彻底"（夸美纽斯，2006）[288]。

卢梭倡导兴趣教育也是基于其持有的幸福快乐论和趋乐避苦原则。他在《爱弥儿》的开头写道，"我们生来是有感觉的"，"当我们一意识到我们的感觉，我们便希望去追求或者逃避产生这些感觉的事物，我们首先要看这些事物使我们感到愉快还是不愉快，其次要看它们对我们是不是方便适宜，最后则看它们是不是符合理性赋予我们的幸福和美满的观念"。（卢梭，2001）[4-5] 在他看来，把孩子看作孩子，就要"按照人的天性处理人的欲念，为了人的幸福"，"感受生的快乐"和"生命的乐趣"，使其成为一个快乐的人。具体来说，"要爱护儿童，帮他们做游戏，使他们快乐，培养他们可爱的本能"。卢梭特别指出，"庸俗的理论家，竟把放纵同自由、快乐的儿童同娇养的儿童，全都混淆起来，我们必须使他们了解这中间是有区别的"。（卢梭，2001）[70-71] 可以说，把快乐自由与放纵娇惯区分开来，对于人们正确理解和把握快乐教育论以及兴趣教育论（如兴趣与努力的关系等）具有很重要的意义，否则兴趣快乐学说就会失去存在的根本依据和基本价值。

斯宾塞以兴趣为核心的快乐教育思想的一个重要基础就是功利主义的幸福快乐论。他明确指出，在宗教盛行时代，人们根据"禁欲自苦的原则"行事，认为拒绝满足儿童欲望愈甚，则其道德愈高，亦为最好的教育；"今则不然，快乐幸福已认为人类应有的目的，……儿童的欲望应该予以正当的满足，儿童的运动亦有鼓励的必要"。在他看来，"凡天然的生物，都有一定的规律，需要的满足，必生愉快；而使这种愉快又成为求得满足的刺激"。这一规律运用于教育，"就是在每一年龄阶段，凡儿童所爱好的求知活动，都是健康的；反之则否。现在有一种广泛的见解，认为儿童爱好某种知识的时候，亦就是他正在发展的心灵适宜于吸收这种知识，以满足其生长需要的时候；反之，当他厌恶这种知识的时候，亦就是标志着，这种知识非教之过早，即是教之不得其法，而为儿童所不能接受。所以幼年教育当使其愉快，而一切教育当使其有趣"。（张焕庭，1979）[434-436]

需要指出的是，虽然幸福快乐论也是杜威兴趣说的基础之一，但是他对幸福与快乐特别是外在的愉快做了严格的区分，并一针见血地批判了一味追求愉快或乐趣的近代兴趣说。杜威（2008a）[125]说："什么是人性，人性趋向于在愉快的而不是不愉快的以及在有乐趣的而不是在痛苦之中寻求动机。正因为这样，便产生了对兴趣这个名词作错误理解的近代'兴趣'的理论和实践。教材依然是那种教材，就它本身的性质而论，只不过是从外部经过选择加以系统化罢了。……于是用机巧的方法引起兴趣，使材料有兴趣；用糖衣把它裹起来；用起调和作用的和不相关的材料把枯燥无味的东西掩盖起来；最后，似乎是让儿童在他正高兴地尝着某些完全不同的东西的时候，吞下和消化一口不可口的食物。"相反，"正当的解决办法是改造这种材料，使它心理化——重复一遍，那就是在儿童的生活的范围内吸取它，发展它"。

这种办法"所要求的是生长着的活动，是有所事事，是一种兴趣。如果是那样，幸福就会自然而来"。杜威进一步解释说，这两种不同的做法表明：前者是以"愉快"为取向的，是"行动过程外在的目的和方法"，而后者是以"幸福"为取向的，是"行动过程内在的目的和方法"。愉快是外来事物引起的直接或瞬间的兴奋和反应，而"幸福在性质上既不同于一种愉快，也不同于一系列愉快。……一个行动过程的日益增长的生长所带来的情绪上的伴随物，开展和成就的继续不断的迅速发展，这就是幸福——精神的满足或宁静。如果强调一下，它就叫做乐趣、快乐。……这样的幸福或兴趣不是自觉的或自私的；它是正在发展的力量和聚精会神于所做的事的征兆"。（杜威，2008a）[176] 可见，杜威兴趣说的幸福快乐论有其特定的含义和要求。

（三）民主主义及其教育理想

民主和自由、平等、博爱的观念，是西方近代新兴资产阶级和劳动人民反对封建专制制度的思想武器及用以说明社会现象的主导思想。这种以人性、人权和人道主义为核心的思想体系的形成和传播，为资产阶级大革命做了舆论准备，在特定的历史条件下也对教育理念、学校教育和教学的关系产生了积极的影响。裴斯泰洛齐一生的教育活动和思想与他的民主主义思想是分不开的。他不但主张建立一种平等、普及的教育制度，使所有阶层的儿童都受到教育，尤其是通过教育改变劳苦大众的悲惨状况，而且主张师生民主，重视儿童尊严，认为教师要做的第一件事，就是赢得孩子们的信任和热情。他创办的初等学校如同一个大家庭，儿童在这里轻松愉快地学习。他要求教师热爱教育事业和儿童，对教学工作具有浓厚的兴趣，并采用民主有效的教学方法，通过培养学生的学习兴趣和热情解决"教学厌倦"的难题，这也是其民主主义教育思想在教学中的具体体现。

探究民主主义与教育，是杜威对教育的特殊贡献。19世纪末20世纪初的美国正处于历史骤变和大国崛起时期，社会的深刻转型和资本主义自由、民主和科学的发展，对传统教育的改造也提出了进一步要求。然而，美国当时的学校受欧洲传统影响，教育教学远离社会生活，脱离儿童的生长特点和实际需要，不但内容僵化，而且程式死板，毫无趣味可言，不适应现代工业文明对具有创造性的、有个性和能力的人的要求。杜威敏锐地发现，这不仅仅是教育自身的问题，更是社会生活连续性在欧洲传统二元论的价值信仰权威统治下的破裂问题。扬弃二元论，恢复生活世界的全部丰富性和连续性，就是杜威教育哲学的根本点。从这个根本点出发，杜威把民主社会所包含的思想应用于教育事业的许多问题，提出了相互联系的民主主义和经验主义、实验主义的原则。杜威教育哲学的核心问题就是通过哲学、社会和教育的改造，帮助更多的人过上真正富有教育意义的生活。他认为，民主社会生活意味着打破传统社会的封建壁垒，建立普遍的社会交往、广泛的共同参与和有效的经验沟通，使不同生活领域中的人们得到更多的机会增长经验，扩充经验的意义，从而真正发挥教育的作用。杜威不仅主张社会民主化，而且主张教育民主化、学校社会化，希望在教学活动中，儿童天性中的社会性的一面能作为重要的教育资源被很好地利用起来，教师和学生作为教学活动的共同参与者，建立起一种新型的自由、平等的民主关系。（张云，2007）[7-8]

杜威把兴趣作为民主主义教育的一个重要问题，把"自愿的倾向和兴趣"作为实现其"民主的理想"的途径。在《民主主义与教育》

一书中，杜威用专章谈论了兴趣及其与训练和目的的关系问题，认为兴趣切合民主主义。他指出，民主社会实现了一种社会生活方式，它具有两大特征：一是人民有着广泛的共同利益和对此认识的依赖，二是社会群体之间自由的相互影响以及社会习惯的不断进步和重新调整。这就使民主社会更加热心发展教育事业，并关注人们"自愿的倾向和兴趣"。他说："民主的社会既然否定外部权威的原则，就必须用自愿的倾向和兴趣来替代它；而自愿的倾向和兴趣只有通过教育才能形成。"（杜威，2001）[97]杜威在中国的演讲中也提到，为了实现民主国家教育的目的——培养良好的社会分子和公民，首先在感情方面必须"使儿童有对于社会尽义务的兴趣或心愿"（杜威，2008c）[97]，其次在知识方面要给他们社会上必需的知识，最后要使他们养成实行的习惯，使他们成为对社会有用的人才。"简言之，就是怎样使学生社会化，怎样使儿童变成社会的分子，有社会的兴趣。"（杜威，2008c）[101]

杜威的追随者克伯屈（1991）[109]认为，"民主社会公民的理想性格……特点既包括知识、技能以及智慧地使用知识与技能，又毫无疑问包括兴趣、态度、习惯"。有学者认为，杜威针对"民主、兴趣与教育"这个话题，主要探讨"关于教育的社会政治的价值目的和社会心理的方法途径的平衡与协调"（张云，2007）[153]，"从社会民主到教育民主，从教育目的到教材、方法，通俗地讲，教育的民主化就是要建立一种富有生活情趣的教育方式。这就涉及一个重要概念——'兴趣'（Interest）的考察"（张云，2007）[144]。

（四）趣味主义人生哲学

从兴趣主义人生观出发确立兴趣教育的思想理论，可谓近现代中国教育家的一大特色。特别是梁启超，他是位学贯古今、融通中西的学者，也是我国系统论述"趣味教育"和"教育趣味"第一人，实乃中国教育兴趣学说发展史上具有里程碑意义的人物。梁启超的信仰是"趣味主义"，他的人生哲学乃至政治哲学的核心是"趣味"。要走近梁启超，要理解其倡导的趣味教育，都绕不开他自得自悟的趣味主义人生哲学。他认为，"趣味是活动的源泉"，"是生活的原动力"，如果丧失趣味，生活便无意义，活动便跟着停止，就好像机器没了燃料，任凭机器多大，也不能运转，而且久而久之还要生锈，产生许多有害的物质。作为一位具有政治色彩的启蒙思想家，梁启超的趣味生活既不同于感官主义、个人主义的享乐主义生活，也不同于消遣休息、静观超脱的闲适主义生活，更与泯灭生活意欲乃至退出生活的超功利主义大相径庭。梁启超大谈趣味和趣味主义，并非一时兴起，而是得益于其生命精神的铸就；这也非其一般的观点主张，可以说它在梁启超的全部人生经历和整个学术思想中，占据着相当重要的位置。有美学研究者称："梁启超一生涉足的领域众多，从事的实践丰富多彩，其人生履历大有令人眼花缭乱之感，但最终，其所苦苦思索与孜孜追求的理想人格与理想人生，惟有其自己所界定的趣味主义才能予以最恰当的诠释与展现。"（金雅，2005）[5] "趣味主义，实乃梁启超一生的精神支撑"，"正是这趣味主义的人生观，成为梁启超一生乐观精进的原动力"，"而且，在处理具体的生活事项时，他也是率趣而为"。（方红梅，2009）[5-7] 由此追溯其教育的趣味学说的根源，查询其趣味教育和教育趣味的根基，也就不言而喻了。

胡适的兴趣说和"发痴论"也是基于其兴趣主义人生观的，这一点在他关于学生升学选科、择业的论述中表现得尤为明显。胡适根据自己的人生体验，极力主张学生升学选科、择业要基于"个人的标准"，特别是以"个人的兴趣"为第一标准。这样做不但容易做出成就、取得成功、造福社会，而且一生都很快乐。他说，"我一生很快乐，因为我没有依社会需要的标准去学时髦。我服从了自己的个性，根据个人的兴趣所在去做，到现在虽然一无所成，但我生活得很快乐"（胡适，1994b）[395]。他曾自述，"我后来在公开讲演中，便时时告诫青年，劝他们对他们自己的学习前途的选择，千万不要以社会时尚或社会国家之需要为标准。他们应该以他们自己的兴趣和秉赋，作为选科的标准才是正确的"（胡适，2005）[40-41]。

此外，朱光潜的趣味说认为文学修养关键在于"趣味"养成，文学教育第一要事也是养成"纯正的趣味"，这与其在人生上信奉"趣味主义"以及在文艺上坚守趣味说不无关系。他曾说道："我本是世界大舞台里的一个演员，却站在台下旁观喝彩。遇着真正的曹操，我也只把他当作扮演曹操的角色看待，是非善恶都不成问题，嗔喜毁誉也大可不必，只觉得他有趣而已。"（朱光潜，1987b）[344] "是非善恶对我都无意义，我只觉得对着这些纷纭扰攘的人和物，好比看图画，好比看小说，件件都很有趣味。……有些有趣味，是因为它们带有很浓厚的喜剧成分；有些有趣味，是因为它们带有很深刻的悲剧成分。"（朱光潜，1987a）[59]

二、心理学和教育心理学基础

教育的兴趣学说的另一个重要基础是心理学，这也是其最直接的理论基础。其缘由在于兴趣学说始终与心理学的成长壮大同呼吸、共命运，并随着人们对儿童、对儿童心理认识的深化而逐步发展，更在于其本身就是心理学特别是教育心理学研究的对象和内容。可以说，没有心理学的支撑，或者离开心理学对人的兴趣心理的研究，就不会有真正科学意义上的兴趣学说。对此，皮亚杰在《教育科学与儿童心理》一书（参见其中《新方法，它们的心理学基础》部分）中，对新教育方法的心理学基础，特别是兴趣（现代教学法的决定因素）的作用有过简要的回顾总结，也证明了这一点。

皮亚杰指出："苏格拉底的助产式的辩论术所要求的是学生的积极性而不是他的驯服，这是十分明显的。拉伯雷和蒙田反对 16 世纪的口头说教和非人道的纪律，达到了敏锐的心理学的直觉——兴趣的真实作用、对自然的必不可少的观察、参与实际生活的必要性、亲身领会与记忆的区别（"背诵并不是理解"）等，这也是十分明显的。"他认为，真正的兴趣和活动等概念已经存在于卢梭的著作之中了，"根据兴趣从事工作以及通过活动去训练思维的观点，在 19 世纪末期的整个心理学（尤其是生物心理学）中早已处于萌芽状态了"。并且，现代新教育的"新学校是以个人的需要与兴趣为基础的真正的活动和自发的工作"，"强迫的工作是一种违反心理学的反常活动，一切有成果的活动都以一种兴趣作为先决条件"。因此，他断言，以兴趣为代表的心理需要和心理能量，驱动和支配着儿童的行为活动和智力发展，它是"真正的活动和自发的工作"，是"现在的方法的决定因素"。（皮亚杰，2015）[34-44] 而且，兴趣与儿童心理及心理学的关系也十分密切。

（一）教育心理学化运动

在历史上，教育理论长期受到哲学的启迪。到 19 世纪，随着教育研究的深化和对儿童心理问题的重视，在欧洲兴起了一场教育心理学化运动。（李明德，1982）这一运动的开创者是瑞士教育家裴斯泰洛齐，他首次明确提出，"我正在试图将人类的教学过程心理学化"（裴斯泰洛齐，1992）[189]。其实质是要求将教学的目的、内容、方法等心理学化。教育心理学化运动风靡一时，影响持续了整整一个世纪，不但使近代以来盛行的自然主义教育从"引证自然"的论证方式转向寻求心理学的支撑，直接为赫尔巴特的理论创造——把教育学建立在心理学的基础上——做了准备，也开拓了教育心理学这一新的学科领域，还促进了兴趣学说的真正问世。

赫尔巴特是西方近代将哲学、心理学和教育学融为一体的杰出教育家，他试图把心理学与教育学都作为独立学科加以研究。赫尔巴特早年对哲学有浓厚的兴趣，后来逐步将兴趣转移到心理学和教育学上。他认为，教育学要成为真正的科学，就必须以"实践哲学"（主要是道德伦理学）和"观念心理学"为基础，其教育目的论及教学论都由此而形成。赫尔巴特与裴斯泰洛齐结下忘年之交，他在裴斯泰洛齐"教学过程心理学化"的基础上，最早把心理学作为一门独立学科加以研究并运用到教育学中，成为推进教育心理学化运动、把教育学建立在心理学基础上的突出代表。有学者称，统觉论是赫尔巴特学派教学论的理论基础，兴趣说是赫尔巴特学派教学论的中心原理。（蒋晓，1984）在心理学上，赫尔巴特很重视当时流行的另一个概念——统觉，即新观念被旧观念同化和吸收的过程，但是在教育学和教学论中，他最看重的心理概念是兴趣，并以多方面兴趣或兴趣的多方面性为基础来予以说明。正如有研究者评论的，"赫尔巴特的全部教育实践是他教育性教学概念的基础。关于这点，他说：'有三个因素要考虑：智力活动的强度、范围和统一。'他的意思：①在知识能以任何形式影响性格之前，必须有兴趣：通过个人活动去处理事物，并使之在头脑里据为己有；②不能只对特别的事物感兴趣，要对广泛的事物发生各种各样的多方面兴趣；③虽然他们感兴趣的事物很多，但是他们必须形成一个紧密的心理整体，提供一个成比例的多方面的兴趣"（博伊德，金，1985）[339]。由此，教育学与心理学相互融合，成为一个不可分割的统一体，同时兴趣问题又成为教育心理学化尤其是教学心理学化的一个主要联结点。

教育心理学化在杜威时代已深入人心并成为教育学的常识。杜威的教育哲学高度重视兴趣问题，他非常强调教育过程中心理学的基础地位，并且把兴趣视为儿童心理的主要象征和个人能量的重要标志。正如胡克在为《明日之学校》撰写的导言中所说，"根据心理学上的理由，杜威强调激发儿童的兴趣的重要性"（杜威，2008a）[369]。杜威（2008a）[5]认为，一切教育都是通过个人参与人类的社会意识而进行的，这个过程几乎是在出生时就在无意识中开始了。它不断地发展个人的能力，熏染他的意识，形成他的习惯，锻炼他的思想，并激发他的感情和情绪。教育过程有两个不能偏废、有机联系的方面：一个是心理学的，一个是社会学的。

其中，心理学方面是最重要的基础，即"儿童自己的本能和能力为一切教育提供了素材，并指出了起点"。教育必须正确对待儿童的本能倾向和人类活动的遗传，将其转化为它们的社会对应物，把它们投射到将来，以视它们的结果会是什么，即所谓"准备使儿童适应未来生活"。并且，"除非我们不断地注意到个人的能力、爱好和兴趣——也就是说，除非我们把教育不断地变成心理学的名词，这种适应是不可能达到的"。（杜威，2008a）[5-7]

同时，受教育的个人是社会的个人，而社会便是许多个人的有机结合。如果舍去社会因素，便只剩下一个抽象的东西；如果舍去个人因素，便只剩下一个死板的集体。兴趣代表着社会的儿童心理、儿童个人，"是生长中的能力的信号和象征"（杜威，2008a）[14]。只有将教育建立在把握和利用好儿童兴趣这个基础或起点上，才能实现社会和个人、学校和生活的"有机结合"，也才能生动活泼地促进儿童的真正发展。

杜威（2008a）[359]又提出："改革是一种更具有基本性质的变革，是建立在正确的心理学理论之上的。给学生做的工作已经发生变化；并不是要尝试使儿童对所有的工作产生兴趣，而是要在工作对儿童产生自然的吸引力的基础上选择工作。兴趣应该是选择的基础，因为儿童对他们需要学习的东西是感兴趣的。"正是基于这种认识，杜威才强调儿童兴趣的重要性并且构建了自己的兴趣学说。

（二）意动心理学和动力心理学

19世纪心理学虽然有较大发展，但存在三个弊病：一是把心理看作纯粹与外部自然界赤裸接触的个人的事情，忽视了社会需要和目标；二是偏重知识心理、智力心理和感觉心理，忽视了人的情感、意志、兴趣、努力和行动等；三是把心理看成固定的东西——心理就是心理，这就是全部，并且自始至终都是一样的，忽视了心理是一个生长的过程，成人和儿童具有重大的差异（如儿童在不同时期的能力和兴趣呈现出不同特点）。有鉴于此，杜威试图将传统心理学加以改造，为了加强情意、态度、动机和兴趣的研究，他提出了建设兴趣心理学的任务，并构建了"教育的兴趣与努力"有机结合的真正的兴趣学说。随着进化论、遗传学、发生学等学科的发展，一些哲学家、心理学家开始关注有机体对环境的主动适应和行为的驱动力，并逐步创建了意动心理学和动力心理学，这就为19世纪末20世纪初的新教育、进步教育及其兴趣学说提供了重要的心理学依据。正如康内尔指出的，法国的伯格森和英国的麦独孤等人的策动或驱力心理学激发了"教育的能动性"，"使教师更加努力地鼓励学生创造性和更加积极地参加教育过程"，"激励了某些教育家把儿童的感觉需要和兴趣作为学与教的基线"。（康内尔，1990）[25]

德国哲学家、心理学家布伦塔诺和法国哲学家伯格森最早提出了意动心理学的概念，认为生命冲动是世界和万物的本源，人的活动是有机体对环境的主动适应。麦独孤继承并发展了这一思想，认为本能需要是一切活动的主要动力，决定了人的一些非理性的行为，包含知、情、意三种心理成分；心理是主动的和整体活动的机能，心灵是有目的的努力过程。（李国庆，1995）美国机能主义心理学家伍德沃斯是动力心理学的真正创建者。他认为，人的心理不是简单的S—R（刺激—反应）的过程，而是S—O—R（刺激—有机体生理、心理—反应）的过程；虽然心理事件的发生有其刺激环境的原因，但它们必须加入某种东西才能起作用，那就是有机体（O）本身。而且，产生的行为是环境刺激和有机体内部活动的一个函数。伍德沃斯提出"机制"和"驱力"两个概念，企图以此解释人的一切活动。机制是使驱力得以满足的外部行为方式，涉及一件东西如何活动；驱力则是机制的内部条件，涉及这件东西为什么会活动。二者可以互相转化，机制由外在的刺激激发形成，形成之后可以持续活动，不再需要动力的补充，本身就可变成驱力。如求食的机制可以直接转化为求食的动力。类似地，习惯也可转化为兴趣。关于兴趣与动机的关系，伍德沃斯认为："在一系列的活动中，除非能确立起兴趣，不然就一事无成。外部动机能将您带至一系列活动的大门口。然而一旦进了门，就必须抛弃一切外部的动机。……在（如阅读或学习）这样的任务中，要有所成就，就必须真正钻到这一科目中去，专心致志，总是兴致勃勃，陶醉其中。"（克伯屈，1991）[144]。

皮亚杰（2015）[41]说过，"根据兴趣从事工作以及通过活动去训练思维的观点，在19世纪末期的整个心理学（尤其是生物心理学）中早已处于萌芽状态了"。他在前人基础上开展的关于儿童活动和兴趣需要特别是智力发展"兴趣律"等方面的研究，也是从心理学尤其是儿童心理学的角度，用经验的方法，基于实验研究个体认知和心理的发生发展。皮亚杰指出，19世纪的心理学用静止的、机械的、简单的观点去解释整个心理生活，企图把智力活动归结为许多无自动力的心理原子（感觉和意象）的结合，"根本上是一种心理的被动接受与成分贮藏的理论"（皮亚杰，2015）[38]。而20世纪的心理学从一开始就从各方面对活动予以肯定和分析，如美国的詹姆斯和杜威、法国的伯格森和比奈、瑞士的佛罗诺和克拉帕雷德，还有德国的符茨堡学派等，"到处都发现了心理生活是一个动力的现实这样一个观点，智力是一种真实的和建设性的活动，意志人格是一种继续不断的、顽强的创造"（皮亚杰，2015）[39-40]。这为现代教育原理和新教育方法，也为进步教育和新教育的兴趣说提供了重要的心理学基础或心理学的论据。因此，克拉帕雷德提出，"强迫的工作是一种违反心理学的反常活动，一切有成果的活动都以一种兴趣作为先决条件"，"结果，新的教育方法努力按照儿童的心理结构及其发展的各个阶段，用可以为不同年龄的儿童所能同化的形式，把教材交给儿童。至于心理的机能，事实上，儿童和成人是完全相同的；像成人一样，他们是能动的动物，他们的动作是受兴趣和需要的规律所支配的，如果不依靠这种活动的自动的动力，这种行动就不能充分发挥它的作用"。（皮亚杰，2015）[44-45]

此外，波林在其《实验心理学史》修订版中为动力心理学专辟一章。他认为动力心理学虽非一个学派，却包括了许多学派。他列举了弗洛伊德的精神分析学派、麦独孤的目的心理学或策动心理学、霍尔特的所谓弗洛伊德的愿望、托尔曼的目的性行为主义、勒温的拓扑心理学以及默里的哈佛心理诊疗所集体和以赫尔为首的耶鲁体系。他也认为伍德沃斯应为动力心理学的首创者。波林还指出，凡关心人性和人格的心理学都可包括在动力心理学之内。这样看来，现代的新精神分析，以及后来在美国兴起的人本主义心理学都应包括在内，动力心理学的范围确实非常广泛。

（三）儿童中心主义与儿童研究运动

儿童中心主义以儿童为本位，反对传统教育以教师、书本和课堂为中心的做法，提倡教育与社会生活紧密联系，主张从儿童的本能、兴趣和需要出发，以儿童自身的活动作为教育过程的中心。这一教育心理思潮对兴趣学说等影响巨大，也有人将其视为儿童教育学的"公理"。

儿童中心主义源于卢梭。鉴于西方教育长期把儿童看作小大人，儿童教育基本上由成人决定，主要的教育方式便是将成人世界的内容灌输给儿童，他鲜明地提出要转变把儿童当大人看待，教育仅以成人、学科和教材为中心的错误做法，要求树立新的儿童观——把儿童看作儿童，并强调要研究、了解儿童特别是其心理需要和兴趣爱好，教育要追随儿童的本性，让儿童通过生活进行学习。这也是卢梭对传统教育进行根本改造所要解决的首要问题。

儿童中心主义盛行于新教育运动和进步教育运动中，杜威起到了助推作用。在他看来，学科中心主义与儿童中心主义的论争由来已久，始终没有停息。前者把注意力集中在课程教材方面，注重学科教学和科目的逻辑结构，认为这比儿童自己的经验丰富得多。因为生活是琐碎的、狭隘的和粗糙的，儿童的社会是利己主义的、自我中心的和冲动的。后者认为，儿童是起点，是中心，而且是目的。儿童的发展、生长、个性和自我实现比知识、教材更为重要。对于儿童的成长来说，一切科目只是工具，处于从属的地位。

杜威把兴趣作为儿童与课程、心理与教材的连接物，强调兴趣是新教育方法的信条,是"站在儿童的立场"或"儿童中心论"的"代名词"或"口号"。杜威(2008a)[113]在《儿童与课程》一书中说:"'训练'是那些夸大学科作用的人的口号;'兴趣'是那些大肆宣扬'儿童'的人的口号。前者的观点是逻辑的,后者的观点是心理的。前者强调教师必须有充分的训练和学识,后者强调教师必须具有对儿童的同情心和关于儿童的天赋本能的知识。'指导和控制'是这一学派的口号,'自由和主动性'是另一个学派的口号。"

杜威(1994)[122-123]还从"旧教育"与"新教育"之争的角度探讨兴趣问题,并指出了"旧教育"与"新教育"的缺点,即"'旧教育'的缺点是在未成熟的儿童和成熟的成年人之间作了极不合理的比较,把前者看作是尽快和尽可能要送走的东西;而'新教育'的危险也就在于把儿童现在的能力和兴趣本身看作是决定性的重要的东西"。杜威站在"新教育"和儿童中心主义的立场,赋予兴趣新的内涵,试图将"旧教育"与"新教育""区别开来并相互联系起来——前者代表教材本身,后者代表教材和儿童的关系"(杜威,1994)[125],认为兴趣不是已经成型了的东西,不要把它理解为影响个人的利害和成败的事物,避免把兴趣和任何客观事物的发展隔离开来。

与儿童中心主义密切联系的一个概念是儿童研究运动。19世纪末20世纪初,在欧美掀起了一场研究儿童的运动,尤其在美国开展得轰轰烈烈,史称"儿童研究运动"。美国心理学家霍尔是这一运动的早期倡导者、组织者和代表人物,他把进化论引入心理领域并提出复演论,对儿童心理和生理发展特点进行了深入的科学研究。儿童研究运动的作用在于:改变了人们的教育观念,特别是对儿童概念的认识,对推动教育科学的发展起到了促进作用;用心理学的方法特别是问卷调查和个别观察法研究儿童,并把心理学运用在教育中,为儿童心理学和教育心理学的产生和发展奠定了基础；加快了教育科学化的步伐，为教育科学奠定了理论基础，为儿童真正成为教育实践的逻辑起点提供了依据。（李国庆，2006）儿童研究的兴起或儿童学的诞生，也带动了对儿童兴趣的研究及其在教育教学中的运用，为现代教育的兴趣学说的流行奠定了重要的心理学基础。

儿童研究运动的领域主要包括儿童健康和身体发育，儿童情感、态度和兴趣，儿童智力发展和思维过程三个方面。在儿童兴趣方面，研究者编制了许多关于儿童青少年的兴趣量表，其中霍尔的表现极为突出，他不但较早进行了有关儿童好奇心和兴趣发展情况的问卷调查，还"开辟了一个新的研究领域并建议把它[1]作为课程编制的基础。由此，他把儿童置于注意中心，并支持通过自我活动来学习的原理"（坦纳 D，坦纳 L，2006）[115]。此外，比奈关于儿童兴趣和驱力的调查及测验、拉伊关于各年龄段儿童的兴趣和注意发展阶段的实证研究、桑代克关于测量兴趣倾向的方法手段和"兴趣标准"的研究、克拉帕雷德对儿童兴趣和心智发展阶段的划分、德可乐利关于儿童兴趣需要的分类等，都为兴趣学说的应用和传播提供了支持，也促进了适合儿童心理特点和规律的教育教学方法手段的改进。

三、一般兴趣学说

一般兴趣学说主要研究人的兴趣与人的认识、价值的关系等，比较有名的有德国古典哲学家康德的理性兴趣说、美国现代哲学家培里的价值兴趣说、德国当代哲学家哈贝马斯的认识兴趣说等，它们从近代教育学、心理学中的兴趣学说中汲取营养，对近现代的兴趣教育学

---

① "它"指"兴趣"。

说产生了重要的影响。

（一）康德的理性兴趣说

康德是德国古典哲学家，也是教育家。康德对卢梭怀有敬仰之情，其教育思想和哲学理论深受卢梭的启发，其对人的认识兴趣的探究也得益于卢梭的兴趣原则。但是，康德对兴趣理论的贡献不是教育学的，也不是心理学的，而是哲学认识论的。其理性兴趣说是西方哲学史上第一次深入系统探讨人的认识兴趣问题的学说，不仅对德国近现代哲学家费希特、尼采以及哈贝马斯等以兴趣为导向的认识论产生了较大影响，而且为我们把握 19 世纪德国心理学和教育学特别是赫尔巴特的兴趣学说提供了重要的参考和依据。可以说，不了解康德的"认识兴趣"，就很难真正理解赫尔巴特的"多方面兴趣"。

康德重新审视认识论，对以往唯理论与经验论没有真正考察人的认识能力以及区分感性、知性与理性的做法进行了反思，提出了认识论应该是认识何以可能的逻辑基础与前提条件的重要论断。在康德的认识论中，兴趣虽然不是一个核心概念，但却是一个重要范畴。（李淑梅，马俊峰，2007）[267] 康德在哲学上最早对人的兴趣的概念进行了深入辨析，认为兴趣即关心、关切，是能够引起快乐情感的行为活动的动力或动机，是感性与理性的结合物。他说："唯有通过情感和理性的结合才能产生兴趣，唯有在被理性设想的时候感性冲动才变成兴趣，由此可见，只有在同时是感性的有限理性动因身上才能发现兴趣。兴趣可以被看作是人类行动的动机。"（康德，2002）[136] "纯粹的兴趣只有在下述条件下才是可以想象的：它既引起快乐情感，又追求一种始终与直接的爱好不相同的爱好——理性蕴含着使理性变为现实的动力。"（哈贝马斯，1999）[204] 这意味着纯粹兴趣与实际动机脱离，不受感性经验的影响，它只是指向事物本身，是构成理性实现的动力，同时也是构成快乐情感和理性驱力的原因和依据。康德认为，"兴趣是一种通过理性表现的诱因，道德律的有效性在感知的能力上决定着意志，可以说在客观规律中是一种直接兴趣的成果。道德诱因不像病理学诱因，不需要进一步的客观决定论，以便承认这种兴趣——这种兴趣是直接的，并且这种兴趣'必须是一种纯粹实践理性的非感官上的兴趣'"。这就意味着道德兴趣要求人们履行义务，从而产生一种履行义务的乐趣。（李淑梅，马俊峰，2007）[278]

康德强调的是对事物本身的直接的、纯粹的兴趣，或称实践的、理性的、道德的兴趣，而不是对事物对象或结果的间接的或经验的兴趣。他认为，兴趣是认识论的一个重要问题，它与自由、自我、实践和能力等概念密切关联。在他看来，兴趣关系到自由，自由是本质的，是人的兴趣所在，对自由的追求促使人获得解放，对兴趣的追求则促使人获得自由。康德说："我们把人们遵守道德法则的兴趣称之为兴趣，而自由只能由此得到解释。"（哈贝马斯，1999）[202] 兴趣关系到自我，兴趣主要是自我的兴趣。他说："最大的兴趣和一切兴趣的基础，就是为我们自己的那种兴趣。"（哈贝马斯，1999）[208] 兴趣关系到能力，它是任何思想情感都具有的自我能力，包含着促进施展思想情感能力的条件。康德（2004a）[164] 说："对每一种内心能力我们都可以赋予一种兴趣，亦即一条原则，它包含着惟有在其之下这能力的实施才得到促进的条件。理性作为原则的能力，规定着一切内心能力的兴趣，但它自己的兴趣却是自我规定的。""任何兴趣无论是纯粹的兴趣还是经验的兴趣，完全取决于它所具有的实现欲望的能力，并且，任何兴趣，都同可能的实践相联系。"（哈贝马斯，1999）[206] 所以，兴趣又与实践和行为有关。他说："兴趣与行为相联系；行为尽管有所不同，但却决定着可能认识的条件。同时，行为本身取决于认识过程。"（哈贝马

斯，1999）[214]

康德的理性兴趣说，为赫尔巴特提出教育学和心理学上一种真正理论形态的兴趣学说奠定了哲学基础。比如，赫尔巴特认为多方面兴趣意味着整体的、全面的、均匀的兴趣，试图将康德（2004b）[521] 所说的"（按照特殊化原则的）多样性"兴趣与"（按照聚合性原则的）统一性"兴趣结合起来，以求得多方面兴趣的和谐完美。又如，赫尔巴特所谓"纯粹可能的目的"和"必要的道德目的"，也可以从康德所谓"理性的一切兴趣（思辨的以及实践的）"和"至善理想作为纯粹理性最后目的"（康德，2004b）[611] 中找到它们之间的内在联系和继承关系。

（二）培里的价值兴趣说

美国哲学家培里是新实在主义创始人之一，在价值哲学领域，他以提出现代经验主义、现代自然主义的一般价值论——价值兴趣说——而著称。培里的价值兴趣说主要体现在其著作《一般价值论》中。他把一般价值界定为主体的任何兴趣与任何对象之间的关系，认为在价值关系中，主体兴趣是中心，主体兴趣是构成价值的基础性、决定性因素。（李江凌，2004）[57] 培里的价值兴趣说，特别是他关于人的兴趣的概念、作用、分类及其与价值关系的研究，与康德等人的认识兴趣论相比较，更接近于心理学、教育学、生物学的研究。他对兴趣的心理学、生物学特别是价值哲学的思考，与其同时代的进步主义教育者和新教育者如克伯屈、德可乐利、克拉帕雷德等人的兴趣学说相映成辉、相得益彰。

培里认为，在价值研究中，经常涉及以情感为动力的生活，即本能、欲望、感情、意志及其状况、行为、态度的体系。因此，有必要选用一个通常能指涉生活中和心灵中这一体系的特性的术语，这个术语要有足够的包容性，并且意义精炼，而"兴趣"一词是最佳的选择。

何谓兴趣？培里认为，活的心灵的特征是支持某些事物和反对另一些事物。这种支持或反对的态度在逻辑上或纯粹认识意义上不能还原为"是"或"不是"。它是主体指向或背离的倾向，表现为喜欢和不喜欢、渴望和反感、想要和拒绝、追求和避免。"正是这种以情感为动力的生活的这种到处渗透的特征，这种喜欢或不喜欢的状态、行为、态度或性情，我们叫做'兴趣'。"（李江凌，2004）[55] "兴趣是一连串对结果的期望所决定的事件。或者说，当对一个事物的期望引起期望其实现或不实现的行为时，这个事物便是一个兴趣的对象。"（李江凌，2004）[57]

培里指出，之所以要选择"兴趣"一词，是因为它是取代喜爱、愿望、愿意、热爱、希望这类词语及其反义词的最佳词选；同时，也是因为它是提示一种共有意义的最佳词选。他认为，使用"兴趣"一词，必须排除对其意义过宽或过窄的理解。在过宽的用法上，兴趣被等同于注意，虽然兴趣与注意密切相关，但真正的注意——头部的转动、眼光的转移和意识的集中，同喜爱、愿望等之间仍然存在着区别。在过窄的用法上，兴趣被等同于自身利益，这显然只是一种特殊的兴趣；兴趣还可用来表示一个社会团体的较为持久的集体兴趣，如工人的兴趣、消费者的兴趣等。在他看来，"'兴趣'一词应被视为下述名词的类名词，诸如：喜欢—不喜欢、爱—恨、希望—恐惧、欲求—避免及其他类的名称"。（李江凌，2004）[58]

培里主张，对兴趣的本质既要做心理学的理解，又要考察它的生物学、生理学基础，即生物进化的适应性以及有机体对环境的功能调节和平衡方式。他认为，兴趣的原初形式是反射、习惯和本能。引起兴趣反应的刺激不仅来自有机体之外，也可以来自有机体内部，要么引起肯定的反应，要么引起否定的反应。这类由内在的刺激引起的感兴趣反应有三种形式：饥饿和食欲、感受（愉悦和痛苦）、情绪。（李江凌，2004）[59-68] 通过对动物和人的兴趣反应的考察，培里认为"无论是在人类行为中还是在动物行为中，智力和兴趣的活动的本质都在于，它是依据动物或人的期望的某种支配倾向所选择的行为，也就是它是依据动物或人的期望的结果与某种未被实行但被预设的支配倾向之间的一致所选择的行为"，"兴趣行为或目的行为是一种因为预期的反应与未完成或内含的支配倾向相一致而采取的行动"。（李江凌，2004）[62] 此外，培里还对人的各种各样的兴趣表现做了比较详细的划分，他根据兴趣的可变性向度，将人的兴趣分为先天兴趣与后天兴趣、积极兴趣与消极兴趣、肯定兴趣与否定兴趣、重复性兴趣与前进性兴趣、真实性兴趣与嬉戏性兴趣、进取性兴趣与顺从性兴趣、首要兴趣与次要兴趣、个人兴趣与社会兴趣、冲突兴趣与和谐兴趣、高级兴趣与低级兴趣等，并对这些兴趣都做出了具体解释。

从培里的价值兴趣说中，我们既可以窥见现代哲学价值论对兴趣问题认识的深度和高度，也可以看出近现代心理学的兴趣理论对他的影响。把兴趣视为因认清事物价值而专心于某种活动的心理学家或教育家大有人在，甚至在 19 世纪末还有不少心理学家，把兴趣的本质看作价值领悟和肯定，认为兴趣源于感受并且主要是价值判断的问题。（Ostermann，1899）[18-21]

（三）哈贝马斯的认识兴趣说

哈贝马斯是当代德国最负盛名的哲学家之一，是法兰克福学派的主要代表人物，其思想近年来引起了国内外学术界的广泛关注。哈贝马斯在 20 世纪 60 年代曾以"认识和兴趣"为题构建了以兴趣为导向的认识论。在《认识与兴趣》一书中，他通过对康德和费希特的认识兴趣思想的阐发，把认识兴趣理解为理性的兴趣，包括技术的兴趣、实践的兴趣和解放的兴趣。他通过对这些兴趣及其在认识论重建中的作用的考察，建构了以兴趣为基础、兴趣和认识相互交叉的认识论。他特别强调解放的兴趣在认识论重建中的意义，认为解放的兴趣是合理理解技术的兴趣和实践的兴趣的前提。（李淑梅，马俊峰，2007）[导论21] 哈贝马斯的认识兴趣说特别是他关于认识兴趣的分类理论，对当代课程教学的概念重建和整合、教育研究方式方法的革新以及关于"兴趣""态度""愿望""动机"等话语的解释和对话等，都产生了较大的影响。（张华，2000）（佐藤学，2004）

哈贝马斯认为，兴趣是人的认识意向、愿望和需求，人的认识是由认识兴趣驱动和指导的，认识和实践的关系表现为认识和兴趣的关系。认识兴趣是多样的，包括技术的、实践的和解放的兴趣，与这些兴趣相对应的认识也是多样的，包括经验—分析的科学、历史—精神的解释学的科学和社会批判的科学。因此，应该在多样的兴趣中、在多维的认识领域和层面上展开认识论的研究，论证认识种类的多样性和真理的多样性，不仅承认自然科学的真理性，而且为精神科学和生活批判科学的真理性提供认识论的基础和辩护。

哈贝马斯力图把"兴趣"范畴引入认识论，把认识和兴趣的统一作为认识论研究的根本任务。鉴于传统认识论只是追溯了认识的概念前提、理论假设，并未溯源到日常生活世界中的兴趣，未把兴趣这一理性意志作为前提，忽视了兴趣在认识中的作用，而且唯科学论把理性和价值对立起来，认为价值是主观的因素，必须将其排除于科学之外，哈贝马斯在康德和费希特关于纯粹理性兴趣的研究基础上，进一步将理性兴趣引入认识论，追溯认识兴趣的前提，强调兴趣的客观性，凸显认识论的价值维度，以实现事实与价值的统一。他提出，理性既包括工具性的目的理性，又包括"理性的意志"——兴趣。人类生活固然离不开目的理性，但目的理性只是手段、工具，而兴趣则主要是以主体间的沟通和理解为目的的。特别是解放的兴趣，它指向的是人类的自由解放，是规范和引导人们追求美好生活的力量。哈贝马斯所讲的兴趣是一种在主体间可普遍化的理性兴趣，是人们对社会生活中共同关心的问题进行对话和商议的兴趣，这是形成共识的基础。其实，兴趣并不等于个人的心理偏好和主观欲望，而是主体间具有普遍认同性的价值取向。

哈贝马斯从认识与兴趣的关系的视角探讨理论与实践的关系。为了构建为社会批判理论奠定基础的新型认识论，为了使这种认识论与实践相关联，他把认识兴趣纳入认识论之中，认为认识兴趣属于生活世界，并引发和指导认识活动，它兼具理论和实践的某些特性。一方面，兴趣作为理性意志的东西，本身就包含着认知的因素和意向；另一方面，兴趣又同主体的行动相关联，是回答生活实践中的问题的意向。因此，兴趣是理论认识与社会实践统一的基础。哈贝马斯从兴趣出发，把认识和兴趣的关系作为理论和实践关系的一个重要方面来研究，认为以解放的兴趣为指导的社会批判理论能够认识并在理论上否定科技理性泛滥的不合理的现存世界，使之失去存在的价值和意义。只有这种理论才能成为实践的力量，才能实现理论与实践的统一，即实现反思性认识与话语交往实践的统一。（李淑梅，马俊峰，2007）[导论13]

结语

需要指出的是，由于兴趣教育思想在不同的时代和地域，为许多具有不同价值取向的教育家所提倡，所以其理论基础既有共同的支点，也有个体的差异；即便是以同一学科为基础，也表现出不同的视角和特色，从而表现出多元、多样的特征。

比如，卢梭、赫尔巴特和杜威是西方近现代著名的教育家，如果说他们的教育思想有什么共通性的话，那就是对儿童兴趣的关注，并且他们都提出了对教育学和心理学产生过重要影响的兴趣学说。但是，他们的兴趣说的理论基础也有相当明显的差异。卢梭教育思想的出发点是自然主义、幸福主义哲学，强调儿童个人的天性、自由和快乐。赫尔巴特倡导主知主义教育思想，以观念心理学和实践哲学为基石，强调以"知"为主、以"师"为本，具有一定的保守性和静态性，并不要求学校教育有实质性的改变。按照杜威（2001）[81] 的说法，虽然赫尔巴特认为必须考虑学生的个性及兴趣，"强调智力环境对心灵的影响，但忽视环境实际包含个人对共同经验的参与"，其"基本理论上的缺陷在于忽视生物具有许多主动的和特殊的机能"。并且，赫尔巴特的心理学"根本上是一种心理的被动接受与成分贮藏的理论。……不能把发展的生物观点和智力的不断建构的分析调和起来建立一种活动的理论"（皮亚杰，2015）[38]。杜威教育思想的理论基础是实用主义经验论，强调儿童经验、思维发展、做中学以及教育与社会和生活的联系。他从统一世界的经验的不断生长出发分析心理的本能，并基于民主主义教育理想和儿童中心主义，探讨教育活动的发展过程和各种兴趣类型。

这种现象在现当代教育中也有反映，即许多教育家（如泰勒、布鲁纳、苏霍姆林斯基、斯卡特金、休金娜、索洛维契克等）从各自的教育理念出发，在不同程度上强调儿童兴趣的发展和培养，其中有的还提出了较为系统深入的兴趣理论。

第四章

关于兴趣的基本理论问题

没有"人的感情"，就从来没有也不可能有人对真理的追求。

——列宁

没有一点兴趣而要引起任何活动，从心理学上说是不可能的。

——杜威

根据兴趣从事工作以及通过活动去训练思维的观点，在19世纪末期的整个心理学（尤其是生物心理学）中早已处于萌芽状态了。

——皮亚杰

心理学研究总是对"兴趣"很感兴趣，关于兴趣、好奇心和内在动机的理论经常出现在历史典籍和广泛的现代研究领域中。

——西尔维亚

研究兴趣教育，构建兴趣教育或兴趣教学的理论体系，离不开兴趣心理的研究，必须以兴趣心理学为基础。因为兴趣是一种常见的心理现象，是心理研究中的一个重要问题，"心理学研究总是对'兴趣'很感兴趣。关于兴趣、好奇心和内在动机的理论经常出现在历史典籍和广泛的现代研究领域中。在当下的情绪心理学、教育心理学、发展心理学、个性心理学、动机心理学、职业心理学、美学心理学、老年心理学以及文本加工心理学等领域，都能看到有关兴趣的研究"（Silvia，2006）[vii]。自从卢梭提出兴趣原则之后，兴趣便成为一个重要的学术课题，受到哲学家、教育家和心理学家的青睐。自从杜威提出建设兴趣心理学的任务之后，兴趣研究主要朝着两个方向，即教育心理学和职业心理学发展，并推动了四个领域，即学习兴趣、职业兴趣、兴趣测量和兴趣原理的研究（详见本书绪论部分）。其中，兴趣原理研究是兴趣心理学的基础研究，关系到兴趣的一系列基本理论问题，如兴趣的概念和特性、兴趣的类型和发展阶段、兴趣的生理机制和发生基础，以及兴趣与动机、情感和认知等心理要素的关系。

一、兴趣的概念

什么是兴趣？对此，学界的认识从来没有真正统一过。正如鲍若维奇说的，虽然早在18世纪末和19世纪初，兴趣的概念就已经牢固地进入了哲学、教育学和心理学著作中，但是"'兴趣'这一概念的使用直到目前也还很不固定，含义很多，莫衷一是，……有时候，'兴趣'这一概念被使用得非常广泛，它表示主观趋向的任何一种形式；有时候，它仅表示同主观的认识活动相联系的那些能动形式；有时候，'兴趣'这一概念被缩小成为不随意注意的概念等等"（鲍若维奇，1958）[1]。波莱恩曾把关于兴趣定义的各种说法归结为四种：一是把兴趣视为自我基本机能，二是把兴趣当作动机，三是把兴趣作为态度，四是把兴趣看成情绪。（Berlyne，1949）有学者从构造主义心理学和机能主义心理学两方面对兴趣做了区分，其中前者认为兴趣是指对一定事物对象的选择性态度所伴随的感情状态，后者则把制约着人们对某种对象反应的心理倾向或推动人自发活动的动机叫作兴趣。（藤永保，1981）[174] 综观我国出版的心理学著作，也可以得出类似的结论。

（一）兴趣的动机说或动力说

这种观点把兴趣归结为人的内在动机、驱力或动力。卢梭是这一观点的倡导者，他认为，有用的东西或现实的利益，使儿童产生兴趣，并生成欲望，进而有所行动，这"才是使人走得又稳又远的唯一的动力"或"最大的动力"。（卢梭，2001）[135] 赫尔巴特则将兴趣与欲望结合起来，视其为人类冲动的全部外部表现，与冷淡、漠不关心相对立。他认为兴趣代表智力追求的能量，或者说"能量通过兴趣这个词表达出来"（赫尔巴特，1989）[218]。伍德沃斯认为："任何目的、任何行动，特别是由自己的活动指向某一明确的客体的任何目的或程序的变化，一旦被真正地激发起来，它们就是非常令人感兴趣的，并能提供自身所需的动力。"（克伯屈，1991）[341] 克伯屈（1991）[80] 在论述"兴趣的含义"时说："我们确实在思索建立一种具有内驱力的兴趣。除非结果是着眼的目标，或目标指引下的努力以及朝着目标的努力具有内驱力，能激发内部的冲动，本身就是梦寐以求的，否则谈不上确立了兴趣。"梁启超（20005a）[337] 也认为，"趣味是活动的源泉"，"是生活的原动力"，如果丧失趣味，生活便无意义，活动便跟着停止，就好像机器没了燃料，任凭机器如何大，也不能运转。

在现代心理学著作中，将兴趣当作人的内在动机或驱力的例子屡见不鲜。如皮亚杰（1982）[255] 指出，"兴趣，实际上，就是需要延伸"，"兴趣实际上就是同化作用具有动力的那个方面"（皮亚杰，1981）[161]。当代俄罗斯一部教育心理学著作宣称，"普通心理学中，兴趣是认知需要的情感体验，是学习动机的组成部分"，甚至"'兴趣'经常被认为是学习动机的同义词"。（季姆娜娅，2008）[162-163] 此外，苏联心理学家别里亚耶夫还曾以《关于兴趣的动力问题》为题，专门研究过兴趣的动力问题。

（二）兴趣的情感说或情绪说

这种观点认为兴趣是人的一种积极情感或正面情绪，这种说法如同兴趣的动机说一样古老和普遍。第斯多惠说："我们把那种特别吸引我们的注意力和同情心，自然地激发和提高我们的生活精力的东西，称为引人入胜的和有兴趣的。"（张焕庭，1979）[386] 赫尔巴特学派认为："无容置疑，兴趣包含感情，它可以被看作为一种特殊的感情色调，也可以看作为包含愉快或痛苦的精神状态。总之，它是包含情感与某些智力因素相结合的一种概念。"（康内尔，1990）[131] 莱因也有类似观点："兴趣就是那种使我们的知识具有个人意义的感情体验。当知识变成人们所感觉到和理解到的事物时，这种情况就出现了。"（康内尔，1990）[109] 克鲁普斯卡雅（1987）[297] 说："每当我们对职业兴趣产生的原由进行探究时，我们往往都会上溯到久远的感情经历上，也就是说，这种经历一直控制着一个人的感情。"

上述主张对现代心理学产生了重要影响，并反映在一些心理学著作中。如有学者指出，"兴趣的定义是增加快感"（索里，特尔福德，1982）[464]。彼得罗夫斯基（1981）[118] 认为，"兴趣是人的认识需要的情绪表现"。我国台湾学者王克先（1987）[182] 认为，"兴趣即集中意识于某种对象，而具有感情色彩的心理状态，换句话说，我们为实现一种目的或从事一种活动，那种心理朝向目的的感情状态，便是兴趣"。邹谦（1969）[349-350] 也指出："兴趣在学术上有种种解释，以兴趣为集中意识于某种快感之谓；或集中意识于某种对象，而具有热烈的感情者。换言之，兴趣即意识的一种感情状态。"

（三）兴趣的情感动力说

这种观点既把兴趣视为积极情感，又将兴趣当作内在动机。在康德的认识哲学中，兴趣既被看作人认知的巨大动力，也被认为能引起自我的快乐情感和爱好。康德说，"纯粹的兴趣只有在下述条件下才是可以想象的：它既引起快乐情感，又追求一种始终与直接的爱好不相同的爱好——理性蕴含着使理性变为现实的动力"（哈贝马斯，1999）[204]。"兴趣可以被看作是人类行动的动机"，而且，"当兴趣以由某种经验对象所激起的情感和欲望为基础的时候，我们可以说有一种间接的或感受的兴趣，去获得相应对象而行动"。（康德，2002）[136] 培里也说："正是这种以情感为动力的生活的这种到处渗透的特征，这种喜欢或不喜欢的状态、行为、态度或性情，我们叫做'兴趣'。""'兴趣'一词应被视为下述名词的类名词，诸如：喜欢—不喜欢、爱—恨、希望—恐惧、欲求—避免及其他类的名称。"（李江凌，2004）[57-58]

麦克墨里说："兴趣是一种平静、稳固、不外露的情感，这种情感使人对每一件事情，都处于马上就想做，并力图排除一切障碍的状态。"（康内尔，1990）[134] 他还说："在学习感兴趣的事物时，我们就会感受到相当的舒适和愉悦，伴随着内心的满足感，同时也给我们以克服困难继续前进的动力或'意愿力'。"（Mcmurry，1893）[129] 同样，杜威（2001）[143] 认定，"兴趣是任何有目的的经验中各种事物的动力"。

在他看来，"兴趣有各种各样的；每一个冲动和习惯，凡能产生一个目的而这个目的的力量又足以推动一个人去为实现它而奋斗的，都会变成兴趣"。与此同时，他也认为兴趣是无私的动态的情感，即"个人的情感倾向"，"从情绪的意义上说，兴趣这个词是自我从事于、忙于、着手于、关心于、倾心于、迷醉于客观的教材的程度的证明"。（杜威，2008a）[199] 我国心理学家孟昭兰认为，"兴趣既是一种内在动机，又是一种基本情绪"（郭德俊，2005）[207]，而且是"主要的正性情绪之一"，是"惟一的有益于健康的正性情绪"（孟昭兰，2005）[139]。大科学家爱因斯坦也是兴趣的情感动力说的支持者。他在《论教育》一文说："在学校里和生活中，工作最重要的动机是工作中的乐趣，工作所得到的成果的乐趣，以及对该成果的社会价值的认识。……只有这样的心理基础才能导致一种快乐的愿望，去追求人类最高财富，即知识和艺术家般的技艺。"（爱因斯坦，2000）[35]

（四）兴趣的态度说

这种观点认为兴趣是指向一定事物的选择性态度或积极态度。这种观点与兴趣的情感说联系密切。如帕克（1924）[38] 认为，"兴味是学习时有益的心理态度"，"兴味和注意是用来表明这种心理态度的名词"。杜威（2008a）[116] 也说过，"实际上兴趣只不过是对于可能发生的经验的种种态度"。"当我们说某人对这件事感兴趣，或对那件事感兴趣时，重点直接放在他个人的态度。"（杜威，2001）[139] 他还指出，"在心理学上称为'兴趣'"的，是"由内部发生"的"动机"，是"感情的态度，对于事物的反应"。（杜威，2008d）[22]

斯卡特金（1982）[作者的话1] 认为，"教学的效果主要地决定于学生对学习活动的态度。他们的学习志趣愈浓，学习效果就愈大"，兴趣是学生学习活动最重要的态度和情感。巴班斯基（1984）[107] 说："如果学生形成了对学习的积极态度，有认识兴趣，有获得知识、技能、技巧的要求，如果他们培养了义务感、责任感和其他的学习动机，教学活动就会进行得更加有成效。"休金娜认为，"学生的认识兴趣可以说明学生对待科学和掌握知识过程的态度"（舒基娜，1955）[35]。波果斯洛夫斯基等（1981）[73]认为，兴趣"是个人对客体的选择性态度，这是由于客体的生活意义和在情绪上的吸引力所致"。日本有学者认为，所谓兴趣来源于一定的需要并与一定的对象和行为相联系，是自发的、积极的、有选择的关心和态度，是伴随着快感和期待而产生的。我国心理学家杨清（1981）[566]也认为，兴趣是一个人对一定的事物所抱的积极的态度。

（五）兴趣的心理定势说或心理倾向说

这种观点认为兴趣是热切专心于一定事物的心理定势或心理倾向。巴甫洛夫等苏联生理学家和心理学家认为，"认识兴趣是和大脑皮质中最大兴奋中心的出现联系着的"，"它乃是一种被提高到第二信号系统水平的定向探究反射活动"。（鲍若维奇，1958）[12]克伯屈（1991）[118-120]指出，"从心理学上讲，兴趣是心理定势"，"兴趣是指一个人专心致志于某件事"。他认为："对所做的任何事情感兴趣，便是对所做之事具备了定势。"（克伯屈，1991）[26]此外，拉伊（2005）[69]认为："兴趣是一种持续的、方向明确的、要求同化的愿望，也就是在心智上得到发展的愿望。"桑代克说，"所谓兴趣，即指获得对于学习活动的准备，热切，与专心致志"（桑代克，盖兹，1935）[163]。

我国当代心理学著作多将兴趣定义为积极探究一定事物的心理（认识和行为）倾向，如：兴趣是"注意与探究某种事物或从事某种活动的积极态度与倾向"[《辞海》（第七版）]；"兴趣是人对于客体的特殊的认识倾向"（全国九所综合性大学《心理学》教材编写组，

1986）[523]；"认识兴趣是力求认识世界、渴望获得文化科学知识和不断探求真理而带有情绪色彩的意向活动"（潘菽，1983）[76]；"兴趣是一种带有情绪色彩的认识倾向"（李洪玉，何一粟，1999）[156]；"兴趣是人积极探究并力求掌握某事物的个性心理倾向"（张履祥，葛明贵，2001）[148]。

二、兴趣的特性

（一）兴趣的积极性

列宁（1958）[255] 说过，"没有'人的感情'，就从来没有也不可能有人对于真理的追求"。积极性或主动性可以说是兴趣心理的最主要的特性，它体现了人们认识世界和行为活动的能量机理与价值取向。在前面关于兴趣的多种解说中，无论是动力说和情感说，还是态度说和倾向说，都表明了一个共同的事实，即兴趣是积极主动的、热情专注的，与漠不关心、淡然处之相对立。当某种事物或对象符合人的需要并经由一定感受而使人产生兴趣时，就会驱动人们积极主动地去关心或关注它，从而形成相应的心理定势、倾向或意向，并会产生满意、兴奋、快乐、欣喜等积极情绪和态度。在实际生活当中，我们常常用一些词语，如"全神贯注""持之以恒""全力以赴""夜以继日""废寝忘食""如饥似渴""手不释卷""兴致勃勃""津津乐道""不厌不倦""心驰神往"等，来形容感兴趣的心理和行为状态，来说明兴趣的巨大作用和非凡力量。赫尔巴特（1989）[56] 说，兴趣就是主动性，"是同漠不关心相对立的"。杜威（2008a）[167] 说，"兴趣首先是积极的、投射的或推进的"。克伯屈（1991）[121] 也说，"兴趣本质上是积极的"。这些说法都是对兴趣的这一最大特性的高度概括。

（二）兴趣的指向性

指向性或选择性是兴趣的一个突出特征，它体现了主观与客观、主体与对象的统一。兴趣的这一特性与动机、态度、理想、注意等心理现象一样，都是针对一定的事物或对象而生成的，正如现代心理学在阐述兴趣概念时所说的，它总是"针对一定的事物"，"集中意识于某种对象"，或者"实现一种目的"。如若对某种事物发生兴趣，就必然会将自己的情感力量和意识倾向指向并集中于那个事物。例如，一个对"兴趣"问题感兴趣的人，必然会情不自禁地随时关心和注意有关兴趣方面的书籍、刊物和文章。杜威在对兴趣含义的专门分析中，特别强调了它的这一特性。他说："兴趣不像赤裸的感情那样仅以自身为目的，而是体现在一个相关的对象中。"（杜威，2008a）[167] "感兴趣就是能专心致志，全神贯注于某个对象，或置身于某个对象。感兴趣也就是保持警觉，关心，注意。我们说一个人对某事感兴趣，有两种说法，或者说他已经给某件事迷住了，或者说他已经发现自己陷入某件事了。这两种说法都表示这个人的自我专注于对象。"（杜威，2001）[139]

（三）兴趣的能力性

能力性被确定为兴趣的一个特性，反映了我们对兴趣特性认识的深化，体现了兴趣本质上是非理性与理性的统一。兴趣虽然是个人的、感情的，但却不全是非理性的。兴趣不是天生的，也不在于事物或知识本身，兴趣的生成取决于人自身对事物的掌握程度。一般来说，凡是我们能做好和理解的事情，我们就喜欢它；凡是我们不会做或理解甚少的事情，我们就很难对它感兴趣。假如把孔子的"好学"（"君子食无求饱，居无求安，敏于事而慎于言，就有道而正焉，可谓好学也已"）理解为有兴趣学习的话，那么它就不仅仅指学习的趣味或有趣，而主要强调的是兴趣中的志趣或理性成分，甚至体现了知、情、意、行的有机结合。因为没有远大的志向、深刻的认知、持久的注意、顽强的意志、敏锐的思维和执着的行为作为支撑，就不会有真正的"好之"乃至"乐之"。即便是感兴趣、感到快乐，也只是一时、表面和肤浅的。

　　如上所述，康德早就认识到兴趣是一种感性与理性、情感和能力的结合物。他说："兴趣是任何思想情感都具有的能力。这是一个原则，兴趣包含着促进施展思想情感能力的条件。""任何兴趣无论是纯粹的兴趣还是经验的兴趣，完全取决于它所具有的实现欲望的能力。"（哈贝马斯，1999）[205-206]赫尔巴特深受康德的影响，也认为兴趣这个词标志着智力活动的特性（赫尔巴特，1989）[217]，"多方面的、尽可能平衡的和结合得很好的兴趣"意味着"智力的真正发展"（赫尔巴特，1989）[264]。赫尔巴特学派的兴趣概念中的感情活动，也是与某些智力因素结合在一起的，代表着智力活动及其发展的特性，注意、动机、理解和记忆等智能过程的效果，都依赖于兴趣（康内尔，1990）[131-132]。也正是在这种意义上，杜威（2008a）[14]才说："兴趣是生长中的能力的信号和象征。我相信，兴趣显示着最初出现的能力。"在他看来，"兴趣不是某种单独的事，它所代表的事实是，一个行动过程、一项工作或职业能彻底地吸引一个人的能力"（杜威，2008a）[188]。与杜威遥相呼应，德可乐利（1932）[26]也说过，兴趣"亦是一种刺激，脑髓能力赖他而冲出"。对于这种说法，杜威的学生胡适（1994c）[78]也说，"某种兴趣的发生，即是表示这个儿童将要进到某步程度。……凡兴趣都是能力的记号，最要紧的是寻出这种能力是什么"。

　　关于兴趣的智力性和思维特征，在后来心理学的研究中也能找到一些依据。如休金娜将兴趣定义为心理的一种选择性倾向，它指向认识领域，指向该领域的对象内容及掌握知识的过程。在认识兴趣的结构上，她认为兴趣是以智力、情绪、意志过程的统一整体为基础的特殊"合金"，其核心是带有积极情感色彩的思维过程。

（四）兴趣的活动性

活动性是兴趣的一个十分重要的特性，它与兴趣的指向性一样，都揭示兴趣的客观性。杜威（2008a）[161] 在《教育中的兴趣与努力》中说："没有一点兴趣而要引起任何活动，从心理学上说是不可能的。"他认为，兴趣不仅是积极推进的，而且是客观的，"它既有其情绪的方面，也有其活动的、客观的方面"。"这个词的根本意思似乎就是由于认清其价值而集中注意、全神贯注、专心致志于某种活动的意思。……兴趣标志着在个人与他的行动的材料和结果之间没有距离。兴趣是它们的有机统一的标志"，"兴趣主要是自我表现的活动的一种形态……，真正兴趣的任何意义都必须把它理解为有着力所能及的、有直接价值的对象的外向活动"。（杜威，2008a）[167-170]他在《民主主义与教育》中还强调，兴趣这个名词不仅意味着"个人的情感倾向"，也意味着"活动发展的全部状态"和"希望得到的客观结果"。（杜威，2001）[139] 克拉帕雷德和皮亚杰都是杜威的追随者，他们认为，"一切有成果的活动都以一种兴趣作为先决条件"，"需要和作为需要结果的兴趣，'是把反应变成真正动作的因素'"，"因此，兴趣的规律乃是'整个体系随之运转的唯一轴心'"。（皮亚杰，2015）[44]

兴趣的价值不仅仅在于它能激发积极的情感动力，还在于它能鼓动主体从事某种行为和活动，并达到一定的目的。一个儿童听一个故事，为之感动，还不能称为有兴趣。除此之外，还要使他喜欢看故事书，方能说有真正的兴趣。仅仅默坐静听，而不能引起相应的动作，这还只能说是动机问题，这里虽有一定的心理活动，但并没有相应的行为活动，因而说不上真正有兴趣。这也表明了兴趣与情绪、动机活动的微妙区别。所以，对某事物有兴趣，意思是要进行某种活动。总之，兴趣不但是一种情感心理倾向，而且伴随着相应的行为活动；兴趣既是活动的动力，又与活动的过程和结果即活动本身相联系。有心理学者在定义兴趣时，认为它是一种和行为相联系的"意向活动"和"行为倾向"等，是不无原因的。

（五）兴趣的自我性

自我性也是兴趣的一个重要特征，它表明了兴趣活动的主体或个人——自我——与事物客体或对象的关系。同一事物对于两个人的态度和情感方面所产生的影响可能截然不同，比如对于许多事实和理论，科学家或哲学家会十分关心、饶有兴味，而平常人则漠不关心、淡然处之。其缘由就在于这些事实和理论与后者的自我经验无直接关系，而与前者的关系则相反。由于主体、个人或自我的背景或秉性不同，人们对事物的兴趣总是有一定选择性的，也就是现代心理学解释兴趣概念时所说的，"是个人对于客体的选择性态度"，"是人对于客体的特殊的认识倾向"。因此可以说，兴趣是主体指向一定事物的自我活动，是外界事物与主体自身间的接触点和"记号"，反映了自我的体验、个人的选择或主体的偏好。

赫尔巴特学派认为，兴趣概念是一个与某种目标、观念或活动紧密联系的关于爱好的广泛术语，是与个人知识、自我活动、情感倾向相连的具有个性或个人意义的东西。如麦克墨里认为，"兴趣赋予我们有关人的含义的知识以个人的意义"（康内尔，1990）[131]。德加莫在论述兴趣的概念和兴趣的目的时说，"兴趣就是出于一组心理状态

（如冲动、欲望、喜欢、意愿等），通过自身的活动和自我需求而得到表达或实现的"（De Garmo，1902）[12]，"一般认为，兴趣是一种伴随着自我表现的感觉，它产生愉快，并具有充满动力、能掌控的感觉"（De Garmo，1902）[18]。他指出，自我体现是兴趣的目的，凡对自我体现有价值的物和事都能激发兴趣。在教育上激发兴趣的关键在于要让学生觉得学习的结果是能够自我体现。而自我体现的冲动依个人情况而定，艺术家对物理仪器是没有兴趣的，他的画具对物理学家来讲则可能是需要清理掉的垃圾。假如学生觉得做的功课不是为他自己的话，他就没有内在需求，就没有冲动去展现自我，就没有冲动促使他完成任务。（De Garmo，1902）[22-23]

杜威（2008a）[167]说，"兴趣是个人的，它意味着直接的关心；意味着对事情的得失攸关的承认；意味着某种其结果对个人具有重要意义的事情"。他又说："所谓兴趣和关心，是指自我和世界在一个向前发展的情境中是彼此交织在一起的。"他所说兴趣的情感性，指的是"个人的情感倾向"，即"当我们说某人对这件事感兴趣，或对那件事感兴趣时，重点直接放在他个人的态度"。（杜威，2001）[138-139]因此，"事实上，自我和兴趣是同一事实的两个名称；对一件事主动感兴趣的性质和程度，可以揭示并测量所存在的自我的性质。如果我们记住，兴趣就是自我和某一对象的主动的认同，所谓的两难困境就完全攻破了"（杜威，2001）[370]。

克伯屈（1991）[137]对"自我与兴趣"有专门的研究，他赞同杜威的"兴趣之中'自始至终关系到自我'，真正的兴趣意味着一个人融化于某一行动的过程之中"的观点。他说："自我视某些工作为使人感兴趣的工作。在兴趣中一个人将自我与一次行动过程视为一体。""在任何兴趣的情形中都涉及到自我。这很难理解，但确实存在。"在他看来，"外来的动力很容易帮助形成表面上虚饰的注意力。而真正的注意力则不断地向别的方面分散。这样生活就是形成'分裂的自我'，而不是形成'统一的自我'"。（克伯屈，1991）[153]

三、兴趣的类型

人类的兴趣多种多样，尽管它们在原理上都是一样的，但可以根据不同标准对它们进行分类。历史上的教育家、心理学家、哲学家和职业专家为了更好地利用、发展和培养人的兴趣，先后提出了许多不同的兴趣分类理论，也为我们今天的研究提供了有益的借鉴和参考。

（一）现代之前的兴趣分类

1. 早期的基本分类法

早在古希腊时期，柏拉图就指出，人的快乐和儿童的趣味是有高低不同或优劣之分的，他希望人们享受"更高级的快乐"，不要追求"低劣的情趣"。（华东师范大学教育系，浙江大学教育系，2001）[73] 这种最简单的兴趣分类法在近现代也可以找到它的延续。如第斯多惠把儿童兴趣分为"平凡的兴趣"和"高尚的、自由或纯洁的兴趣"（即有教养的人的兴趣）两种。（张焕庭，1979）[386] 梁启超则按照趣味性质的好坏，将人的趣味划分为"高等趣味"和"下等趣味"。其中前者是"一种可以终身受用的趣味"（梁启超，2005a）[338]，主要有劳作、游戏、艺术、学问四种（他认为这些也可以成为学习和教育的兴趣事项）；后者则是不好的趣味，如吃喝嫖赌和官迷等。

有人将卢梭对儿童兴趣的分类归结为七种："（1）冒险浪漫的兴味，（2）好奇为难的兴味，（3）发表交换的兴味，（4）制作收集的兴味，（5）模仿游戏的兴味，（6）自尊博爱的兴味，（7）欣赏活动的兴味。"（郭鸣鹤，1933）[22] 这对现代教育的兴趣分类法产生了重要影响，如"进步教育之父"帕克根据儿童本能心理将兴趣分为十种：一是冒险的、浪漫的兴趣，二是对人和动物的动作的兴趣，三是愿得到社会称赞的兴趣，四是对音韵、律动、歌曲的兴趣，五是好奇心、猜谜、解决问题的兴趣，六是发表、交流的兴趣，七是制作和身体活动的兴趣，八是收集的兴趣，九是模仿的兴趣，十是游戏的兴趣。（帕刻，1924）[52] 此外，帕克还将兴趣分成"强迫的兴味""自发的兴味"以及"固有的兴味""本能的兴味"等。（帕刻，1924）[42-43]

2. 德国古典哲学的分类

德国古典哲学家对兴趣分类具有特殊的爱好。康德根据实践理性把经验的兴趣和纯粹的兴趣加以区别。他说："当兴趣以由某种经验对象所激起的情感和欲望为基础的时候，我们可以说有一种间接的或感受的兴趣，去获得相应对象而行动。当兴趣是由道德规律所引发的时候，我们可以说对意愿按这理念而行动有直接的或实践的兴趣。"（康德，2002）[136] 经验兴趣指向欲望的对象或主体的特殊感觉规定的意志，它关涉的仅仅是间接的、经验的兴趣，而不是兴趣本身；而纯粹兴趣则是对行为本身的兴趣——实践的兴趣，它是关于行动的直接兴趣，是理性兴趣①，是规定意志的原因。也就是说，理性成为规定意志的原因。（李淑梅，马俊峰，2007）[274] 康德关于经验的兴趣和纯粹的兴趣的划分，为后来心理学上最为流行的一种兴趣分类——间接兴趣（感兴趣的是事物或行为的对象和结果）和直接兴趣（感兴趣的是事物或行为本身）的划分提供了依据和参考。

费希特把兴趣作为认识与行为的基本元素，把理性的兴趣与实践

---

① 也称道德兴趣。

的兴趣视为同一，强调自我的独立性，试图通过自我反思的力量把自我解放出来，这是理性兴趣的根本要求。他从自我设定"自我"、自我设定"非我"、自我返回自身的过程中推导出自我性的"他我"，认为自我作为主体，总是要与他我相遇，自我不仅有"经验到我自身"的兴趣，也有"经验到他我"的兴趣。因此，费希特又把人的理性兴趣分为"自我兴趣"与"他我兴趣"，并认为这两种兴趣之间不会产生矛盾，因为它们都是理性存在者，都受理性兴趣的指导。（李淑梅，马俊峰，2007）[294-295]

3. 赫尔巴特对多方面兴趣的划分

赫尔巴特（1989）[58-59] 认为，人的兴趣是多方面的，"在有趣的事物中"，"不要对事物作分类，而应对心理状态进行分类"。他最早将人的兴趣分为认识的兴趣和同情的兴趣两大类，其中"认识是在观念中摹写在它面前的东西；同情是把自身置于别人的情感之中"。认识的成分包括"关于多方面的""关于它的规律性""关于它的美的关系"，同情的成分包括"对于人类的""对于社会的""以及两者对上帝的关系"。

赫尔巴特（1989）[204-205] 在晚年又根据学生的表象群（即"经验与交际"）和教学中的两条主线（即"历史的和自然科学的"）把多方面兴趣分为两大类六个方面：（1）经验的兴趣——观察事物等；（2）思辨的兴趣——研究事物与事物之关系等；（3）审美的兴趣——认识事物之美丑；（4）同情的兴趣——对于他人之关系等；（5）社会的兴趣——对于社会国家之关系等；（6）宗教的兴趣——对于宇宙主宰之态度等。他说，"经验的兴趣是直接与经验相一致的，同情的兴趣是直接同交际相一致的。对经验对象的进一步思考便形成思辨的兴趣；对较大范围内交际的思考就形成社会的兴趣。这里，一方面我们还可以补充审美的兴趣，另一方面还可补充宗教的兴趣"（赫尔巴特，1989）[232]。据此，赫尔巴特设置了相应的关于历史、语言、常识与自然科学、数学等方面的学科体系。苏联学者麦丁斯基（1953）[264]认为："赫尔巴特所了解的多方面兴趣就是这样一种兴趣，它不是从某一个人狭窄的职业圈子和日常生活出发的，它所包含的不仅仅是利己的私人的东西，而是整个的东西，人类的生活。"此外，赫尔巴特还提出要把间接兴趣与直接兴趣区分开来，并且强调直接兴趣的培养，在这一点上他与康德有相似之处。

（二）现代的兴趣分类

进入 20 世纪以后，随着科学发展、学科分化和兴趣学说的兴起，兴趣的分类理论有了进一步发展。一方面，在近代的基础上关于兴趣类型的研究更加细化和多样；另一方面，一些新的领域，如儿童兴趣发展阶段理论、职业兴趣理论等也得到了拓展。

1. 杜威的兴趣类型研究

杜威（2001）[264]认为，"生活有多种多样的兴趣"，为了便于控制和平衡，使其正常发展而互不侵犯，必须将人的众多兴趣加以分类，"给每一种兴趣一块专门的领地"。他把人的兴趣主要分为八种，即"政治、商业、娱乐、艺术、科学、学术专业、有礼貌的交往、闲暇等"，其中"每一种兴趣又可分成许多分支，例如营业分成体力工作、行政工作、簿记、铁路运输、银行、农业、贸易和商业等等。其他兴趣也可以分成许多分支。理想的教育就是提供各种手段，满足这些独立的分门别类的兴趣"。

在杜威看来，教育中的兴趣分类有其特殊的职能和价值。他在《学校与社会》中认为儿童生来就有四种本能：社交本能、探究本能、制造本能和艺术本能。与此相应便有四种兴趣，即"交谈或交流方面的兴趣、探究的或发现的兴趣、制作或建造的兴趣和艺术表现的兴趣"，"它们是自然的资源，是未投入的资本，儿童的积极生长仰赖于对它们的运用"。（杜威，2008a）[48]他又在《教育中的兴趣与努力》中将"教育性兴趣的类型"分为活动的兴趣、发现的兴趣、纯粹的理智的兴趣以及社会的兴趣四种。活动的兴趣是指对某种活动专心致志和全神贯注，不仅获得身体上的能力，也具有理智上的意义；发现的兴趣是指对以恰当的方法使用恰当的工具达到某种目的的兴趣，具有理智的特点；纯粹的理智的兴趣是指对达到目的或产生结果的方法和原因的兴趣，表现出兴趣从实践方面向理论方面的转变；社会的兴趣是指对人际交往和社会活动的兴趣，还包括道德兴趣。

杜威接受了前人特别是赫尔巴特及其学派"直接兴趣"与"间接兴趣"的概念，认为"直接兴趣"的行动是直接的、即时的，它是在没有想到任何其他事情的情况下发生的，是自我满足并自行满足的，其目的就是眼前的活动，因此不存在思想上的方法和目的之间的鸿沟。这种兴趣的全部活动都具有这种直接的性质，其价值就在于它本身，并不要求对它以外的某事感兴趣。"间接兴趣"就是间接的、迁移的或居间的兴趣，是认识到一定事物与我们自身之间的关系和联系后而生成的兴趣。一些在外人看来无关紧要乃至令人厌恶的事情，都可以成为人们感兴趣的对象或活动。比如数学理论、音乐的音符和指法练习等，是比较枯燥的东西，当它们作为学习对象并被孤立对待时，儿童一般对它们是不感兴趣的。但是，一旦儿童认识到学好它们可以帮助自己更好地成为科学家、工程师或歌唱家、音乐家的时候，它们就会变得引人入胜，富有吸引力。并且，杜威（2008a）[176-177]认为，"在直接兴趣和间接兴趣之间没有严格的不可逾越的界线"，"当行动的时间延长时，不仅对一个对象的直接兴趣因此而逐渐地、自然地转变为间接兴趣，而且发生相反的过程。间接的价值变成直接价值"。他举例说，一个人刚开始因需要钱而对赚钱有兴趣，后来竟发展到沉迷于仅仅想占有金钱，甚至贪婪地盯着他的金子。这个故事形象地表明了方法变成目的后令人讨厌的样子。

2. 克伯屈、德可乐利和培里的兴趣分类

克伯屈（1991）[120] 说："人们的兴趣程度是无以数计的。其范围从实在无可奈何才去做某件事情，到一心一意想要做某件事情"，"我的兴趣学说是：学习条件的具备是随专心致志的浓厚兴趣的程度而变化的（令人痛苦的焦虑除外）"。他认为，"直接兴趣是指一个人不假思索而对一件事真的感兴趣"，如母亲对婴儿健康的兴趣、小女孩对玩具娃娃的兴趣等，这是说不出什么理由的兴趣；"本身并不使人感兴趣的事物由于对本身使人感兴趣的事物（直接兴趣）有影响从而变得有兴趣了"，就是"间接兴趣"。（克伯屈，1991）[135] 如当医生建议换换气候环境时，那位母亲开始对山区疗养院和铁路时刻表感兴趣，因为这些东西与她孩子的健康有关。克伯屈还将兴趣分为"瞬时兴趣"和"长久兴趣"，前者指转瞬即逝的兴趣，后者指对某一目标的长远的、持续的、稳固的兴趣，是在目标指引下能够努力或克服困难的内驱力或内部动力。他在心理学和教育中提倡的就是后一种兴趣，亦称"健康兴趣"。此外，克伯屈（1991）[80] 还对杜威倡导的"社会兴趣"中的"道德兴趣"或"美德兴趣"（如"在儿童身上确立起对诚实、光明磊落、关心他人的兴趣"）做了进一步阐发。

克伯屈的创新在于提出了"兴趣幅度""兴趣范围"等独特概念。所谓"兴趣幅度"，就是兴趣持续的长短，或指人追求一个目标的持久性、耐性或注意力的时间长短。如年幼的孩子不能长时间集中于一件事上，他们比年长的孩子更容易变换兴趣，说明其"兴趣幅度较短"。（克伯屈，1991）[156] 兴趣幅度的持续增长，表明了一个人选择的自觉性和真正确立目标的自觉性在提高，也关系到年龄增长、心理成熟、经验增加、学习生长和控制力提高等问题。所谓"兴趣范围"，"不是兴趣持续的长度，而是目前的兴趣内容"；它不是儿童"一时的兴趣"，而是"指他眼下所有的兴趣，即使其中有些兴趣并不活跃并且在一定程度上处于休眠状态"。（克伯屈，1991）[165]

德可乐利与杜威一样，都受到 19 世纪末生物进化论及本能心理学的影响，将兴趣与人的本能需要联系起来。他把兴趣需要分为四类：一是对食物的兴趣，二是寻求保护自己的基本要素的兴趣，三是防御敌人的兴趣，四是对个人或团体的工作的兴趣。德可乐利认为，儿童兴趣的核心在于对事物整体的认识，每个兴趣中心都像设计单元一样，应付一个大问题，并由此出发学习各种知识，而且每个兴趣中心都有一个中心概念贯穿全过程。（单中惠，2007）[365]

培里的贡献是将兴趣及其类型引入哲学价值论中，并对人的各种各样的兴趣表现做出比较详细的划分。他根据兴趣的可变性向度，将人的兴趣分为先天兴趣与后天兴趣、积极兴趣与消极兴趣、肯定兴趣与否定兴趣、重复性兴趣与前进性兴趣、真实性兴趣与嬉戏性兴趣、进取性兴趣与顺从性兴趣、首要兴趣与次要兴趣、个人兴趣与社会兴趣、冲突兴趣与和谐兴趣、高级兴趣与低级兴趣等，并对这些兴趣都做出了具体解释。（李江凌，2004）[64-70]

3. 克拉帕雷德和拉伊的兴趣发展阶段论

儿童兴趣发展历程是兴趣学说的重要内容，也是兴趣分类理论研究的领域。克拉帕雷德在 20 世纪前后儿童研究运动及其成果的基础上，极为关注当时教育工作者对儿童兴趣的研究和对儿童智力发展的测量，并对儿童心理发展阶段进行了科学研究。他在《实验教育学和儿童心理学》一书中以儿童在各个时期表现出来的兴趣为出发点，来划分儿童心智发展的历程。其基本内容如下。

第一阶段：获得和试验阶段

（1）感知兴趣期（0—1岁）

（2）语言兴趣期（2—3岁）

（3）一般兴趣和智力觉醒期（3—7岁）

（4）特殊目标的兴趣期（7—12岁）

第二阶段：组织和评价阶段

（5）情感的、道德的和社会的兴趣，专门的兴趣和性的兴趣期（12—18岁）

第三阶段：生产阶段

（6）工作和将各种兴趣从属于某种高级兴趣的时期（成年）（康纳尔，1991）[166-167]

拉伊（2005）[69-71]认为，"在儿童的每一个发展阶段中，新的驱力和兴趣会先后出现，有些原有的驱力和兴趣会消失，所以，每个发展阶段之间彼此是不同的，处于这些发展阶段的儿童的生活，与成人的生活也不同。旧教育学的一个主要缺点和错误，就是它以成人心理学的研究成果为导向。所以，我们首先要对各个发展阶段作研究。……对各年龄阶段的驱力、游戏、兴趣和注意的进一步研究，会深化我们的认识"。为此，拉伊在霍尔等人关于儿童好奇心和兴趣发展的调查研究的基础上，根据自己的观察研究，将"兴趣和注意的发展过程"分为四个阶段。

（1）注意的初级阶段。婴儿在出生后的第二个星期里，某一物体就能吸引他注意一会儿；但是，如果这个物体发生一点点运动，它就会从他的视野里、从他微弱的意识中消失。这整个过程，是反射和驱力之间的一个阶段。

（2）惊奇。在这个阶段里，注意还不能很快适应或专注于所获得的印象。

（3）惊愕。在儿童了解刺激源以前，注意在短时间里保持稳定。

（4）观察。可以由意志引导注意，从出生后第四周起，注意能集中在闪光的物体上，并能跟踪物体的移动。

拉伊的研究表明：出生不满 6 个月的儿童，在他们表现出兴趣的事例中，属于视觉类的占大多数，听觉方面的注意要到第 5 个月的月底才显现出来。到 10 个月时，儿童就想知道封闭的或空的容器里有些什么，因此就开始有随意知觉、随意观察。他认为，兴趣会驱使儿童，尤其是 4 至 8 岁的儿童把东西拆散，我们不应把这种行为与"破坏"混为一谈。他指出："提问和模仿是兴趣和注意的重要表现。5～10 岁的儿童提的问题最多，其中 95% 的问题源于求知的欲望。这些问题涉及：（1）自然的力量；（2）机械的力量；（3）生命的起源；（4）上帝和《圣经》故事；（5）死亡和天堂。50% 的问题与自然有关，在这些问题中，75% 的问题是关于因果的。"他还说："儿童通过游戏进行自我教学，为自己上了观察和注意的第一课。在这种'自我教学'过程中，儿童表现出持久的注意，表现出良好的观察，用很少的努力，在几乎没有出现心智疲劳的情况下，却取得了卓越的成效。"在他看来，"通过游戏进行的教学是所有教学活动的典范，因为这种教学合

乎自然"。（拉伊，2005）[71-73]

4. 职业兴趣的类型研究

职业理论的兴起对兴趣分类的研究有着重要的贡献。职业理论认为，某一类型的职业通常会吸引具有相同人格特质的人，而具有相同人格特质的人对许多生活事件的反应模式也是相似的。因此，许多相关领域的专家把职业兴趣及其分类的研究作为重点工作，并提出了一系列职业兴趣分类法。例如，在现代影响较大的霍兰德的职业兴趣理论，将大多数人的人格特质归纳为六种类型：现实型、研究型、艺术型、社会型、企业型、常规型。人们通常倾向于选择与自我兴趣类型匹配的职业环境，如具有现实型兴趣的人希望在现实型的职业环境中工作，以最好地发挥个人的潜能。但职业选择中，个体并非一定要选择与自己兴趣完全对应的职业环境。这是因为个体本身常是多种兴趣类型的综合体，并且影响职业选择的因素是多方面的，不完全依据兴趣类型，还要参照社会的职业需求及获得职业的现实可能性。因此，个体在进行职业选择时会不断妥协，寻求相邻职业环境甚至相隔职业环境；在这种环境中，个体需要逐渐适应工作环境。

（三） 当代的兴趣分类

当前我国心理学关于兴趣的分类研究并不多见，有创新性见解的也极为有限。这个问题与兴趣的概念乃至整个兴趣心理研究的状况一样，都处于一个低迷的阶段，并散见在一些心理学著作中。概括起来，关于兴趣的分类大致有如下几种方式。

一是按照兴趣发展的深浅，把兴趣分为有趣、乐趣、志趣三种类型。其中有趣是兴趣发展的低级水平，它往往是被某些外在的新异现象所吸引而产生的直接兴趣；乐趣是兴趣发展的中级水平，它是在有趣的基础上逐步定向而形成的；志趣是兴趣发展的高级水平，它与崇高的理想和远大的奋斗目标相结合，是在乐趣的基础上发展起来的。

二是根据兴趣有无目的，将兴趣分为直接兴趣和间接兴趣。其中，直接兴趣是指人们对事物或活动过程本身的兴趣，间接兴趣是指对活动的目的或结果的兴趣，两者可以相互转化。在对这两种兴趣的研究中，教育学和心理学尤其看重利用一种直接的兴趣引起儿童对于相等价值的事物的间接兴趣，相关研究也最多。

三是按照兴趣的深度和广度，把兴趣分为中心兴趣和广阔兴趣（或广泛兴趣）。中心兴趣是指对某一方面的事物或活动所具有的极浓厚而又稳定的兴趣；广阔兴趣是指对多方面的事物或活动所具有的兴趣。其中，广阔兴趣是中心兴趣的基础。

四是根据兴趣对人活动的作用，把兴趣分为积极兴趣和消极兴趣。积极兴趣是健康高尚的兴趣，如对公益劳动、科学活动、体育运动、艺术活动等一切具有社会意义的事物或活动的兴趣；消极兴趣是低级庸俗的兴趣，如对赌博、酗酒、吸毒等一切影响工作和学习的毫无意义（病态）的事物或活动的兴趣。

五是根据兴趣的性质，把兴趣分为物质兴趣和精神兴趣。比如对衣食住行等生活用品或精神用品（如照相机、电视机等）的兴趣，这些都是物质兴趣的表现形式；精神兴趣表现为认识的兴趣或对文艺、体育、美术或社会活动等的兴趣。

值得一提的是，西方最近几十年关于兴趣的分类有了新进展。教育心理学家们把情境兴趣和个体兴趣区分开来，而另一些人则提出，把兴趣分为认知兴趣和情绪兴趣会更有助于理解（Silvia, 2006）[183]，这对 20 世纪 90 年代教育心理学领域关于兴趣研究的大爆发起到了重要的促进作用。然而，也要看到，这两种兴趣分类方法在历史上都可以找到其痕迹和"原型"。其中个体兴趣是指人们带到某种环境或场合中去的兴趣，强调的是个体差异的作用；情境兴趣是指人们通过参与某种环境或场合而获得的一种兴趣，强调创设一个适合引发兴趣的环境背景的作用。关于情境兴趣，桑代克早有研究，他在《需要、兴趣和态度的心理学》一书中重点研究了需要、兴趣和态度在情境引发反应决策中的作用，在生存情境下的反应选择决策中的作用，以及情境、反应和后效的动力机制等问题（Thorndike，1935a）。情绪兴趣和认知兴趣的分类，与赫尔巴特的兴趣分类相似。如前所述，赫尔巴特所阐述的兴趣是一个内涵极为丰富的概念，是一种包括"知识"和"同情"（认知和情感）的积极广泛的"心理状态"或"心理活动"。他早年就将人的兴趣分为认识的兴趣和同情的兴趣两大类，其中"认识是在观念中摹写在它面前的东西；同情是把自身置于别人的情感之中"（赫尔巴特，1989）[58]。

四、兴趣的发生机制

（一）兴趣源于需要说

需要不仅是心理学、教育学的范畴，也是哲学、经济学、政治学、社会学和伦理学等许多领域的重要范畴。它是人的基本特性，是人类行为的动力和源泉。从某种意义上说，需要可以看成人类一切活动的出发点和归宿。因此，在研究人类的心理和行为问题时，任何人都不能忽视人类的需要问题，近代以来最有影响的几大心理学派别也都对需要问题提出了自己的观点。

兴趣源于需要说认为，需要是人类的共同本性和行为的动力源泉，也是兴趣发生的主要机理，可以把需求看成一切活动的出发点。康德最早从哲学上提出了需要是兴趣发生机制的观点。他认为兴趣表达着我们感兴趣的对象同我们实现欲望的能力的关系，这就是说，要么兴趣以需求为前提，要么兴趣产生需求。对此，哈贝马斯（1999）[201-202]解释道："感官对给人以快乐的事情或者对有益于人的事情的（病态的）兴趣，出自于需求；理性对美好事物的（实践）兴趣，唤起需求。"在心理学上，兴趣源于需要说在 20 世纪极为流行，这一观点虽然与古典哲学的认识论阐释有一定的联系，但更多是受生物进化论的影响，并与流行的心理本能说联系在一起。杜威认为，人的多种本能冲动是人的兴趣，也是人的需要的源泉，而且兴趣与需要是一致的，"因为儿童对他们需要学习的东西是感兴趣的"（杜威，2008a）[359]。

德加莫指出，兴趣具有动态性，它最初植根于遗传而来的冲动（如我们有冲动要吃饭、工作）。每个人首先是物理上的"我"、社会上的"我"和精神上的"我"，当他工作时，我们可以说他在展现自我。个人无论做什么，都是要实现或表达自己的某一方面，这种心理活动本质上植根于本能和冲动，并发展成为自觉实现某些目的的愿望。兴趣的存在既与"自我"的基本生存有关，又与人的社会需求有关。兴趣就是出于一组心理状态（如冲动、欲望、喜欢、意愿等），通过自身的活动和自我需求而得到表达或实现的。兴趣在生存的层面上属于本能，但当受到智力指引时兴趣却是有意识的。（De Garmo，1902）[12-18]

德可乐利关于儿童成长的研究，深受心理学的伯格森动力学派和麦独孤驱力理论的影响。他赞同杜威关于兴趣是儿童生长和自然能力的信号或标识的主张，认为自由和自发性有生物性的基础和理由，兴趣不是仅靠人为激发或唤起的东西，而是儿童正在成长中的本性表现。在他看来，儿童具有一种教育者应该加以利用的生命冲动，这在由他们的基本需要所唤起的兴趣中表现得最明显。所以，儿童发展的最富成效的途径和方式，在于培养可借以满足基本需要的兴趣，最佳的教育计划就是围绕儿童的需要和兴趣这个中心进行的。德可乐利说："儿童最需要的知识首先是关于他自己的知识"，"接下来的是关于他周围世界的知识，也就是关于他作为儿童所处的环境的知识"。"因此，正是儿童的需要起了关键事实的作用，整个社会与自然，有生命的和无生命的，满足他们需要的东西，不妨说在儿童吸收得了的限度内可以用作学习的题材。"（康内尔，1990）[311] 基于此，德可乐利列举了把各类兴趣结合起来的四种基本需要：进食的需要；保护自己不受自然伤害的需要；防御敌人的需要；个人或团体的活动、娱乐和自我发展的需要。康内尔（1990）[319] 评价说："德可乐利在比利时的成果，是把儿童的需要和兴趣用作课程编排与教学方法的基础这一运动的先驱。"

美国的桑代克、瑞士的克拉帕雷德和皮亚杰等进一步明确了需要与兴趣的关系。桑代克著有《需要、兴趣和态度的心理学》，他认为学习不是消极地接受知识，而是一种积极活动。特别是学习者必须有某种需要，这体现为人的兴趣和欲望。克拉帕雷德说，"兴味是需要的表征"（张瑞策，1933）[16]。他认为，"需要，作为需要的一种结果的兴趣，'乃是使反应成为真实行为的因素'"（华东师范大学教育系，杭州大学教育系，1980）[353]。这一主张及其机能或功能教育论，都基于他所提出的"功能上自主的规律"，即"在发展的每一时刻，动物构成了一个功能上的整体，也就是说，它的反应能量是适应于他的需要的"（皮亚杰，2015）[50]。他对儿童和成人的兴趣发展阶段的划分，也是基于人的基本需要的。皮亚杰完全接受了这些观点，他说："兴趣，实际上，就是需要延伸，它表现出对象与需要之间的关系，因为我们之所以对于一个对象发生兴趣，是由于它能满足我们的需要。"（皮亚杰，1982）[55]卡特在《普通学科教学法》一书中说："需要（Need）这个名词，近年来在教育上，成为兴趣的同义字。其实和兴趣的意义不同。……但对于需要的东西，都有兴趣的；有兴趣的东西，都是需要的，两者实不能分离的。"（陈熙光，1921）[6-7]

恩格斯曾告诫我们，"人们已经习惯于用他们的思维而不是用他们的需要来解释他们的行为（当然，这些需要是反映在头脑中，是进入意识的）。这样，随着时间的推移，便产生了唯心主义世界观"马克思，恩格斯，2012）[996]。因此，人们是用"他们的思维"还是用"他们的需要"来解释"他们的行为"，是区分唯心主义世界观和唯物主义世界观的重要标志，也是心理学研究中区分唯心主义路线和唯物主义路线的标志之一。

（二）兴趣源于感受说

这种观点认为，客观世界和人类知识是人感兴趣的"富源"，要产生兴趣，就必须经过自己的感受和认知，并有一定的体验和满足，所以人的兴趣以及好恶的真正起因在于感受。

从哲学上看，这种观点属于与"唯理论"相对立的"感觉论"，这是一种把后天的感觉或经验视为人类全部知识的源泉，认为感性认识比理性认识更可靠的认识论学说。这种感觉论认为感觉是外部事物作用于人的感官的结果，肯定客观的外部事物是感觉的源泉，所以被归属于唯物主义的范畴。它在近代教育哲学中也很流行，如裴斯泰洛齐"确立了一个最高的教学原则，即感觉印象是一切知识的绝对基础"（任钟印，2001）[262]。19世纪"感觉心理学"（杜威语）的兴起和研究是这种学说在心理学中的延伸和发展，并且为兴趣源于感受说提供了重要依据。所谓感受，是感官侦测到外境的能量变化后于个体内部引发的生化反应，它是外境与内心的核心接口，个体对外境所有的理解和认知、经验的累积、情绪的反应等，都是基于感受的。感受的结果（可意和不可意），完全是个体的主观判断。感受和心灵的关系非常密切，任何感受都会产生特定的心理活动；反之，特定的心理活动也会产生相应的感受。研究还认为，感受也是生物的基本功能，生理学上指由感受器接受刺激并将其转化为神经冲动。

关于兴趣源于感受说，麦克墨里认为，兴趣是一种自发的内在情感和意识倾向性，"兴趣来源于感觉，但又不同于欲望、冲动等其他感觉，因为兴趣是一种与占有欲无关的满足感。正因为如此，兴趣不会使人产生猛烈的激情，而是给人带来一种平静、长久的愉悦感"（Mcmurry，1893）[126]。奥斯特曼的观点比较有代表性。他认为兴趣是一种价值肯定或感悟，是意愿、欲望和行为的原因。兴趣源于人对一定事物的感受所做出的价值判断，感受使大脑具有判断的能力，通过进步体会快乐，通过阻碍体会痛苦，感受是大脑评价事物有价值与否的唯一依据。也就是说，事物本身有其内在的客观价值，但只有通过人的感受这个媒介，这些价值才能起作用。成熟的大脑具备思考的能力，能辨别事物是否有价值；但若没有通过感受，大脑就无法分辨，也就没有对价值的判断和肯定。如果大脑只是一味接受概念、不断思考，却对愉快与否不加感受，那么自身或外部的一切经历对它而言都不带任何感情色彩，没有重要与否之分，一切都只是客观存在。所以，一切兴趣都以感受为基础。如感官兴趣（吃、喝、运动、休息等）源于感官感受，引起好恶；对财富的兴趣也是通过大脑的满足来实现的；更高层次的兴趣也是植根于感受的。（Ostermann，1899）[11]

奥斯特曼还认为，从没感受过或者不懂感受的人，通过别人的介绍或许会相信某种东西的魅力，但若只是外人或外界的观点看法，则不是真正的兴趣，甚至可以说是盲目轻信。只有对事物本身的兴趣，才称得上基于感受的真正的兴趣。以知识的兴趣（intellectual interest）为例，如果是出于赚钱或赢得荣誉等其他目的而读书，就不能称为对知识真正的兴趣，只能说是次级的兴趣（secondary interest）。这样的兴趣不是喜欢审美、道德、宗教等这些东西本身，而是有其他个人目的。这种兴趣没有经过一定的自我感受和价值判断，因此严格说来不是真正的兴趣。（Ostermann，1899）[14-20]

实际上，在奥斯特曼之前的赫尔巴特及其学派那里，已经有了类似的看法。赫尔巴特（1989）[47] 说过："兴趣来源于使人感兴趣的事物与活动。多方面的兴趣产生于这些事物与活动的富源之中。"赫尔巴特不是从本能需要，而是从养成论或训练论的角度论述多方面兴趣的意义和发生的。在他看来，兴趣不仅仅是表面的兴奋和愉快，而是一个与观念、情感和活动等广泛联系的具有个性意义的东西，"兴趣就是那种使我们的知识具有个人意义的感情体验"（康内尔，1990）[109]。要对事物活动感兴趣，就要以"认知"和"同情"为基础。

这个观点在现代也有知音。苏霍姆林斯基在《兴趣的秘密何在》一文中说："自然界的万物，它们的关系和相互联系，运动和变化，人的思想，以及人所创造的一切，——这些都是兴趣的取之不竭的源泉。"有时它直接展现在我们面前，但更多时候"兴趣的源泉则藏在深处"，需费力才能找到、掘出它，"如果你所追求的只是那种表面的、显而易见的刺激，以引起学生对学习和上课的兴趣，那你就永远不能培养起学生对脑力劳动的真正的热爱。你应当努力使学生自己去发现兴趣的源泉，让他们在这个发现过程中体验到自己的劳动和成就"（苏霍姆林斯基，1984）[56-57]。在他看来，让学生自己去亲身感受到认识的欢乐和思维的情绪刺激、体验到进步和成功的满足、领略到知识之间的内部的深刻联系等，正是激发兴趣和学习意愿的"秘密"所在。

（三）兴趣的定向反射说

苏联著名生理学家、心理学家巴甫洛夫基于实验创立的高级神经活动学说（也称为条件反射学说），为揭示人的心理、行为以及兴趣产生的生理机制提供了重要依据。他通过分析动物和人的活动得出：在各种反射中有一种特殊的反射——定向探究反射，它是"目的反射"极其重要的组成部分，以这种反射为基础，主体在周围世界中的定向以及他的适应行为才得以实现。巴甫洛夫认为，定向反射既是"最一般的"又是"最强有力的"反射，它伴随着人的一生，也伴随着所有动物的一生。这种反射"乃是人的定向认识活动、他对周围的兴趣、他对认识的渴望的进一步发展的自然的生物学的基础"。巴甫洛夫不止一次地谈到了人的定向反射和兴趣之间的联系。他写道："在我们这里，这种反射已经向前走得异常远了，最后它终于表现为一种好学求知精神，这种精神建立了帮助我们至高无上地、无穷无限地了解周围世界的科学。""我们的求知欲就是从这种定向探究反射中发展出来的，它是这种反射的继续和扩大。"（鲍若维奇，1958）[5-6]

鲍若维奇据此也认为，定向探究反射是人的认识活动及其认识兴趣的生理基础。他说："而在客观上，兴趣并不是别的什么东西，它乃是一种被提高到第二信号系统水平的定向探究反射活动。也像一切要求一样，认识兴趣是和大脑皮质中最大兴奋中心的出现联系着的；人在满怀兴趣的状态下所感受到的一切会被掌握得既迅速又牢固，这事实正好从这里找到生物学上的解释。也像任何要求一样，认识兴趣具有巨大的兴奋力，它迫使人主动地去求得认识，主动地去寻找满足其'知识渴望'的方法和手段。因此，兴趣永远以人对现实的定向为自己的源泉和目的，也就是说，它永远归根结蒂带有实践的、'功利主义的'性质。但是在有些场合下，它可以直接和实际要求相联系；在另外一些场合下，这种联系可以带有间接的性质。在后一种场合下，往往被叫作'无私的'兴趣。"（鲍若维奇，1958）[12]

巴甫洛夫认为目的反射是人的生命力的基本形式，它同人的各种需要的满足联系着，又同人的社会状况中必不可少的需要的满足联系着。鲍若维奇根据这一观点提出，对任何一种心理现象，特别是对兴趣，应当从人与现实的基本关系方面，从人的一般意愿和生活观点方面，联系他向自己提出的目标进行研究。对成人和儿童的认识兴趣，也应当从这些方面进行考察。我国学者认为："原则上说，任何一种能被身体感受的动因都可以作为条件刺激信号，在各种非条件反射（食物性反射、防御性反射、性反射以及内脏活动的反射——呕吐反射、排尿反射等等）的基础上都可以通过训练建立条件反射。条件反射建立与巩固的过程就是学习记忆的过程。因此，在实际生活中和教育实践中可以有意识地通过训练而建立条件反射来改变身体的反应，从而养成良好的习惯或培养有益的兴趣与爱好，或消除不良的嗜好等。"（吴馥梅，2001）[41]

（四）兴趣的自身掌握说

这种观点认为兴趣不是天生的，也不在于事物或知识本身，兴趣的发生取决于人自身对事物的掌握程度。索洛维契克（1983）[9]指出，兴趣学习理论和实验的"基本目的以及提出的主要假说，可以归结为一句话，即：人自己完全可以学会满怀兴趣地工作"。他认为，事物本身并不包含兴趣，兴趣产生于我们自身。凡是我们能做好的事情，我们就喜爱它；凡是我们不会做的事情，我们就不喜爱它。在学习中也是这样。比如，如果我们喜欢滑冰，这就是说，我们在冰上已经能站立得很稳了，至少不会因为到溜冰场去而感到难堪。谁要是穿着冰鞋还不能站立起来，那他就不会愿意到溜冰场去。而谁要是从未上过冰，那他对滑冰肯定是不感兴趣的。如果非要去的话，那是出于好奇或强迫等其他原因，而不是兴趣。滑冰本身既是有趣的，也是没有趣的：这取决于我们对滑冰这项技能掌握的程度。这个道理适用于生活中的一切，例如，在学习中，为什么有些学生会出现"我不愿意""我不能""我不喜欢"以及散漫、意志薄弱等现象？"就是因为我们达不到我们所希望的那种程度。……我们可以找到一千种原因，但是，归根结底，还是这样一个问题：达不到。因此，也就感到枯燥无味。"（索洛维契克，1983）[14-15] 索洛维契克多次提到，有人认为学习不好是因为觉得枯燥、没有兴趣，实际恰恰相反：没有兴趣正是因为学得很不像样、很不细心，掌握不了，所以在精神上缺乏积极性。

索洛维契克过去也曾相信："有枯燥无味的工作，也有有趣的工作。但是，哪些工作对我来说是枯燥无味的，哪些是有趣的，这却不取决于我本人。"经过研究和实验，他彻底改变了这种认识，坚信"事实上，可以是自己对某项工作感兴趣，也可以迫使自己对某项工作产生兴趣"，即"一个人能够做到按着自己意愿对事物发生兴趣"。他还明确了以下"事实"："（1）只要稍微提高一点兴趣，学习立刻就会好一些；（2）在原则上，一个人可以自己对非常枯燥无味的工作产生兴趣；（3）如果我们内心里认为工作是有趣的话，那么，工作本身就会使我们觉得是有趣的；（4）不仅行为取决于情绪，而且情绪也取决于行为。"（索洛维契克，1983）[19-21]

正是基于这种认识，在教育实践和实验中，索洛维契克强调要注重培养学生的学习兴趣，并且赞同学校传授系统的科学知识，主张学生"不要只做有兴趣的事情，而要有兴趣地去做一切必须做的事情"。

他又强调学校要培养学生对生活的正确态度，指出"在学校里满怀兴趣地学习，这就意味着在自己身上培养义务感，学会自愿地、创造性地履行义务"，"需要作出一定的努力"。（索洛维契克，1983）[11-12] 他还强调人在兴趣形成上的主观能动性，认为"唯一能够自救的办法，就是自己使自己对工作产生兴趣"（索洛维契克，1983）[11-19]。

此外，我国学者章凯把关于兴趣发生心理机制的理论观点概括为三种假设，即需要假设、认知假设和信息假设。他根据现代自组织理论提出了兴趣的自组织目标—信息理论，认为兴趣产生于信息建构过程中心理目标的激活（或形成）与变化发展，并且由于心理目标对心理过程的引导和调节作用，兴趣反过来又作用于认知过程，组织信息加工，以进一步获取所需要的信息，将心理目标所包含的可能运动或未来状态展开为现实。（章凯，2004）

五、影响兴趣形成的要素

（一）本能论

心理学的本能学派，是说明人的各种需要和兴趣发生的一种最重要的理论。人的本能，是指人与生俱来的、无需学习的天生能力。本能概念在 19 世纪末期的生物学和心理学中非常流行，本能说由于得到进化论和遗传学的支持，具有明显的、较强的解释功能。伯格森认为生命冲动是世界和万物的本源，强调直觉体验和思维。麦独孤的本能说在心理学上影响最大，他继承了布伦塔诺的意动心理学，认为本能需要是人的一切活动的主要动力，心理是主动的和整体活动的机能，并反对心理元素主义。麦独孤把本能定义为一种遗传的心理—生理倾向，认为通常所说的本能概念只是生理学概念，与反射概念相混淆，其实本能包含知、情、意三种心理成分。在其理论中,本能需要以及与需要有关的情感、意志占有重要地位。他把心灵看作有目的的努力过程,认为本能需要决定了一些非理性的行为,并在人的理性行为中提供一定的驱力。(李国庆,1995)伯格森和麦独孤的动力心理学或策动或驱力心理学激发了"教育的能动性","使教师更加努力地鼓励学生创造性和更加积极地参加教育过程","激励了某些教育家把儿童的感觉需要和兴趣作为学与教的基线"。(康内尔,1990)[25]

关于兴趣的起源与本能论的关系,康内尔(1990)[133] 明确指出:"在第一次世界大战前的一段时期,对于兴趣的出现和其特有的型式,进行了重大的研究和思索。当本能在普通心理学里成了比较普通和基本的概念时,美国的教育家 C. 麦克墨里和杜威,英国的教育家塞利尔·伯特和南恩,都提出兴趣是从天生倾向中产生的意向。本能是兴趣发展模式的基本结构。有鉴于此,各个教育家便建议,教师应当在每一种本能兴趣出现最高潮的时候加以利用,作为拟定其计划的基础,并使他的教学从此中获得力量和方向。"

其中,杜威的观点最有代表性。他认为心理学是教育过程的基础,即"儿童自己的本能和能力为一切教育提供了素材,并指出了起点"。教育要使儿童积极参与人类的社会意识,使个人更好地向社会因素"转化"以适应未来生活的要求,就必须密切关注和正确对待儿童的"本能和倾向"或"前代人类活动的遗传"。"除非我们不断地注意到个人的能力、爱好和兴趣——也就是说,除非我们把教育不断地变成心理学的名词,这种适应是不可能达到的。"(杜威,2008a)[5-7] 因为"兴趣是生长中的能力的信号和象征",是"显示儿童已发展到什么状态的标志"。(杜威,2008a)[14] 他进一步指出,"儿童的兴趣与原始生活的兴趣有某种一致之处"(杜威,2008a)[48],"每一项兴趣都是源于某种本能或反过来又最终基于一种原始本能的习惯"，"当这些兴趣在儿童身上发展起来的时候，它们不仅重演着种族过去的重要活动，而且也再现着儿童现在环境中的活动"（杜威，2008a）[92-93]。"我们的天然兴趣的根基在于自发的冲动性活动的这种自然状态中，兴趣不再是消极地等待来自外部的刺激，而是冲动性的。在冲动的选择性或择优性的特性中，我们懂得了这样的事实：在任何时候，如果是完全清醒的，我们总是对某一方面感兴趣而不对另一方面感兴趣。"（杜威，2008a）[168-169]

正是基于这种认识，杜威根据儿童的四种本能或冲动，将兴趣划分为交谈或交流方面的兴趣、探究的或发现的兴趣、制作或建造的兴趣、艺术表现的兴趣四种，并断言"它们是自然的资源，是未投入的资本，儿童的积极生长仰赖于对它们的运用"（杜威，2008a）[48]。但是，在教育过程中，杜威又多次提醒教育者不要用固定不变的意识，"把儿童现在的能力和兴趣本身看作是决定性的重要的东西"，仅仅用现在的水平迎合儿童的兴趣，满足于一时的兴趣需要，而应持有变化发展的眼光，以有所成就的活动，引导显示出来的兴趣本能朝着更高级的水平不断发展，"并把它转化为有用的能力"。因为兴趣"不是已经完成了的东西；它们的价值在于它们所提供的那种力量"，"这种能力的真正意义是在于为达到较高级的水平提供一种推动力"。（杜威，2008a）[116]

苏联教育学者认为，杜威断定人和所有的动物一样，从最初就有一些能力、本能、兴趣和需要，这一切都是天生的，从这个荒谬的前提推出了一种有害的思想，即忽视了环境和教育的作用和力量。（哈尔拉莫夫，1983）[68]

帕克认为，"兴味又是一种本能的倾向"（帕刻，1921）[71]，儿童的多种兴趣就是"各种本能的兴味"，特别是"冒险的兴味"和"竞争心"，"这是人的本性里固有的，所以称做本能的"（帕刻，1921）[51]。"利用特种本能的兴味使学生现在的心理状态宜于学习"（帕刻，1921）[73]，是对教师的重要要求。拉伊（2005）[69-74] 指出，需要是人的"本能反应"，"每一个发展阶段都会引发新的需要、新的驱力和新的兴趣"，"儿童的心理内容，取决于儿童的兴趣和冲动"。虽然拉伊也看到了社会生活的各种刺激和影响的作用，但是他认定，"首先，我们必须从生物学的观点看待儿童，也就是必须把儿童看做在身心方面都有待发展的活生生的人"（拉伊，2005）[30]，并且，关于"活动或行动的基本教育学原则"，"最根本的一条原则是，不论在什么地方和什么阶段，对儿童的整个教育，要以其先天的和获得的反射和冲动，以及在环境中作出的各种随意动作为基础"。（拉伊，2005）[63]

对人的认识兴趣做心理学特别是本能论的理解，在当时的哲学中也很有市场。如尼采认为，"一切需求的满足同自我保存的兴趣是一致的，所以任何一种幻想，只要幻想中某种需求是解释世界的，都可以提出相同的有效性要求"（哈贝马斯，1999）[293]。哈贝马斯评价说，尼采把人的需要、兴趣理解为与本能欲望相联系的东西，理解为自我保存的兴趣，这是对兴趣的心理学化理解、自然主义理解。（李淑梅，马俊峰，2007）[261]

培里认为，作为价值关系的中心性、基础性、决定性因素——兴趣，是人适应环境（自然环境和社会环境）并使环境适应人的活动。这种活动包含了预期，是有目的、有意识的活动，所以兴趣这种适应环境的活动不同于低等生物适应环境那样简单。但是，人的兴趣毕竟是由低等生物适应环境的活动进化而来的，所以也具有生物性的一面，即具有行为有机体的自然特征。培里把兴趣解释为"原动情感的生活"（李江凌，2004）[153]，它一方面表现为主体的精神状态——肯定和否定的态度，另一方面又表现为生命有机体适应环境的反应，是生命有机体对环境反作用的结果。因此，兴趣具有精神和自然双重属性。作为精神的兴趣，可以表现为行为有机体的自然属性。这样，以主体兴趣和客体关系为基础的价值，也就可以用自然的原因去理解。

（二）环境论

这种观点流行于社会主义国家，与苏联心理学家维果茨基心理发展的活动说关系密切，同西方资产阶级本能论相对立，强调人的兴趣以及个性发展和形成的根本原因在于社会环境和教育，认为只有在马克思主义唯物论和辩证法指导下才能找到相应的科学答案，而唯心主义理论的错误在于把兴趣和个性发展与社会条件的影响割裂开来，归结为人的"心灵"是神注定的，或生物本性决定的。马克思主义心理学并不否认需要是兴趣的源泉的观点，认为人的积极性或"内部态度"（包括兴趣、动机、定势等个性心理）的起因是人的需求；需求是人觉得需要即缺乏某种东西的那种感受，这种需要的感受，引起人相应的欲望、意愿并促使人进行活动。"马克思和恩格斯把需求看作人的积极性和发展的动力，往下又把兴趣看作促使人参加活动的下一个环节。兴趣是受需求的制约的，但又和需求不同，有它自己的一系列特点。兴趣是特别染上了感情的色彩和已经通过了动机引起阶段的需求，它赋予人的活动以吸引的性质。"（哈尔拉莫夫，1983）[78-79]人如果不受到自己的这种需求的推动，他就什么事也不动手，什么事也做不起来。但是，如果把人的需要看作只是本能的反映，就会误入本能说的歧途。

这种观点认为，人作为社会的存在物，是在生活条件的影响下发展的，个性发展和形成的根源只能到人周围的社会环境里去找。这个环境有社会的、生产的、道德的和生活的各方面的特点，在社会实践过程中，人类积累的社会、道德和科学经验是个性发展的决定性的根源。如达尼洛夫（1955）[14]根据恩格斯关于"凡刺激人从事活动的一切，都要通过他的头脑……而成为感觉、思想、冲动、意志活动，一句话，成为'理想的愿望'"的观点，指出学习动机取决于社会的基本要求和学生的生活条件。他说："为了成功地鼓励学生学习，应该很清楚地认识学习动机的本质及其产生的源泉。儿童的学习动机和成年人的活动动机一样，都是在外界影响之下形成的。"（达尼洛夫，1955）[10]在他看来，"鼓励学生学习、直接推动他们的学习工作的一切东西，都叫做学习的动机"，而"学习的内在兴趣——这无疑是学生学习的一个最重要的动机"（达尼洛夫，1955）[6]。

同时，这种观点并不把人看成社会环境的消极产物，它承认人的生物本性和遗传的作用——提供可能性，强调教育同环境和生物素质一起成为影响个性发展和形成的三个重要因素，其中教育起着决定性的作用，只有借助教育才能实现社会对人的发展所做出的安排，并形成包括兴趣在内的人的个性品质。如达尼洛夫所说，"学习的动机不是自己产生的。它们是由学校，更正确地说，是由各班功课的那些教师，以及在他们指导下，由学生集体，在学生身上形成起来的"（达尼洛夫，1955）[10]。这种观点还强调个性发展的外因和内因的统一，强调人的主观能动性和自身努力，认为环境、天赋和教育的影响只有通过个性的积极活动，才能成为个性发展的有效因素。人在生活实践过程中形成某种内部的态度，显示出他对待各种外部条件和影响的态度是有选择的，可能采取积极的、消极的或中立的态度，说明外部的影响是通过内部的态度而作用于个性的。总之，作为个性和个体，他的发展的客观可能性和根源在社会、在周围环境和教育；形成中的个性的发展，一切都由外部决定，但是又不能由外部条件直接培养出来，外因只有通过人的内部领域，只有以人的积极性为中介并在人的内部得到实现，才能形成个性。（哈尔拉莫夫，1983）[76-77]

（三）活动论

这种观点认为外部条件本身不能决定个性的发展，只能是发展的来源，只能为发展提供可能性，人只有通过活动才能发展和形成，活动是个性和兴趣发展的基础，因此教育必须具有活动的性质。这种观点可以视作对前一种观点的继承和深化。苏联学者休金娜最具代表性，她从唯物主义立场出发，在深入研究学生认识兴趣和教学活动理论的过程中，将两者有机结合在一起，鲜明提出了"活动是学生认识兴趣形成的基础"的论断。休金娜（2006d）[260]说："作为个性的人是在活动中发展和形成的，他始终在进行着探索，力求从事各种各样的活动，以便在这些活动中更充分地表现自己和发展自己的能力。对年轻一代来说，学习活动（包括对世界和对别人的关系的多种活动）是这样一个基础，在此基础上学生的个性力量和潜力（兴趣和爱好、自我认识、自我意识、自我调节）得以成熟和发展。"

休金娜认为人是教育学的中心课题，活动是社会及其全部价值存在与发展的基础，也是人发展的源泉、人作为个性形成的依据。休金娜（2006c）[251-255]说："教育学离开了活动问题就不可能解决任何一项教育、教学、发展的任务"，"活动理论研究中的科学精华对于教育学具有极为重要的价值"。对于教育科学而言，把活动作为解决一切教育和教学任务的基础的方法论，有助于揭示教育教学过程在形成学生个性和兴趣方面的作用。在她看来，认识兴趣不仅仅是一种激发手段和活动动机，还是十分重要而复杂的个性形成物，它与活动的心理基础的发展及其外部表现有着密切的关系。认识兴趣不是人内部固有的属性，也不是从意识内部产生的，而是在社会现实条件中，在人的活动过程中，在人作为个性的形成过程中产生并获得发展的。面对丰富多彩的世界，人不可能无动于衷、漠不关心，人的活动和生活方式、专门组织的教育教学体系也促进着人对待周围世界的选择性态度的形成。在承认人的兴趣具有社会决定性的同时，应该注意客观环境对兴趣的影响不是机械的，离开了人在活动中形成的积极立场，兴趣就不可能获得发展。兴趣是与个性同时发展的，并且兴趣又对个性的活动与积极性施加着强烈的激励性影响。因此，休金娜指出，既要把兴趣视作人活动的主要诱因，又要看到个性与兴趣发展的相互制约体现了兴趣、活动、个性相联系的辩证法。此外，我们还可以通过兴趣渗透主客体相互作用的过程，深入了解活动的机制，即从内部审视人的活动。

休金娜指出，人的活动具有目的性、对象性、意识性和变革性，是极其复杂的现象，它既由客观世界决定，也由人的主观世界决定。人的任何类型的活动都必须符合这些特性，否则活动就会变为根据"刺激—反应"原则对外部刺激物做出的反应行为。同样，学校中的教学—认识活动也必须具备活动的一般特性，这样活动才不会转变为学生对外部影响最简单的应答行为。此外，活动的本质应该反映活动主体的特点，活动与活动主体的关系是辩证的。主体既是活动的发出者，又是活动的产物。从这一立场出发，活动中兴趣的形成不仅取决于学生对活动对象的选择性态度，而且取决于活动中形成的社会关系。因此，为形成学生的认识兴趣，不能只关心知识的掌握。很多事例表明，优良的成绩并非总是跟兴趣发展的高水平相符合，努力学习的动机也不一定与认识兴趣有关。常常有这样的学生，他们成绩很好，但在与教学无关的创造性活动中的表现却不及同伴。很明显，这些习惯于外部设定的规范化生活的学生，将来对社会的贡献必定不及具有创造性立场的学生。

休金娜认为，通过真正的活动揭示个性的特点、个性的独一无二，这既是充实每个个性生活的需要，也是社会进步和发展的需要。在这方面，兴趣不仅反映了个性的独特性，而且激发学生去从事创造性活动，并促进作为活动主体的学生的形成。所以，活动蕴含着的丰富可能性是取之不竭的，活动的观点同样适用于学生认识兴趣问题的研究。它可以揭示教学—认识活动的主客观条件以及在活动中形成的主客体关系，从而查明学生认识兴趣形成的机制。在她看来，认识兴趣的研究揭示了教学发展的一条重要规律——教学中内部与外部的统一性，必须根据这一规律去研究教学—认识活动，学生的认识兴趣正是在这一活动过程中形成的，学生个性的发展正是作为活动主体的学生的形成。作为学生个性重要基础的认识兴趣，与学生的智力发展以及世界观、道德观、生活目的等的形成处于相互联系之中，因而对于这个问题的研究和认识，有利于现代教学的教养职能、教育职能、发展职能的统一发挥。（杜殿坤，1993）[329~331]

第五章

兴趣在教育教学中的价值

在学校里和生活中，工作最重要的动机是工作中的乐趣，工作所得到的成果的乐趣，以及对该成果的社会价值的认识。

　　　　　　　　　　　　　　　　　　　　　　　　——爱因斯坦

　　兴趣是生长中的能力的信号和象征。我相信，兴趣显示着最初出现的能力。

　　　　　　　　　　　　　　　　　　　　　　　　——杜威

　　所有智力的工作都建立在一种兴趣之上。

　　　　　　　　　　　　　　　　　　　　　　　　——皮亚杰

　　按照理想，学习的最好刺激，乃是对所学材料的兴趣。

　　　　　　　　　　　　　　　　　　　　　　　　——布鲁纳

价值决定存在的意义，兴趣的教育价值决定了兴趣教育论存在的意义。可以说，兴趣与理想、勤奋、机遇等一样，都是人生进步的关键词、事业成功的枢纽站、学习工作的核心点、行稳致远的必由路，也是分析问题和找出原因的硬线索、破解难点和走出困境的要害处。不仅如此，兴趣还有自己独特的地方和神奇的作用——它是幸福生活、健康自信的代名词，是深入钻研、创新创造的同义语，是展现能力、才华和魅力的标识牌，是增添快乐、减轻负担的催化剂，是聚精会神、勤奋努力的发动机，是知情意行有机结合的凝固剂，是终身学习、不断进步的动力源。正如本书绪论部分所言，教育和学习是兴趣最大有可为的领域；兴趣也是一个永恒的教育话题，古今中外的教育家和广大教育工作者都十分关注使学生学有兴趣、学得愉快的问题。这里让我们看看兴趣在教育教学中究竟有何重要价值。

一、兴趣的功能

从心理学的角度讲，兴趣的功能主要体现在三个方面：一是积极推进（内驱力），即兴趣是求知与学习的内在动力，也是最大的动力；二是调节正面情绪或快乐情感，即兴趣是愉快学习和活动的主要源泉；三是维持注意（定向），即兴趣是维持注意的根本保证。

（一）兴趣是求知与学习的内在动力

如上所述，动力性是兴趣的一个主要特性，在心理学中兴趣被认定为一种内在动机。体现在学习和教育上，兴趣是学生全身心投入学习和不断求知与学习的内驱力或重要诱因。中国古代的好学观就体现出这一点，即"学以治之，思以精之，朋友以磨之，名誉以崇之，不倦以终之。可谓好学也已矣"（扬雄《法言·学行》）。"好学"在于倾心于治学、精思、交流、向上等，更在于"不倦以终之"，即能够学而不厌、不倦，追求不辍、不变，这表明了"好学"心理的巨大力量或推动力。梁启超（2005a）[337] 说过，"趣味是活动的源泉"，"是生活的原动力"，如果丧失趣味，生活便无意义，活动便跟着停止，就好像机器没了燃料，任凭机器如何大，也不能运转。潘菽（1983）[76] 在其主编的《教育心理学》中明确提出："学习动机中最现实、最活跃的成分是认识兴趣，或叫做求知欲。"语文教育专家朱作仁（1980）[42] 也讲："最好的学习动机莫过于学生对所学课程本身具有内在的兴趣、认识上的需要以及有发现知识的自信感。这种学习本身给他带来的满足，是自我强化的最好的'奖励力量'，才是提高学习效率最持久的动力。"

在西方，卢梭很早就提出了兴趣是学习的最大动力的观点。奥斯特曼说："兴趣具有比纪律更强大而持久的力量。"（Ostermann，1899）[148] 他认为，正是因为卢梭感受到了兴趣法则的力量，所以卢梭才说"真正的兴趣是工作的最大动力，而且是能保持长久而稳定的唯一发条"（Ostermann，1899）[150]。同样，"对于赫尔巴特来说，兴趣是教学中的一个动力因素"（康内尔，1990）[104]。赫尔巴特认为，能量通过兴趣这个词表达出来。斯宾塞（2009）[244-245] 认为，习惯来自诱导，而诱导的关键在于要有趣味，可以说一切习惯都始于有趣。

20 世纪上半期，学者们对兴趣在学习中的动力作用有新的研究和认识。杜威（2001）[369] 说："除非对一个对象或观念有兴趣，就不会有动力。"他认为，"没有'兴趣'，没有支配注意力和激起思考的力量，都是不真实的事物与这个学习领域相伴随的必然结果"，但是，需要引起重视的是，"仅仅引起注意是不够的，必须掌握它。激起活力是不够的，活力发展的方向、它所产生的结果才是重要的事情"（杜威，

2008a)[199-200]。伍德沃斯认为："在一系列的活动中，除非能确立起兴趣，不然就一事无成。外部动机能将您带至一系列活动的大门口。然而一旦进了门，就必须抛弃一切外部的动机。"（克伯屈，1991）[144]"任何目的、任何行动，特别是由自己的活动指向某一明确的客体的任何目的或程序的变化，一旦被真正地激发起来，它们就是非常令人感兴趣的，并能提供自身所需的动力。"（克伯屈，1991）[341] 克伯屈（1991）[152] 也说："动力要求兴趣起作用，而动力的大小取决于所唤起的兴趣的大小。因此敌对竞争在这个系列中处于很低的位置。因为我们并不希望在儿童生活中让敌对竞争压倒其他兴趣。从这一观点出发，我们自然就有必要希望使最高尚的兴趣发挥作用。"在他看来，这种兴趣是教学十分需要的"形成'统一的自我'"的"内在动力"，而"外来动力中具有与分裂的自我相联系的两种对立的危险。其一，驯服或恐吓儿童精神的危险。其二，惯坏儿童、使儿童认为只有他的兴趣才值得考虑的危险"。（克伯屈，1991）[154] 皮亚杰（2015）[50] 认为，"兴趣就是同化作用的动力方面"。在他看来，儿童的动作是受兴趣和需要的规律所支配的，如果不依靠这种活动的自动的动力，这种行动就不能充分发挥它的作用。甚至连爱因斯坦（2000）[35] 都在《论教育》一文中认为："在学校里和生活中，工作最重要的动机是工作中的乐趣，工作所得到的成果的乐趣，以及对该成果的社会价值的认识。"

上述这些观点对"二战"之后的教育家和教育心理学家的影响是深远的。正如布鲁纳（1989）[29-30] 所说："按照理想，学习的最好刺激，乃是对所学材料的兴趣，而不是诸如等级或往后的竞争便利等外来目标。""归纳起来，学习动机在旁观年纪（age of spectatorship）必须防止被动状态，必须尽可能建立在唤起对所要学习的东西的兴趣的基础上，它的表现必须保持广泛性和多样性。"（布鲁纳，1989）[76-77]达尼洛夫（1955）[6] 赞同苏联教育实践家苏霍姆林斯基关于学习兴趣是学生学习活动的重要动力以及教育理论家凯洛夫"这种兴趣永久是工作上的一种兴奋剂"的说法，认为"鼓励学生学习、直接推动他们的学习工作的一切东西，都叫做学习的动机"（达尼洛夫，1955）[10]，而"学习的内在兴趣——这无疑是学生学习的一个最重要的动机"（达尼洛夫，1955）[6]。他指出，在学习动机中总有一种起主导作用，并且在不同年龄阶段学生的主要学习动机也不相同。低年级学习的主要动机是由知识的直接兴趣引起的。到了中年级，除了由教学过程本身所引发的直接兴趣外，也产生了要获取知识的共同兴趣。休金娜（2006a）[222] 也认为，"在学生活动中，认识兴趣是作为内部的动机和明显的、有意义的动机出现的。……作为学习动机的认识兴趣的行为，可以说是'无私的'"。

（二）兴趣是愉快学习和活动的主要源泉

很多人都有这样的体会：学习完全可以成为一件愉快的事情，并且只要对一门学科或某个领域有了浓厚的兴趣，那么这门学科或该领域哪怕在他人看来十分枯燥无味，自己也会兴趣盎然，觉得其乐无穷。心理学研究认为，情感性是兴趣的一个重要特征，兴趣激起意欲，也引起快乐；伴随着兴趣的学习是情愿的学习，也是快乐的学习。正如麦克墨里说的，"在学习感兴趣的事物时，我们就会感受到相当的舒适和愉悦，伴随着内心的满足感，同时也给我们以克服困难继续前进的动力或'意愿力'"（Mcmurry，1893）[129]。

在此方面，中国古代学者也有论述。宋代二程曰，"教人未见其趣，必不乐学"，认为必须"见其趣"，且"学至于乐则成矣"，"则己物尔"。（《二程集·遗书》）朱熹也说："教人未见意趣，必不乐学。"（《四书章句集注·小学集注》）。明代王守仁主张"今教童子，必使其趋向鼓舞，中心喜悦，则其进自不能已"（《传习录·训蒙大意》）。童子一旦有了"意趣""喜悦"，就"常使精神力量有余，则无厌苦之患，而有自得之美"（《传习录·教约》）。清朝颜元形象地说："夜读不能罢，每先息烛，始释卷就寝。汝等求之，但得意趣，必有手舞足蹈而不能已者，非人之所能为也。"（《颜习斋先生言行录》卷上）

在西方，斯宾塞明确指出，兴趣与满足总可以带来快乐，孩子快乐学习需要兴趣诱导。杜威对此有深入思考，他认为，兴趣引起的愉快有两种：一种是取得成就和得到发展的活动的伴随物，这种愉快往往是聚精会神于活动本身，它的存在是完整而没有分裂的，"这就是在合理的兴趣中可以看到的那种愉快。它的源泉在于能满足有机体的需要"。另一种是从接触中产生的感受性特征的愉快，它的刺激是外部的，是作为愉快本身而不是作为活动产生的。"当对象是被赋予兴趣时，后一种类型的愉快就开始起作用了"，"由此产生的愉快是用来填补自我和某种本身没有兴趣的实事之间的鸿沟的"，"其结果是能量的分裂"。（杜威，2008a）[166] "比方说吧，仅仅依靠使数字依附于偶尔唤起愉快反应的事物以使数字变得令人感兴趣，这是一回事；依靠介绍数字，使它的功能成为继续进行一项范围更广的活动的真正方法，以使它变得令人感兴趣，这是根本不同的另一回事。"（杜威，2008a）[179] 因此，杜威（2008a）[175] 反对那种"使没有趣味的事情（所以没有趣味，因为它存在于个人的活动计划之外）变得有趣——靠给它披上外加的令人愉快的特性的外衣"的"'软'教育"。

（三）兴趣是维持注意的根本保证

注意是学习过程的第一步，没有它就谈不上知识和技巧的理解、掌握、记忆以及能力的迁移、转化等。而要保持注意，维持长久注意力，则有赖于兴趣和快乐。宋代张载说，"乐则可久"（《经学理窟·义理》），"乐则自不已"（《经学理窟·学大原下》），认为快乐学习可以保持学习的持久性。相反，哪里开始觉得烦闷无聊，哪里就停止了注意，因此学习和教育也就中止了。没有兴趣，没有支配注意力和激起思考的力量，就都是离身而不是具身的认知，是不真实的、无效率的学习。无论是自觉的、有目的的有意注意，还是无需意志努力的无意注意，兴趣都可以成为引发注意的源泉和机理。其中直接兴趣引起无意注意，间接兴趣引起有意注意，间直兴趣①则引起有意注意后的无意注意。

早年的兴趣说已经注意到兴趣与注意之间的密切关系。夸美纽斯指出，激发兴趣能吸引注意力。卢梭（2001）[223]说，"注意力的产生，不是由于我们的勉强，而是由于他有那种兴趣或欲望"。注意和兴趣是赫尔巴特心理学中两个有内在联系的概念。他说："一种表象比较突出并对其余表象发挥作用，……不自主地压制了与隐蔽了其他表象。……产生我们以上所称的专心活动，我们可以用注意这个词为这种心理状态命名。"（张焕庭，1979）[276]赫尔巴特把注意分为随意注意和不随意注意，其中后者又可分为原始注意（取决于直观感觉，如客体的色彩）和统觉注意（取决于原有观念和新观念结合的程度）。"兴趣就是专心所追随的、审思所积聚的对象"，"在产生兴趣的时候，注意力就盯住在现在上"（赫尔巴特，1989）[57-58]，注意当中包含着我们想要的兴趣（赫尔巴特，1989）[224]。

但是，如前所述，赫尔巴特所阐述的兴趣是一个内涵极为丰富的

---

① "间直兴趣"指间接兴趣与直接兴趣相融合的兴趣，或者间接兴趣向直接兴趣转化的兴趣。

概念，是一种包括"知识"和"同情"（认知和情感）的积极广泛的"心理状态"或"心理活动"。虽然兴趣是在注意中展开的，但兴趣还含有注意之后的期望、要求、行动（张焕庭，1979）[276]。赫尔巴特学派提出："我们对某件事情有兴趣，就会对这件事加以注意；一般地说，一件事情越是引起我们的兴趣，我们对它就越加注意。"（康内尔，1990）[131] 乌申斯基对此持不同观点，他说："也应当关怀在学生身上发展被动注意，使他对于一个有教养而高尚的人应当感兴趣的东西也感兴趣，但这一点只能靠对这一类或那一类事物的大量而又完整的痕迹才能达到。无论谁也不能永远强制自己，因此，如果不发展一个人对于善的兴趣，那么他就不能经久地走正道。""只有不仅随意注意在他身上已经巩固起来，而且被动注意也得到了应有的发展的人，才可能同情感给予注意的这种影响进行斗争：在这种人身上真与善的兴趣变成了指导生活的首要兴趣，正因为他常常周旋在思想和行动的这一领域之中，并且常常能在克制自己中取得胜利。"（乌申斯基，1989）[260-261]

第斯多惠说，"我们把那种特别吸引我们的注意力和同情心，自然地激发和提高我们的生活精力的东西，称为引人入胜的和有兴趣的。……所以如果我们想要集中地掌握集合着的人群的注意力，把他们的注意力吸引到自己身上来，我们就必须引起他们生动的兴趣"（张焕庭，1979）[386]。这一观点在杜威那里得到了共鸣，杜威（2001）[139] 说："感兴趣就是能专心致志，全神贯注于某个对象，或置身于某个对象。感兴趣也就是保持警觉，关心，注意。我们说一个人对某事感兴趣，有两种说法，或者说他已经给某件事迷住了，或者说他已经发现自己陷入某件事了。这两种说法都表示这个人的自我专注于对象。"欧美进步主义教育者和新教育者与以往教育家持有相同的看法。帕克说，要使学生对于学校各种活动注意，当利用他们各种的兴味，"利用学生兴味可以使学生自发的注意。要留心学生的兴味不要注意到不相干的地方去。倘使注意的方向是正当的，不生兴味的材料就加些作料使生兴味，也是好的"（帕刻，1924）[50-51]。德可乐利（1932）[26] 说："兴趣是一度水门，他能打开注意的贮蓄池，和指引注意泄放出来。"克鲁普斯卡雅（1987）[297] 认为："兴趣可以使人集中注意力。"泰勒（1994）[82] 说："在勾划所提出的学习经验时，不仅非常需要考虑与这个单元的组织原则有内在联系的学习经验，而且还要照顾到这个年级中每一个学生具有的各种不同的兴趣与需要，并且也要为每一个学习者提供多种不同的学习经验，激发他们持久的兴趣和注意力，防止出现厌倦。"此后，兴趣与注意相互联系，特别是利用兴趣维持注意力的说法，大量存在于教育学和心理学著作之中，其中阿诺德的专著《注意和兴趣——一个关于心理学和教育的研究》是这方面的代表作。

现代教育家也有不少关于兴趣促进注意力的论述。如布鲁纳（1989）[70] 说："关于唤起注意力，有一个介于淡漠和狂热之间的、对课堂活动来说是理想的最适宜的水平。……这里有一个具有重大意义的日常课题。短期的唤起兴趣，同在更为广博的意义上长期地建立兴趣不同。"苏霍姆林斯基（1984）[57] 说："离开了脑力劳动，就既谈不上学生的兴趣，也谈不上他们的注意力。""兴趣和注意力的问题在我们的教育工作中占有重要的地位。"（苏霍姆林斯基，1984）[229]

虽然兴趣与注意密切关联，但它们毕竟是两种不同的心理活动和现象，其区别显而易见。注意属于认知心理过程，而兴趣是个性心理特征，其鲜明的情感动力性非注意所具有。并且有些注意并不是兴趣引起的，如不少突发事件、鲜明对比、新异刺激等引起的注意，与喜好、愿望没有什么关系。所以，培里提醒说，不能把兴趣理解得过于宽泛，将其等同于注意。（李江凌，2004）[58] 鲍若维奇（1958）[1] 也指出，不要把"兴趣"这一概念缩小成为不随意注意的概念。

二、兴趣的作用

（一）兴趣在掌握知识和提高学业成绩中的作用

知识是教育教学的载体，知识的理解和掌握、学业成绩的提高是学生发展的基本任务，也是对学校教育的基本要求。而要学好知识，即真正能理解、掌握和运用所学的知识，就离不开求知的兴趣。兴趣大小影响对知识的识记、同化、迁移或知识学习的深度和广度，并制约学业成绩的高低，这不仅为现代心理学实验所证实，也为广大教育者和学习者广泛认同。如瞿增敏（1987）[49] 的研究表明：（1）在学校教育中，较之于让学生理解和掌握具体知识、技能，更为重要的是使学生形成有关"兴趣、态度"的综合性"思想准备"。倘若学生没有学习的意愿和价值倾向，就很难熟练掌握、应用所学的知识，即便理解、掌握了的知识也会僵化，被时代所淘汰。（2）不能单纯地从理解和掌握知识、技能以及提高学力来考虑，事实上情感领域的"兴趣、态度"也是不可缺少的。因此，在教学过程中首先要启迪学生兴趣，使其形成正确的学习态度；在教育目标中应明确有关"兴趣、态度"的内容，并探讨其目标的达成度。

《中庸》曰："好学近乎知。"意思是说要掌握知识并成为有学问的人，就必须笃志好学。如此则见闻日多、知识日丰、聪明日开，虽不一定成为智慧之人，也能够接近智者了。在西方，赫尔巴特（1987）[217] 说，"谁牢固地掌握着知识，并企图扩充它，谁就对知识有了兴趣"。并且，"津津有味地学习的东西，能够很快地学会和巩固地掌握"（曹孚，1979）[179]。斯宾塞（2005）[53]说："大家逐渐都公认儿童爱好某种知识，就意味着在开展的心智已经能够吸收它，也需要它去促进发育；反过来，讨厌任何一种知识，就标志着那知识是提出得过早或者照那个形式是不能消化的。"在这里可以读出，对知识有兴趣爱好，就能够做到融会贯通和举一反三，反之就不能真正消化和掌握，更谈不上知识的深化和拓展。具体到学生的作业也是如此。帕克说："学生因了有兴味的活动能学习作业有效。利用学生的兴味可以使学校的作业有力、有效而经济，不是利用兴味来使学生有趣开心的。在这种兴味里，学生有活动的倾向、奋勉、愿望。因了这奋勉，学生渐渐会得向较为远大的目的作业。"（帕刻，1924）[73]譬如起先不过读关于动物的故事，后来词汇扩充了，读的书渐渐地深了，书里的故事渐渐地难了，读书的技能也渐渐地高了。因此，托尔斯泰强调："如果儿童没有愿望、没有兴趣、没有积极性去学习，那就谈不到有成效地掌握知识。"（魏克山，1955）[91]克鲁普斯卡雅（1987）[299]认为，"兴趣所决定的与其说是所获得的知识的内容，毋宁说是对这种知识所持的态度；兴趣是籍以掌握别的知识的一种基础"。

现代教育家和心理学家对兴趣在知识学习和提高学业成绩中的重要作用，也有许多精辟的论述。如布鲁纳（1989）[68-69]说："很清楚，美国今天的教育，重新强调追求优异成绩。追求优异成绩看来包含着几件事情，这些事情不但同我们教什么有关系，而且同我们怎样教和怎样引起我们学生的兴趣也有关系。"鲍若维奇（1958）[1]说："培养学生的认识兴趣，是使学生深入而巩固地领会科学基本知识、掌握基本的生产技术知识、扩大学生的眼界的必要条件。这是一项特别紧要的教学任务，因为科学知识在我们的社会里是争取建设共产主义的极其重要的武器。"赞科夫（1980a）[208] 说："扎实地掌握知识，与其说是靠多次的重复，不如说是靠理解，靠内部的诱因，靠学生的情绪状态而达到的。"苏霍姆林斯基（1984）[21-22] 说："必须首先改变对'知识'这一概念的实质的看法。知识——这就意味着能够运用。只有当知识成为精神生活的因素，占据人的思想，激发人的兴趣时，才能称之为知识。"

此外，兴趣与知识的关系在教学中还涉及两者谁重要的问题。传授知识历来被认为是教育的一个神圣任务和基本目标，但人生有限而知识无限，教育者要教人既会做事又会做人。另外还涉及知识价值和学科内容选择的问题。所以教育家们历来强调教授必要的和有用的东西，以及学生对知识的真正掌握和运用；强调启发儿童学习兴趣，教给他们学习方法和培养他们具有获得知识的能力的重要性；强调教给学生知识的最好方法是让他们具有求知的兴趣爱好。比如，文艺复兴时期的蒙田就提出要学"真正有用的东西"，"选择他最喜欢的科学"，"最好的办法莫过于培养对学问的兴趣和爱好，否则我们将只是教育出一些满载书籍的傻子"。（华东师范大学教育系，浙江大学教育系，2001）[388,411] 洛克（2005）[259] 说："教师的任务不在于把一切可以知道的东西都塞给学生，而在于培养他对知识的爱好和尊重；在于教给他正确的求知方法，使得他在有心向学的时候可以提升自己。"卢梭（2001）[284] 更明确地说，"我的目的不是教给他各种各样的知识，而是教他怎样在需要的时候取得知识，是教给他准确地估计知识的价值，是教他爱真理胜于一切"。第斯多惠也强调，"教学的艺术不在于传授的本领，而在于关于激励、唤醒、鼓舞"，"使学生在学习时有向学的愿望"。（张焕庭，1979）[386]

（二）兴趣在智力发展和能力提高中的作用

学习和发展不仅意味着认知、掌握知识，还意味着自我的真正思考和认识能力的提升。兴趣的"知识价值"一般容易被看到，其"智能价值"则常常被忽略，而这恰恰是学习和教学中很重要的一点。如果说前者在于让学生"学会"（掌握基本知识、基本技能），是兴趣最基本的价值的话，那么后者则在于让学生"会学"（掌握学习的方法和规律，发展智力并提高能力），具有更深层的意义。因为兴趣通过激活心理的意向或意动因素，使整个心理活动积极化，从而使认识过程（如感知、记忆、思维、想象、创造等）处于高效率工作的状态。只有这样，思考的门扉才能被打开，想象的翅膀才能展开，智力发展和能力提高才真正具备了前提。所以，"兴趣是开发智能的钥匙"这句话很有见地，"激发学习兴趣，以使学生经常具备旺盛的求识欲望，对于发展他们的智力是至关重要的"（沈杰，1984）[138]。

学习动机与兴趣密切联系，因为兴趣是一种内在推动力，指导并保持我们思维的进行。接着就出现对意义的理解，我们懂得了新知识与已有知识的关联，或者说，我们已对它产生了理智的兴趣。兴趣愈浓，我们就记得愈牢，就愈有效果。那些一闪而过的念头几乎不会留下什么痕迹，而那些让我们感动并产生强烈兴趣的事，则能被更容易、更牢固地记住。赫尔巴特学派指出，"注意、动机、理解和记忆的效果，依赖于兴趣。因此，兴趣是智能教育的一根重要支柱"（康内尔，1990）[131-132]。赫尔巴特本人也指出，兴趣这个词标志着智力活动的特性，"凡是他不感兴趣作为实现他有限目的的一切手段，对于他的智力来说将成为一种负担"（赫尔巴特，1989）[218]，为此，他呼吁必须"唤醒一切智力兴趣"（赫尔巴特，1989）[133]。

兴趣在智力发展和能力提高中的重要作用，已为近现代的教育家和心理学家所认同。斯宾塞（2005）[82]说："快乐的情感状态是比冷淡或厌恶的状态远远有利于智慧活动。""当一个儿童处于非快乐的情绪

当中时，他的潜能难以发挥，智力就会大大降低。"（斯宾塞，2009）[24]
杜威（2008a）[14] 说，"兴趣是生长中的能力的信号和象征。我相信，
兴趣显示着最初出现的能力"。"假定儿童在从事一件他所不愿意从事
的工作时较之心甘情愿从事的工作能得到更多智力的和精神上的训练，
这是愚蠢可笑的"（杜威，2008a）[161]，"甚至比较纯理智方面所训练出
的能力——对于所做的事的结果的理解能力——如果没有兴趣，也是
不可能的。没有兴趣，就是思考也会是草率的和肤浅的"（杜威，
2001）[142]。怀特海（2002）[56] 说："智力发展离不开兴趣。兴趣是专注
和颖悟的先决条件。你可以用教鞭来极力引起兴趣，或者通过愉快的
活动激发兴趣，但没有兴趣就不会进步。"皮亚杰（2015）[49] 也说，"所
有智力的工作都建立在一种兴趣之上"。此后，不仅兴趣的概念具有
了智能的意义，而且兴趣与智力相互结合的概念——"智力兴趣"，
也成为兴趣教育的一个常用语。苏霍姆林斯基多次提及"智力兴趣"
概念，他说："凡是给人以成功的乐趣的脑力劳动，总是会收到发展
学生能力的结果的。"（苏霍姆林斯基，1984）[4] "请你这样告诉学生的
家长：'你们的孩子的智慧，取决于你们的智力兴趣，取决于书籍在
家庭精神生活中占着怎样的地位。'"（苏霍姆林斯基，1984）[90] 休金
娜认为，兴趣是以智力、情绪、意志过程的统一整体为基础的特殊
"合金"，其核心是带有积极情感色彩的思维过程。学生的智力积极性
是学生兴趣表现的核心。如果情感的兴趣不能与智力和意志结合起来，
或者不能有效地促进智力和意志的发展，从而使认识过程的有效性和
认识结果的水平得以提升，那么这种兴趣的价值就值得怀疑。

　　反过来说，兴趣也取决于人自身对事物的掌握程度或具有的能力：
凡是我们不会做的事情，我们就不感兴趣或喜爱它，虽然我们会有好
奇心或求知欲；凡是我们感兴趣的东西，说明我们已对它有了一定的

把握或具有了相当的能力。在学习中也是如此，有的学生之所以对某一学科缺乏兴趣、感觉枯燥，就是因为没有学好它、没有掌握它。康德说过："兴趣是任何思想情感都具有的能力"，"包含着促进施展思想情感能力的条件"。"任何兴趣无论是纯粹的兴趣还是经验的兴趣，完全取决于它所具有的实现欲望的能力。"（哈贝马斯，1999）[205-206] 深受康德影响的赫尔巴特（1989）[132] 也指出："无知即无欲！——思想范围包含由兴趣逐步上升为欲望，然后又依靠行动上升为意志的积累过程。进一步说，它还包含着一切智慧工作（包括知识与思考）的积累，没有这些，人就没有手段追求他的目的。"所以，关注兴趣就是关注智能，关注智能就要关注兴趣。

（三）兴趣在道德品质教育中的作用

人总是要有一点精神的，如果一个学生对学习没有爱好、兴趣索然，或者兴致不高、情绪低落，很容易引起一系列的连锁反应，如意志薄弱、缺乏志向、丧失自尊和自信等，不仅学业成绩上不去、智能发展无从说起，思想道德教育也如同"空中楼阁"。因为对学习丧失欲望和兴趣，就不可能有良好教育性的基础。兴趣的作用就在于使人的潜能和愿望转化为现实性和积极性，引导学生的自我认识和自我发现，从而激起他们的自尊心，增强他们前进的勇气和信心。这样就会改变学生的整个精神面貌，使他们对未来生活充满希望，并焕发出青春的朝气。我国学者研究指出，抓住学生的兴趣点，是一个良好的德育时机，因为当学生对某项事物或活动产生兴趣，有了积极追求的欲望时，内心活动总是十分活跃的。这时候就容易接受外界的影响，这也正是实施德育的有利时机。（白铭欣，1987）[65] 以理想教育为例，从我国教育心理学者在改革开放初期关于理想、动机、兴趣方面的大量调查材料中可以看出，兴趣是影响理想形成的重要因素。当兴趣与志向结合起来时，兴趣就升华为"志趣"，它不仅有高级的情感动力，而且还有意志、想象等心理要素相伴随，有着明确的方向性、目的性和行动性，表现出坚韧的动力和毅力。许多科学家专注于自己的专业研究，为人类造福，既因为他们具有献身精神和崇高志向，也可以说是缘于他们对专业工作具有浓厚兴趣而达到入迷的程度。从这个意义上说，"兴趣是通向理想的桥梁"这句话是很有道理的。因此，无论是传统教育家还是现代教育家，无论是社会主义教育者还是资本主义教育者，都不约而同地强调兴趣的教育性价值，认定培养学生的学习兴趣有助于对他们进行道德教育，这是德育的重要条件或内容之一。

孔子给"好学"下过定义："君子食无求饱，居无求安，敏于事而慎于言，就有道而正焉，可谓好学也已。"（《论语·学而》）可见，孔子所谓"好学"不仅指喜欢学习、有兴趣学习，还有志趣、理性、道德和做人的意思在里面。在西方，德国哲学家席勒认为，兴趣在道德上有积极的意义，"兴趣缺乏之人，其道德的基础，亦极薄弱，类皆不能为道德的行为者"。（邹谦，1969）[351] 赫尔巴特不仅认为兴趣有利于道德教育，而且把培养多方面兴趣这个直接目标作为达成"德行"这个教育最高目的的最佳桥梁。他还说，"假如学生缺乏兴趣，或者甚至产生了厌恶，那么这是不能通过训育来加以弥补的"（赫尔巴特，1989）[268]。在他看来，"兴趣是教学中的驱动性因素，并且是教学与道德行为之间的连接线"（康纳尔，1991）[95]。赫尔巴特学派进一步强调，兴趣是德育的本质部分，是对客观事物的价值判断。德育内容包括教育学生明白什么是善，什么是善的价值，以及按照善的要求去行动，它是知识、判断、行为的组合。道德行为包括智力的活动与意志的活动。兴趣是整个活动过程的驱动力量，兴趣引起欲望，欲望引起决定，决定产生行动。赫沃德说："如果说有一种兴趣超出其它兴趣之上而且更为重要，有一种兴趣比其它的兴趣更依赖于统觉的话，那么，这就是对善良品德的兴趣。这种兴趣从来不会在活生生的灵魂中自发地激起，除非此一灵魂以具体可感的形式明白了善良品德意味着什么。"（康纳尔，1991）[110] 此外，第斯多惠也说，"高尚的、自由的或纯洁的兴趣" "只能为有教养的人所熟悉，它本身也有助于教育。……因为学生由此而获得对真、善、美的自由的爱好，并且甘愿去研究这些高深的学科"。学生有了学习兴趣，就会"深入学科中去，全神贯注在学科上，这就意味着他重新找到了自己"。（张焕庭，1979）[386-388] 斯宾塞（2005）[82] 则明确指出，"还要考虑到日常功课惯常引起的愉快或痛苦有严重的道德后果"。在他看来，一个学有兴趣、学得快乐的人，因成功满足使得心智、脾气和健康等都得到好处；相反，一个厌恶学习而缺乏能力者，由于冷眼、威吓、惩罚而苦恼，有产生永久的沉闷、胆怯甚至体质上的忧郁的危险，以至于与教师及其所有教育计划发生对立。帕克说："要研究利用本能的兴味，不但顾到现在的结果，也要研究到学生品性上和将来社会生活上的影响。"（帕刻，1924）[51]

杜威对兴趣与道德有专门研究。他在《教育中的兴趣与努力》中说："在这里需要提到的唯一其他道德问题上的要点是，把兴趣看做必然是自私的原则或个人主义原则的观点是完全与实际的事实不相容的。一切兴趣都必然是对能推进活动的客体的兴趣，或对标志着活动的完满完成的客体的兴趣；因而兴趣的性质以这些客体的性质为转移。如果客体的性质是卑下的、无价值的或纯属自私的，那么兴趣的性质也是这样，而不可能有别的性质。"（杜威，2008a）[198] 在《民主主义与教育》中，杜威再次对道德讨论中将兴趣行动划为个人私利的行为，并且把为兴趣而采取的行动与为"原则"而采取的行动以及无私行为、义务责任等对立起来的观点进行了深入的批判，认为这"是由于对兴趣和自我的关系抱有错误的观念"（杜威，2001）[369]。胡适在《杜威的教育哲学》中对这个问题做过说明，强调有兴趣与责任心并不矛盾，而且可以补助责任心，是真正的道德教育。他认为："兴趣并不是自私自利，不过是把我自己和所做的事看作一件事；换句话说，兴趣即是把所做的事认做我自己的活动的一部分。"（白吉庵，刘燕云，1994）[83]克伯屈（1991）[131]指出，"浓厚的兴趣有利于塑造牢固的道德品格"，"只有与强烈的正面兴趣相联系，这些品德才最易获得"。他还认为，"道德兴趣"或"美德兴趣"是一种十分重要的"社会兴趣"，"美德是需要在年青人心中确立的兴趣"，希望"道德上的美德和其它的社会兴趣能受到每个人由衷的推崇"，"在儿童身上确立起对诚实、光明磊落、关心他人的兴趣"。（克伯屈，1991）[80-81]

苏霍姆林斯基的看法代表了社会主义教育家对这个问题的态度和观点。他说："热烈的学习愿望是一种道德的和政治的情感，培养这种情感首先是我们教师的职责。"（苏霍姆林斯基，1984）[156]"培养严肃的学习愿望，也是思想教育、共产主义道德教育的最重要的组成部分之一。……培养这种愿望的工作，是跟学校的全部教学和教育工作的安排紧密联系的，并且首先是在课堂教学中实现的。培养学习愿望，有助于巩固学生集体，加强集体主义情感，促进互相帮助的志趣。每一个教师集体的任务，就是要千方百计地培养这种情感，并把它引导到正确的道路上去。进一步提高学生的知识质量，提高学校教学和教育工作的思想水平，其保障正在于此。"（苏霍姆林斯基，1984）[161-162]休金娜（2006b）[233-235]也认为："由于兴趣的心理结构包括情绪过程在内，所以不可低估认识兴趣对学生的情绪发展和情感教育的作用。以兴趣为动机的活动，能够满足人的充实的情绪需要。""认识兴趣是学习的道德动机和认识兴趣之间的联系环节。在一定条件下，由认识兴趣可以产生人对认识的道德态度，使之成为人的精神生活发生转变，使他们的道德面貌更加丰满"，尤其是"对于世界观的形成来说，起着重要作用的，与其说是知识本身，不如说是人对这些知识的态度。认识兴趣同时也是人的一种情绪态度"。

（四）兴趣是学习成效的决定因素

学习效果与学习者认知的方式方法有关，也与其心理状态尤其是有无兴趣密切相关。可以说，兴趣状态和快乐情感下的学习效果最佳。我们常说"兴趣是最好的老师"，"兴趣是成功的保障"，讲的就是这个道理。北宋张载提出："人若志趣不远，心不在焉，虽学无成。""学者不论天资美恶，亦不专在勤苦，但观其趣向著心处如何。"（《经学理窟·学大原下》）在张载看来，一个人学习好坏、是否有成，不在于其天资优劣，也不单单取决于其是否勤苦，而要看他的兴趣、心向。

在西方，亚里士多德早就意识到兴趣与快乐在学习活动中的作用，认为一个人如若感到写和算对他是痛苦的，他是不肯再学习的。夸美纽斯认为，如果人们吃饭没有食欲，勉强地把食物吞到胃里，结果只能引起恶心和呕吐，最少也是消化不良、健康不佳。接受精神食粮和求知学习也是如此，只有激发学生的求知欲和学习热情，才能取得最佳效果。洛克（1985）[56] 说："儿童兴致好的时候，学习效率要好两三倍。"斯宾塞（2005）[82] 的兴趣与快乐教育理论有一个重要的依据——"在同等情况下，教学的效率显然是和学生从事的那件工作所得到的满足成比例"。因为"愉快的精神兴奋能够大大提高精力，……'快乐是最强的补品'是一条真理"（斯宾塞，2005）[135]。他断言，"要明白怎样教育孩子，首先要清楚孩子在什么状态下学习效果最佳。经过我数年来对小斯宾塞的教育以及大量心理学的探究，我认为在快乐状态下孩子学习效果最佳"，"所以，当我教给小斯宾塞某方面的知识时，先让他产生兴趣，接下去的工作就事半功倍了"。（斯宾塞，2009）[49-51]。现代心理学家皮亚杰在《发生认识论》中设问"当我们做一件有兴趣的事情时，为什么我们会觉得时间短?"，从而引出了"主观时间或心理时间"的问题，揭示了兴趣能够提高学习效率的一个缘由。他说："我们的时间主观印象一方面依赖于我们正在采取的行动或完成一项工作的分量，另一方面依赖于我们完成这项工作的速度。当我们做一件有兴趣的事情时，为什么我们会觉得时间短? 答案很简单。杜威在很久以前，还有克拉帕里德最近也指出：兴趣增加或加快了工作的速度。"（皮亚杰，1980）[96,63]

俄罗斯教育家在此方面也有较多论述。杜勃洛留波夫认为，当人们乐意学习的时候，就比被迫的学习轻松得多，有效得多。乌申斯基指出，没有任何兴趣的和一味强制的学习会扼杀学生的好学精神，没有这种精神，他是学不好的。托尔斯泰认为，为了让学生学好，必须使他好学。所以，"教育家们早就指出，教学效果基本上取决于学生对教学活动的态度"（斯卡特金，1982）[55]。苏联时期的教育家仍坚持这种看法，如克鲁普斯卡雅（1987）[295]指出："每个人的兴趣各不相同：有的人对社会生活的问题感兴趣，另外一些人对技术问题感兴趣，还有一些人对艺术问题感兴趣，等等。一个人是被迫学习还是乐于学习（俗话说的，带着脑袋去学），其效果是有很大差别的。"斯卡特金（1982）[作者的话1]认定，"教学的效果主要地决定于学生对学习活动的态度。他们的学习志趣愈浓，学习效果就愈大"。换言之，"教育效果取决于学生的学习兴趣"（斯卡特金，1982）[55]。所以，学生有无浓厚兴趣是鉴定学校教育结果优劣的标志，也是教育教学的法则和目标不容回避也毋庸讳言的问题。巴班斯基（1984）[107]也说："如果学生形成了对学习的积极态度，有认识兴趣，有获得知识、技能、技巧的要求，如果他们培养了义务感、责任感和其他的学习动机，教学活动就会进行得更加有成效。"

（五）兴趣是终身学习和事业有成的重要基础

终身学习、终身教育是当前国际上比较流行的一种教育思潮，而从个人发展完善的角度要求个体进行终身学习的理念出现的时间则要早得多，它已成为今天建设终身学习体系的原因之一。也就是说，终身学习不仅是为了谋生和适应社会，也是为了人的多方面发展，是"人的精神充实丰富和乐生的需要"。有关研究表明，终身学习的实现在很大程度上取决于个人对学习的兴趣、态度、习惯和能力。（郝克明，2006）[25] 如果在学校教育阶段影响甚至扼杀了学生对学习的兴趣和积极性、主动性，使他们不能形成正确的学习态度、情感以及很好的学习能力和习惯，那么所谓终身学习将是缘木求鱼。

关于学有兴趣、学得愉快对于学生离开学校之后的终身学习的作用，教育家们也有一些论述。赫尔巴特（1989）[259] 说："要使学生具有真正的科学追求，并在考试以后还起作用，这是不那么容易的，这使我们回想到多种兴趣方面……。假如兴趣已不再是教学的目的，那么我们必须把它视为唯一的手段来巩固我们的努力结果。"第斯多惠认为，学生一旦"有兴趣"，"他就会热爱教师、热爱学校、热爱学科，而当离开学校时，他就会保持着在那里所得到的刺激"。（张焕庭，1979）[388] 斯宾塞的论述更加深入和清晰，他说："教育之应成为自学的过程，并因此教学成为愉快的过程，其最后的理由，那就是愈能做到这样，教育就愈不致于在离开学校时停止。倘使求知的事，为学生素所厌恶，则一旦离开了父母和教师的强迫，势必将放弃了学业。倘若求知的事，素为学生所爱好，则昔日在督促下而自行教育，今日虽无督促，亦必能自学而不辍了。此乃是必然的结果。心理联想的定律，仍属有效，引起痛苦回忆的事物和场所，人常恶之；引起愉快回忆的，人常喜之；所以痛苦的功课就使知识为人所憎恶，愉快的功课就使知识为人所爱好。……知识来自自然的形式，顺着自然的时期，学生所记忆的事实，不特事实本身富有趣味，而且予以继续不断的快感，则从幼年开始的自我教育将必继续至终身了。"（张焕庭，1979）[442] 杜威（2008e）[91] 强调，"养成基本的和持久的习惯、态度和兴趣，对于学生的未来的生活是更为重要的"。泰勒（1994）[8] 也说，"教育的职能之一是要拓宽和加深学生的兴趣，使学生在正规学校教育结束后仍能继续接受教育"。

此外，兴趣快乐还是成功成才的一个要素。可以说，一个人成功的关键与其说是知识多或智力高，不如说是个性品质好，特别是那些有德行、有志向、无功利而快乐做事的人，往往能脱颖而出，达成目标。常言道："一个人的成功源于对事业的兴趣和热爱。"这样的事例随处可见，不胜枚举。从历史观点看，汉代《淮南子》曰："知人无务，不若愚而好学。自人君公卿至于庶人，不自强而功成者，天下未之有也。"（《淮南子·修务训》）"故同味而嗜厚腒者，必其甘之者也。同师而超群者，必其乐之者也。弗甘弗乐而能为表者，未之闻也。"（《淮南子·缪称训》）意思是一个人即使天资很聪颖，但若不好学自强，还不如愚笨却积极投入学习的人。同样是学习，只有那些热爱学习、以学为乐的人，才能出类拔萃。要想取得成功，对投身于其中的事物或活动的热情是必不可少的，不甘之、不乐之却想学习优秀、出类拔萃，只能是痴人说梦。

这些观点在我国现代教育家中也可以找到回应。如段力佩（1979）[45-46] 基于长期管理上海育才中学的丰富经验，主张"提高教育质量是学校一切工作的中心"，"要在德智体全面发展的前提下，注意每个学生的特点，注意各个人不同的兴趣与爱好。在正确思想指导下，学生今天的兴趣和爱好，就会变成他们将来的特长和对某一专业的事业心，也就可以培养成为'尖子'"。刘佛年（1980）[16-25]指出，一个人要有成就，很重要的是要有很强烈的好奇心和求知欲，对新的问题感兴趣，是有成就的人的共同特点。所以，教师要在各种场合鼓励学生去追求新的东西，培养他们对新鲜事物的兴趣，而且教学方法和教材的改革也都要注重提高学生的学习积极性，引起学生的兴趣。他在重视发展学生智力的同时，也十分强调兴趣、动机、情感、意志的重要作用，认为教师应该把课堂变成一种永远引起学生很大兴趣的向知识领域探索知识探险的活动。他断言："怎么使这些学生也有点求知的欲望，也有点学习的兴趣呢？这是需要我们的教育家，我们的教育工作者很好地研究的一个问题。"（刘佛年，1981）[5]

对此，一些西方教育家特别是斯宾塞也感同身受。他说："我觉得，一个人或许会非常有力气，身体很健壮，或许会非常有知识，学识渊博，可是真正在生活中促使他们战胜困难，完成伟大有益事情的，还是他内心优良的品质。"（斯宾塞，2009）[184]尤其是"在社会上获得成就，依靠强行灌输知识的较少，而依靠一个人的兴趣、精力的较多"（斯宾塞，2009）[321]。因为"我始终以为，除了极其少量的约1%的天才'神童'以外，在天赋上99%的儿童只有特征不同，而没有低与高、坏与好的差别"（斯宾塞，2009）[26]。索洛维契克（1983）[7]也说："谁怀着一种厌恶的心情去学习，即使他在学校毕业时获得优异成绩，那他将来也是碌碌无为。谁带着一种学习的愿望从学校里毕业，尽管他的学习成绩并不十分令人满意，他将来也会有成就的。在毕业证书上是不给兴趣评分的，但是，生活却给我们每个人的兴趣评分。"

三、几个重要关系

（一）兴趣与利益

在我们的日常用语中，"兴趣"与"利益"两个词各有其特定内涵和指向，本没有直接相关性。但是，英文中"interest"一词主要有两种含义，一是指兴趣，一是指利益，这个单词拉近了这两个概念的关系，为阐释和理解"兴趣"概念提出了一个不可回避的问题。

首先，兴趣与利益有共通性，它们都是对一定事物的价值认识，是人的需要的产物，是驱使人们朝向一定事物的动力。甚至有人认为人类社会正是在兴趣与利益这样两个基本原动力作用下进步的。由于人的需要是多方面的，因此有多种多样的兴趣和利益。但是，如果脱离社会群体的需要，囿于狭隘的个人兴趣和利益，醉心于所谓的"个人设计""自我奋斗"，崇尚拜金主义、享乐主义、极端个人主义，就难免迷失人生方向。在教育和学习上，兴趣与利益可以趋于统一，甚至"有利""有用"还可以成为兴趣的基础。卢梭（2001）[135] 说："现实的利益才是最大的动力，才是使人走得又稳又远的唯一的动力。"从前后语境来看，他所谓的利益，显然指的是"有用"又"有趣"，由此生成"学习的欲望"。此外，洛克（2006）[88] 主张学生学习"最急需的事情""他在世上最需用、最常用的事物"，斯宾塞追求"最有价值的知识"，把"为实现人生幸福"和"出于兴趣"作为教学知识选择的标准，都是出于同样的考量。

其次，兴趣与利益的区别也是显而易见的，甚至两者就是一对矛盾。利益指向虽然有精神上的，但通常讲的多是物质和经济上的利益；兴趣指向虽然有物质的甚至低级的，但一般讲的多为精神层面的兴趣。

在这种情况下，兴趣与利益产生距离、发生矛盾而不能兼顾，为了利益放弃兴趣的大有人在，坚守兴趣抛弃利益的也不乏其人。绝对地说，利益在价值观上表现为现实主义或功利主义，兴趣在价值观上表现为性情主义或理想主义。完全不承认、不追求利益是唯心的，也是违心的；全然醉心利益、导向功利，不讲求兴趣，则是异化的、可悲的，也会因太过功利、害怕失去而迷失自我、丧失快乐。折中的办法或高明的人应该是在追求利益的同时，寻找到自己的兴趣点。比如，读书未必只是为了兴趣和愉快，出于利益读书（包括学生做功课和学者做学问）也有其缘由。但是，在好的学生和好的学者那里，愉快地读书，兴趣必定占据着更大的比重。而如果我们觉得索然无味、找不到这种快乐，恐怕是因为太注重读书的利益部分并且害怕失去，而没能用心去发现其内在的引人入胜的地方。在教育史上，教育家谈得更多的是兴趣而不是利益，这足以说明他们的价值取向和追求目标。

利益在本质上属于社会关系范畴，兴趣在本质上由社会实践活动决定，它们是高尚还是卑下、是无私还是自私，其价值取决于事物的对象或活动的客体的性质。由于人的需要有共性的方面，因此形成了社会群体的一致兴趣和利益（public interest），亦即共同兴趣（或社会兴趣）和共同利益（或社会利益）。杜威（2008a）[198] 强调社会兴趣以及"社会兴趣与道德兴趣之间的密切关系"，并特别指出"把兴趣看做必然是自私的原则或个人主义原则的观点是完全与实际的事实不相容的"。同样，赫尔巴特（1989）[232] 在论述多方面兴趣时要求培养"同情的兴趣"（指"对于人类的""对于社会的""以及两者对上帝的关系"，与"认识的兴趣"相对应），特别是"社会的兴趣"，也是希望使学生养成符合社会共同利益的兴趣。对此，麦丁斯基（1953）[264] 认为："赫尔巴特所了解的多方面兴趣就是这样一种兴趣，它不是从某一个人狭窄的职业圈子和日常生活出发的，它所包含的不仅仅是利己的私人的东西，而是整个的东西，人类的生活。"

（二）兴趣与责任

兴趣学说关注的另一个重点在于兴趣同责任（duty）的关系。19世纪末20世纪初，批评兴趣学说的意见认为，兴趣是个人的、自私自利的，是与责任、义务对立的，人们应该按照无私的原则办事，因为"按兴趣行动就是只顾个人私利的行动"，"按原则行动就是无私地按超越一切个人考虑的一般法则行动"。（杜威，2001）[368-369] 对此，杜威曾多次谈及，认为这种看法人为地割裂了现实生活中责任、义务与兴趣、利益的关系，把前者等同于道德的肯定判断，"无私"原则意味着没有任何利益和兴趣上的要求；同时，又把后者与道德的否定判断相等同，认为只要有对兴趣和利益的诉求就意味着自私自利。他在《教育中的道德原理》中说："对社会福利的兴趣，一种理智的、实际的也是情绪上的兴趣——即是说，能看出对社会秩序和社会进步有利的东西并将这些原则付诸实行的兴趣——这就是一切特殊的学校中的习惯必须与之联系起来的道德习惯，如果它们要靠生活的气息而变得生气勃勃的话。"（杜威，1994）[149] 他在《教育中的兴趣与努力》中又说："在这里需要提到的唯一其他道德问题上的要点是，把兴趣看做必然是自私的原则或个人主义原则的观点是完全与实际的事实不相容的。一切兴趣都必然是对能推进活动的客体的兴趣，或对标志着活动的完满完成的客体的兴趣；因而兴趣的性质以这些客体的性质为转移。如果客体的性质是卑下的、无价值的或纯属自私的，那么兴趣的性质也是这样，而不可能有别的性质。"比如，"社会兴趣有强烈的支配力量，由于交往，这种支配力量就转化为道德方面所需要的力量"。（杜威，2008a）[198]

杜威在《民主主义与教育》中说得更加明确。他说有两种说法值得注意：一种认为既然人能够宽宏大量地忘我工作，甚至做出自我牺牲，那么他就能做没有兴趣的工作；另一种认为除非对一个对象或观念有兴趣，否则就不会有动力，那么自称根据原则或义务感行动的人乃是因为他自己有利可图。杜威认为，二者的前提都是正确的，但结论却都是错误的。他指出："这两个方面都假定自我是一个固定的量，因而也是一个孤立的量。因此，在为自我的兴趣行动和不为兴趣行动之间，存在一个严峻的两难困境。……如果是不偏不倚的判断，似乎很清楚，一个人必须对他所做的事情感兴趣，否则他就不会去做。……这个错误在于把兴趣和自我分离开来，并且认为自我是目的，而对事物、行为和别人的兴趣仅仅是达到目的的手段。事实上，自我和兴趣是同一事实的两个名称；对一件事主动感到兴趣的性质和程度，可以揭示并测量所存在的自我的性质。如果我们记住，兴趣就是自我和某一对象的主动的认同，所谓的两难困境就完全攻破了。""所谓无私，既不是对所做的事缺乏兴趣（就是像机器一样的不感兴趣），也不是忘我——就是缺乏生气和性格。如果在这个特殊的理论争论以外的地方使用'无私'这个名词，就是指一个人习惯上感到兴趣的目的和对象。"（杜威，2001）[369-370] 学习也是一样，有时学生对功课暂时没有兴趣，注意力减退，这个时候就需要强化兴趣，而不是诉诸所谓的"原则"或者其他外部的考虑。

此外，胡适在《杜威的教育哲学》中也对这个问题做了说明，认为强调兴趣"并不是自私自利，不过是把我自己和所做的事看作一件事；换句话说，兴趣即是把所做的事认做我自己的活动的一部分"（白吉庵，刘燕云，1994）[83]。胡适认为有兴趣与责任心并不矛盾，而且可以"补助"责任心，是真正的道德教育。

（三）兴趣与努力

兴趣与努力的关系问题，是兴趣学说关注的一个核心问题，甚至关系到兴趣学说的存在和价值。任何学习，只有刻苦努力、勤奋钻研，才能学好学成，也才能有所作为。努力不仅关乎意志品质和精神状态，还与兴趣大小密切相关，它们相互促进、相辅相成。只有勤奋努力、刻苦钻研并有所收获和感悟，方能知晓事物或学问的美妙、趣味而生成兴趣。同理，只有对学习、学科饶有兴味、兴趣盎然，才能有更多的动力和感情保持注意，推进持久的努力，并且减缓刻苦努力的"苦楚"感觉，甚至不觉得苦。

事实上，真正的努力或意志是伴随着明确目标、强烈意愿或浓厚兴趣的，特别是有兴趣的努力是最重要的。从心理学的角度讲，人的行为活动都有一定的动机和兴趣，没有单纯的努力和孤立的意志。对此，历史上的教育家以及近现代的兴趣学说都有明确的结论。如王夫之认为，"本心乐为"才能勤勉努力，学习才能坚持和进步。他说："勉强之功，亦非和乐而终不能勉。养蒙之道通于圣功，苟非其本心之乐为，强之而不能以终日，故学者在先定其情，而教者导之以顺。"因为"和者于物不逆，乐者于心不厌"，只有把学习视为乐趣，才能不畏艰苦，"欣然有得"，否则只有勉强而无"本心之乐为"，则学习"不能以终日"。（《张子正蒙注·诚明篇》）

在西方，夸美纽斯（2006）[297]说过："喜爱会激发渴望，渴望会激发用功。"洛克（2005）[146]说："没有欲望，也就没有了努力。""教会他们诸种事项的正确方法是让他们养成一种对所学事物的喜爱和兴趣，这样他们才肯用功和练习。"卢梭（2001）[71]指出："庸俗的理论家，竟把放纵同自由、快乐的儿童同娇养的儿童，全都混淆起来，我们必须使他们了解这中间是有区别的。"裴斯泰洛齐（1992）[391]说："不应该教育儿童把努力看作是一种不可避免的灾难。不应该使恐惧成为激励努力的动力。这将会扼杀兴趣，并会迅速地引起厌学情绪。""兴趣应当推动努力，而不是惧怕。""几乎没有任何一种情况可以表明儿童不够用功不是由于缺乏兴趣所致。"赫尔巴特（1989）[57]说："最丰富的兴趣最易于保持耐心。在兴趣中，一个人可以容易地去完成他的各种决定，而且使他觉得到处都很容易，并不会因为有其他要求而取消他的计划。"赫尔巴特学派的亚当斯认为，"兴趣的理论并不排除艰苦的工作，而是赋予艰苦的工作以意义，使之能够忍受"（康纳尔，1991）[117]。第斯多惠说："谁有了这种感觉①，谁就不需要使他勤奋的任何其它刺激了。"（张焕庭，1979）[388] 斯宾塞（2009）[113]认为："任何东西都比不上满足孩子兴趣更具有吸引力，也没有任何东西比兴趣更可以使孩子做到自觉地忍受，即使是受累吃苦。"帕克说："注重兴味不是软教育，困难就是兴味。……利用兴味是使学生的能力用在作业上面；并且是把所学的替学生弄得容易些。学的东西，当然要合学生的固有经验的，否则学生的努力不是要无效可收而浪费了吗？但是大多数的学习，却都有若干困难，要学生用最大的努力来解决的。在低年级利用竞争心，解问题，交通，收集的兴味时，尤其是这样。由这种兴味的刺激，学生会得解问题，缀文，收集东西格外的用力，格外的长久。"（帕刻，1924）[75]

杜威（2008a）[44]认定，"真正满足一个冲动或兴趣就是要努力工作"。而且，"努力决不是与兴趣敌对的。它是从直接兴趣发展成为间接兴趣的活动过程中的一个部分。……我们曾作结论说，当活动具有积极的、持久的兴趣、即能激起人们对目的有更清晰的认识并对完成活动的方法有更为深思熟虑的考虑时，所需的努力就可以得到"（杜威，2008a）[186]。他强调说："要有坚持的行动，兴趣必不可少，这一点更为明显。做雇主的人并不聘用对工作不感兴趣的工人。如果有人聘

---

① "这种感觉"即前文中提到的"生气勃勃的感觉"。

请一位律师，或一位医师，如果工作和此人志趣不合，仅仅出于责任感做这个工作，他就决不会推论所聘请的人能更加认真地坚持他的工作。"（杜威，2001）[143] 在他看来，"假定学校的条件能提供良好的作业，尽管有暂时的分心和令人不愉快的障碍，如果学生对整个作业感到兴趣，即对作业的不断发展感到兴趣，也能使学生坚持工作。……如果一个人对他的工作真感兴趣，他就能够忍受暂时的挫折，在困难面前坚持工作，不挑肥拣瘦：在面对困难和克服困难中，在面对精神涣散和克服精神涣散中寻找兴趣"（杜威，2001）[371-372]。桑代克也说："从忍受不顺心的事情中所得到的训练，似乎远不如从兴致勃勃地做力所能及的事情中得到的训练多。"（克伯屈，1991）[125] 克伯屈对杜威的观点做了具体解释和进一步阐发。他说："我并不把兴趣与可贵的努力对立起来。恰恰相反，兴趣是努力的自然基础，实际上是唯一的基础。兴趣越浓，越是努力。"（克伯屈，1991）[27] 皮亚杰（2015）[43] 说，"无疑，儿童对于这种工作产生多少兴趣并作出多少努力"。

苏霍姆林斯基对兴趣与努力的关系有精彩的论述。他说："追求知识的愿望，是靠儿童的虽不轻松然而快乐的、诱人的、出于自愿劳动所创造的千万条根须日以继夜、不知疲劳的工作来滋养的。"（苏霍姆林斯基，1984）[169] "请记住：促使儿童学习，激发他的学习兴趣，使他刻苦顽强地用功学习的最强大的力量，是对自己的信心和自尊感。"（苏霍姆林斯基，1984）[407] 索洛维契克（1983）[9-12] 指出，"满怀兴趣地学习——这绝不是像娱乐那样学习"，"这是一种严肃的、负有重大责任的生活，是一种充满意义和欢乐的生活"。他强调，学校不能只选择有趣的东西，而应该传授系统的知识；学生要学比较容易和有趣的课程，也要学好比较枯燥和比较难的章节。总之，"不要只做有兴趣的事情，而要有兴趣地去做一切必须做的事情"。

结语

韩愈说："师者，所以传道受业解惑也。"（《师说》）自古至今，认为教学的基本要求和主要任务是传授知识的教育观从未改变过。而将教学过程也视为身心愉快和兴趣养成过程的首推夸美纽斯，其《大教学论》开宗明义地宣称："'大教学论'，就是一种把一切事物教给一切人类的全部艺术……；并且它又是一种教起来使人感到愉快的艺术，就是说，它不会使教员感到烦恼，或使学生感到厌恶，它能够使教员和学生全都得到最大的快乐。"（夸美纽斯，1984）[致意读者3] 由此出发，"愉快"或"快乐"成为夸美纽斯教育学说的一个重要概念，也是构建其教学过程的理论和艺术体系的一个主要任务。

他进一步说："（1）教学法是良好教学的艺术。（2）教学就是使别人能学习并学会你所知道的东西。（3）教得好就是使别人能学得快捷、愉快和彻底。""愉快是必不可少的，因为它可以防止潜入的教学的祸患——厌烦和憎恨，因为它能刺激心理并保持它对功课的兴趣。"（夸美纽斯，2006）[288] 这无疑是对教学过程规律认识的重大进步和发展，在西方近代，关于教学既是学习、学会的过程和艺术，又是使学生感到愉快和兴趣的过程和艺术的思想观点由此确立了起来，并延续了几百年。

19世纪英国著名教育家斯宾塞提出了关于"快乐教育"与"自我教育"的一些原理。他认为，"对孩子早期智力的培养，应当与在青少年时期同样，是一种快乐教育与自助学习结合的过程。培养自我教育能力应当是全过程的核心，它引起的心智活动应当是孩子愉悦接受的"（斯宾塞，2009）[111]。他极力主张"把教育看做自我教育过程，因此也是个愉快的教育过程"（斯宾塞，2005）[83]。

　　需要特别指出的是，洛克和卢梭把这一思想观点推向了极端，并引起了许多批评和争议。一方面，洛克坚决反对经院主义教育无视儿童心理的粗暴的教鞭纪律，以及传统教育把教学看成单纯传授知识甚至强迫灌输的做法，因而呼吁教师要注意把握儿童喜好和兴趣上的有利时机，认为"教会他们诸种事项的正确方法是让他们养成一种对所学事物的喜爱和兴趣，这样他们才肯用功和练习"（洛克，2005）[146]。另一方面，洛克又将教学过程游戏化和娱乐化，认为儿童的学习决不可变成一种负担，也不要被当作一种任务去完成。他甚至说，"我常发一种奇想：学习可以变成儿童的一种游戏、一项娱乐；觉得如果学习被儿童当作一件充满荣耀、名誉、快乐及娱乐意味的事情，或是把它当成作了某事的奖励"（洛克，2006）[143]。卢梭与洛克一样，也试图根据儿童对周围事物和现象的兴趣需要，建立一种能为儿童接受并感到愉快的教学体系。尤其是对于少年儿童，"要他工作或要他游戏，在他看来都是一样的；他的游戏就是他的工作，他觉得两者之间是没有差别的。他做一切事情都是兴趣盎然，令人欢笑，而且动作大方，令人一看就感到喜悦；从他所做的事情就可以同时看出他的心理的倾向和知识的范围"（卢梭，2001）[208-209]。这些主张显然是洛克观点的翻版。

　　首先是德国的康德和利希滕贝格"批评了那种认为应该把孩子生活中的一切都变成游戏的妄想"，反对一味"纵容他们的好奇心"。康德指出，"让儿童把一切都看成游戏是极其有害的"，"儿童应该游戏，应该有休息的时间，但他们也必须学会劳动"。虽然"在劳动中，忙碌本身并不令人愉快，而是为了另外的目的"，然而"儿童学会劳动，这是最最重要的"。在他看来，"教育必须带有强制性，但绝对不能是奴役性的"。（康德，2005）[28-29]

接着是瑞士教育家裴斯泰洛齐的批评。他一方面高度重视兴趣在教学中的重要作用，认为"厌倦是教学的主要弊病"，"兴趣是学习中的头等大事"，要将儿童兴趣培养作为教师教学的"一个法则"；另一方面又反对把教学完全当成娱乐、游戏的过程，并将兴趣和努力统一起来，肯定了努力在知识掌握中的作用以及内在兴趣在促进努力中的作用。他指出："当我力劝母亲要避免其教学使学生厌倦时，我并不是希望提倡这样的观点，即认为教学应该始终具有娱乐性，或者甚至具有游戏的性质。……要习得知识必须作出努力。但是，不应该教育儿童把努力看作是一种不可避免的灾难。不应该使恐惧成为激励努力的动力。这将会扼杀兴趣，并会迅速地引起厌学情绪。"（裴斯泰洛齐，1992）[391]

19世纪俄国一些民主主义教育家也抨击了近代教学游戏化和娱乐化的思想。如乌申斯基（2007）[213] 提出，"要使教学工作尽可能引起儿童的兴趣，但又不使这一工作变成娱乐——这是教学论的一项最困难而又最重要的任务"。他认为，"使严肃的课业吸引孩子——这就是初级阶段教学的任务"，尤其是从一开始就应当使孩子学会热爱自己的责任，并从执行责任中找到乐趣。他强调教学一定要把学习与游戏分开，使学习成为儿童的一项严肃的任务。因为教学并不都是趣味性的，其中必定并且应当有枯燥乏味的东西。他提出了一个著名论断："应当教育孩子不仅习惯做他感兴趣的事，也要习惯做他不感兴趣的事——以执行自己的责任为乐趣而做。"（乌申斯基，2007）[368-369]

车尔尼雪夫斯基一方面指出教师的义务和责任是使教学尽可能引发学生的兴趣，另一方面又批评了想借此把教学变成消遣过程的企图。（曹孚，1979）[275] 他认定能够引发学生兴趣的教学只是提高教学效果的手段，而不是目的本身；要使学生对教学发生兴趣，只有采用最适当的、动人的讲述形式。这种观点深刻而广泛地影响了俄国和苏联的许多教育家和心理学家。如索洛维契克在提倡和实验兴趣学习说的过程中，特别强调兴趣与义务、责任、努力的结合。他指出，学校不是马戏院，而是劳动场所，"满怀兴趣地学习——这绝不是象娱乐那样学习"，"这是一种严肃的、负有重大责任的生活，是一种充满意义和欢乐的生活"。他说："义务和兴趣象两台牵引着重载列车的联接在一起的内燃机车。那些怀着厌恶心情尽守职责的人，那些只凭兴趣却又玩忽职守的人，他们的生活都是不充实的、无价值的、痛苦的。只有愉快地履行自己义务的人，才能得到愉快。"所以，学校不能只选择有趣的东西，而应该传授系统的知识；学生既要学好比较容易和有趣的课程，也要学好比较枯燥和比较难的章节。他将此归结为一句话："不要只做有兴趣的事情，而要有兴趣地去做一切必须做的事情。"（索洛维契克，1983）[8-12] 这显然是乌申斯基名言的翻版，却是极为重要也值得反复强调的论断。

　　综上所述可以看出，兴趣是促进学生发展的至关重要的心理因素，它在教育教学中的重要价值是确定无疑的。关键是在激发和培养学生学习兴趣的过程中，不致使教学变成肤浅的游戏和娱乐，从而将学有兴趣、学得快乐与刻苦努力、责任担当有机统一起来。这正如杜威、克伯屈所强调的，将一个人的兴趣或自我的活动与应该学习的对象和过程融为一体，既不求助于单纯的意志力量，也不热衷于赋予事物以趣味。如果说夸美纽斯在《大教学论》中提出的教师"少教"而学生却可以"多学"是教学论的"皇冠"的话，那么攻下这个尖端的课题则是摘取"皇冠"上的一颗"明珠"。如此一来，洛克、卢梭提出的理想的教学过程也是兴趣快乐的过程的梦想，也可以视为教学论要攻克的教学中的"哥德巴赫猜想"。

第六章

以兴趣为取向的教育目的观

知之者不如好之者，好之者不如乐之者。

———孔子

教学的最终目的虽然存在于德行这个概念之中，但是为了达到这个最终目的，教学必须特别包含较近的目的，这个较近目的可以表达为"多方面的兴趣"。

———赫尔巴特

遵循自然的教育目的，意思就是注意儿童爱好和兴趣的起源、增长和衰退。

———杜威

在教育上，兴趣既与目的有关，又与手段有关；也就是说，兴趣既是目标，又是与旨在达到目标的经验相关的动机力量。然而，在这里，我们把兴趣看作是一类目标。

———泰勒

"趣味教育"这个名词，并不是我所创造，近代欧美教育界早已通行了，但他们还是拿趣味当手段，我想进一步，拿趣味当目的。

———梁启超

我们的任务就在于，在学校里不要使任何一个学生成为毫无个性的、没有任何兴趣的人。

———苏霍姆林斯基

子曰："知之者不如好之者，好之者不如乐之者。"（《论语·雍也》）这句话表明了兴趣学习、喜欢学习、快乐学习的重要性，也说明了"好之""乐之"是学习的最高境界、教学的最佳目标和效果。作为一种理论的兴趣学说，是西方近现代教育学和心理学发展的产物，也是中外兴趣教育思想理论交融的结果。这种理论和学说不断发展，围绕着兴趣与教育尤其是教学过程诸方面的关系形成了一套观点，其中一个重要的论断便是把学有兴趣、学得快乐当作一个十分重要的教学目标。

一、西方近现代的兴趣教育目的观

（一）卢梭自然教育目的观中的兴趣

卢梭是"兴趣教育"的首倡者，其教育思想的最大特点是以儿童为本位，遵循自然法则；其提倡的"自然教育"的最终目的是培养"自然人"，即相对于专制国家的公民来说独立自主、平等自由、道德高尚、能力较高的人。但是在具体教学目标上，卢梭接受了前人特别是洛克的主张，不看重知识传授的全面和多少，而注重知识掌握的效用和价值，并强调启发儿童学习兴趣和欲望、教给他们学习方法和获取知识的能力的重要性。他多次表达过这样的观点："我的目的不是教给他各种各样的知识，而是教他怎样在需要的时候取得知识，是教给他准确地估计知识的价值，是教他爱真理胜于一切。"（卢梭，2001）[284] 因此，"问题不在于教他各种学问，而在于培养他有爱好学问的兴趣，而且在这种兴趣充分增长起来的时候，教他以研究学问的方法"（卢梭，2001）[223]。"我们应当了解，问题不在于怎样用强力迫使他进行活动，而是要使他产生某种欲望，从而促使他去进行活动；这种欲望，如果在自然的秩序中善加选择的话，就可使我们达到一举两得的目的"（卢梭，2001）[157]，"可以把它们综合起来达到一个共同的目的，即使人容易学习，有兴趣去学习"（卢梭，2001）[244]。

在卢梭之前，人们完全把学习兴趣作为一种教学手段和方法来看待，而卢梭虽然没有把培养儿童的学习欲望和兴趣看作自然教育的目的，但至少将其看作具体实施自然教育的一个目标和任务，或者说，他是从儿童的兴趣和需要出发来确立他的教学目的的。对此，杜威（2001）[127] 有直截了当的评价："回到卢梭的主张中所包含的真理因素上，我们发现，把自然发展作为教育的目的，使得他能指出种种方法，纠正目前教育实践中的许多流弊，并指出若干可取的特殊的目的。"他又指出："遵循自然的教育目的，意思就是注意儿童爱好和兴趣的起源、增长和衰退。"（杜威，2001）[128] 美国教育学者霍恩直接采用了这一看法，他说，卢梭的一般的教育目的，使他能够指出一些"有价值的特殊目的"，其中之一就是"要注意兴趣的产生、高涨和消退"。（霍恩，1989）[575-576] 美国教育学者布鲁巴克（1989b）[408] 则认为："卢梭对后来教育目的的叙述的影响是巨大的。瑞士的改革家裴斯泰洛齐（Pestalozzi, J. H., 1746—1827）和德国的神秘主义者福禄贝尔（Froebel, F. W. A., 1782—1852）两人至少大部分是从儿童的兴趣和能力的观点来确定他们的教育目的的。他们如此做的哲学理由，以及他们用来影响他们结果的方法是相当不同的，但是，在关于通过把发展儿童独特的潜能作为社会改造的教育目的方面，他们实质上都是一致的。"

（二）赫尔巴特兴趣取向的教育教学目的论

赫尔巴特极为关注教育目的，其教育思想是围绕着这个轴心旋转的。（徐小洲，2000）他的多方面兴趣学说闻名于世的一个主要原因，就在于他史无前例地提出了以多方面兴趣为教育教学直接目的的思想观点，从而成为西方近现代兴趣教育思想发展的一个分水岭。所以，康内尔（1990）[135] 评价说，在赫尔巴特之前，"还没有人事先明确地试图探索兴趣能使学习容易的方法，也没有人充分大胆地提出兴趣在培养专心致志的人方面实际上应被看作教育的目的"。

1. 教育的直接目的——兴趣的多方面性

赫尔巴特教育学的理论基础是实践哲学（伦理学）和心理学，他在前者基础上提出了教育的最高目的——德行，在后者基础上提出了教育的直接目的——多方面兴趣。赫尔巴特将教育目的区分为两种："纯粹可能的目的"（或称"意向目的""选择的目的"）和"必要的目的"（或称"道德目的"）。他从西方教育传统及其伦理学基础出发，坚信教育的最高目的是道德（赫尔巴特，1989）[36]。他说："教育的唯一工作与全部工作可以总结在这一概念之中——道德。""道德普遍地被认为是人类的最高目的，因此也是教育的最高目的。"（张焕庭，1979）[259-260] 这就是教育的"必要的目的"或"道德目的"，即形成内心自由、完善、仁慈、正义和公平五种道德观念。所谓"纯粹可能的目的"，是"学生将来作为成年人本身所要确立的目的，这是教育者当前必须关心的；他必须为使孩子顺利地达到这些目的而事先使其做好内心的准备"。这个教育目的是多方面的而不是统一的，因为"人的追求是多方面的，所以教育者所关心的也应当是多方面的"。（赫尔巴特，1989）[36-37] 而且，必须把人的多方面生活从纷繁杂乱中转移到多方面兴趣上来。在他看来，社会分工越来越细，人人都必须热爱一切工作，每个人都必须精通一种工作，这种专一的精通是各人所意向的事情，而这只有通过一开始就做出多方面的努力，才能最终选择和找到自己合适的位置和喜欢的职业。赫尔巴特（1989）[38] 说，"这就是教育的任务。因此，我们把教育目的的第一部分叫做兴趣的多方面性"。在他看来，恰当的教育就在于给予青年广泛的经验，由此产生出多样化的兴趣而最终导向美德。

2. 教学的较近目的——多方面兴趣

赫尔巴特的教学目的与教育目的是重合的，教学的目的和任务同教育的目的和任务也是一致的。他认为，任何教学都应当是教育性的，而任何教育都需要把教学作为其主要手段。他把教育和教学统一起来，创造性地提出"教育性教学"的概念和思想，认为教学的最高目的和直接目的分别是培养德行和多方面兴趣。他在晚年出版的《教育学讲授纲要》中指出，"德行是整个教育目的的代名词"（赫尔巴特，1989）[193]，"教学的最终目的虽然存在于德行这个概念之中，但是为了达到这个最终目的，教学必须特别包含较近的目的，这个较近目的可以表达为'多方面的兴趣'"（赫尔巴特，1989）[217]。他认为："兴趣来源于使人感兴趣的事物与活动。多方面的兴趣产生于这些事物与活动的富源之中。创造这种富源，并把它恰如其分地奉献给儿童乃是教学的任务。"（赫尔巴特，1989）[47]。在他看来，培养学生对知识的浓厚兴趣是实现最高教育目的的首要条件，没有兴趣就不可能有真正的道德教育；兴趣必须是多方面的、均衡的，教学中如果只有单一的兴趣，或者某个方面的兴趣过度，会出现与完全缺乏兴趣相同的结果：破坏完善道德的培养。因此，兴趣必须向多方面发展，多方面兴趣应该构成一个匀称的统一体。

3. "兴趣的多方面性"的含义

"兴趣的多方面性"是认识和把握赫尔巴特兴趣学说及其教学目的论的一个关键问题。所谓多方面性，首先是指人的追求是多方面的，智力活动是多样化的，所以教育要发展多个方面，而不是发展某一方面或某些方面。赫尔巴特（1989）[37]认定，教育的目的不是单纯的而是多方面的，"从教育的本质来看，统一的教育目的是不可能产生的"。如果非要归纳的话，除了德行的目的之外，就是发展多方面兴趣。其次，多方面性是平衡的、和谐的能力发展，而不是"许多事情都浅尝一下"。他为了把多方面性与过分强调多方面性区别开来，特别指出多方面兴趣是"平衡的多方面兴趣"，是"一切能力的和谐发展"。（赫尔巴特，1989）[39] 最后，多方面性与个性是相容不悖的。他说："个性有许多，但多方面性的观念只有一个。各种个性全部都包含在多方面性中，就象部分包含在整体中那样。部分可以通过整体来测量——部分也可以扩展为整体。它可以通过教育来实现。"（赫尔巴特，1989）[46] 虽然"整体""全面性"等都"可以改进这个表达"，但是，"多方面性这个名词恰恰就这样成了最贴切的表达"。（赫尔巴特，1989）[49] 在这里，赫尔巴特试图将康德（2004b）[521] 关于"按照特殊化原则的多样性兴趣与按照聚合性原则的统一性兴趣"的观点结合起来，以求得多方面兴趣的和谐完美。并且，赫尔巴特"纯粹可能的目的"和"必要的目的"，也可以从康德所谓"理性的一切兴趣（思辨的以及实践的）"[①] 和"至善理想作为纯粹理性最后目的"（康德，2004b）[611] 中找到它们之间的联系。

此外，赫尔巴特认为兴趣是目的，也可作为手段。他说，"假如兴趣已不再是教学的目的，那么我们必须把它视为唯一的一种手段来巩固我们的努力结果"，特别是"要使学生具有真正的科学追求，并在考试以后还起作用，这是不那么容易的，这就使我们回想到多种兴趣方面"。（赫尔巴特，1989）[259]。"在把教育目的确定为发展多方面的兴趣后，赫尔巴特转向探求产生这些兴趣的方法。"（佛罗斯特，

---

① 康德认为它集中在三个问题上：我能够知道什么？我应当做什么？我可以希望什么？

1987）[457]

我们认为，赫尔巴特关于多方面兴趣的教育教学目的观史无前例、极富创意，对教学目的论有重要的启示。一是将多方面兴趣与个性的和谐发展联系在一起，甚至可以说，多方面兴趣的培养就是个性多方面发展的教育。二是把多方面兴趣与道德联系起来，肯定了兴趣的德育价值，确定了兴趣是德育的本质部分，也是教育过程的本质部分。三是推进教育教学目的的具体化进程，有利于教育教学目标任务细化和可操作化。这也是赫尔巴特将教育学建立在心理学基础之上，构建心理学化教学论的一个集中体现。四是彻底改变了关于兴趣与学习关系的传统观念。在赫尔巴特时代，"知识学习是目的，兴趣是手段"的观点仍然很盛行。但他一反常态，开拓创新，置换了学习和兴趣的位置。他的这种做法不但是推进教育教学目的具体化的重要探索，而且具有特别非凡的意义。对此，诺尔评价说，"这就是他真正哥白尼式对于教育学说的拨乱反正"，"即使是最激进的现代教育学也不能胜过这一点，就是美国基尔帕特里克（Kilpatrik，W. H.）的设计教育学一书也还引证了赫尔巴特的兴趣学说"。（赫尔巴特，1989）[375]

4. 赫尔巴特学派的继承和发展

赫尔巴特学派认为，兴趣是教育过程一个必不可少的本质部分，对教学效果有着很重要的作用，不仅注意、动机、理解、记忆等认识过程和智力活动都依赖于兴趣，而且它也是道德教育特别是价值判断和意志行动不可或缺的驱动力。甚至兴趣还意味着某些更多的东西，它还可以被看作教育过程的目标和教学目的。所以，他们认为，兴趣有两个主要作用：第一，它是教育过程的本质部分，对于学习的影响十分重大；第二，它还可被视为教育过程的目的。（康纳尔，1991）[114]

赫尔巴特学派的代表人物莱因认为，教育的根本任务不在于造就一个塞满知识或在活动中求得成就的学生，而是把学生培养成为具备善良意志的人。这个目标是通过教学途径和过程来实现的，教学又受到人的认知、情感和意志三个要素的制约。其中产生知识的教学依赖情感激发，激发的情感又影响意志，而引发学生发展和有效教学的催化剂就是兴趣。兴趣就是那种使我们的知识具有个人意义的感情体验。"教学目的可以描述为不是产生多方面的知识，而是产生多方面的兴趣。……因此，培养多方面的兴趣，显得可以与发展道德人格相提并论了。"（康内尔，1990）[109] 又如，F. M. 麦克墨里在《兴趣：对它的某些异议》中认为，"兴趣是教学的最高目的，而观念是借以达到目的的手段。那就是说，兴趣是目的，知识是手段"。对赫尔巴特学派来说，"可以对教育的进程作出鉴定的，不是获得知识的数量，而是所培养起来的兴趣之广度和深度。培养具有多方面兴趣的人，是赫尔巴特学派的理想。技能和知识的掌握是重要的，但是具有更突出价值的是具有良好、和谐而又广泛的才艺，这就是明智地建立多方面的兴趣，从而使心灵具有多方面的适应性，和有目的地从事一些有意义的活动"。（康内尔，1990）[132] 所以，康内尔（1990）[135] 评价说："直到赫尔巴特学派提出他们的兴趣理论时为止，兴趣仍然未成为教育理论的一个不可缺少的组成部分。每一个优秀教师，在很久以来，就根据这一设想而工作，即一个学生当他对于他的功课有兴趣时，他就会学得更好，但是还没有人事先明确地试图探索兴趣能使学习容易的方法，也没有人充分大胆地提出兴趣在培养专心致志的人方面实际上应被看作教育的目的。"

（三）杜威论兴趣与教育的内在目的

1. 杜威教育目的论辨析

实际上，杜威并不完全持教育无目的论，他只是反对教育的外在目的。在他看来，教育就像种地、吃饭、睡觉一样，并无什么特殊的目的。杜威的意思是说许多所谓的"教育目的"并非教育真正的内在目的，而是政治的、经济的、文化的等外在目的对教育目的的替代。这些披着"教育"外衣的外在目的，所反映的并非教育含义上的主观意图和利益，而且往往是绝对化、强权化的，完全可能成为扼杀学习者的成长、发展或个性的祸首，这样的教育完全可以成为反教育。因此，杜威（2001）[118] 说："教育目的并没有什么特殊。它们和任何有指导的职业的目的正好一样。教育者和前面所说的农民一样，也有一些事情要做，有一些做事情的办法，有一些待排除的障碍。""如果家长或教师提出他们'自己的'目的，作为儿童生长的正当目标，这和农民不顾环境情况提出一个农事理想，同样是荒谬可笑的。所谓目的，就是对行使一种职责——不管是农业还是教育——所要求进行的观察、预测和工作安排承担责任。任何目的，只要能时时刻刻帮助我们观察、选择和计划，使我们的活动得以顺利进行，这就是有价值的目的；如果这个目的妨碍个人自己的常识（如果目的是从外面强加的，或是因迫于权势而接受的，肯定要妨碍个人自己的常识），这个目的就是有害的。"正是在这种意义上，杜威（2001）[58] 才说："教育的过程，在它自身以外没目的；它就是它自己的目的。"并且，"我们探索教育目的时，并不要到教育过程以外去寻找一个目的，使教育服从这个目的"（杜威，2001）[111]。在他看来，目的总是和结果联系着的，又包含着有秩序的、安排好的活动。他关心的首先是所指定的教学工作是否具有内在的连续性过程，即"把有目的的行动和明智的活动等同起来"（杜威，2001）[114]。否则，"不使人事前注意特定活动的结局，谈什么教育的目的，或者任何其他事业的目的，都是废话"（杜威，2001）[113]。

在杜威看来，"良好目的的标准"，一是所确定的目的必须是现有情况的产物，即目的在活动之内，与实际情境有关；二是在试图实现目的以前就能完全确定好目的，这种目的可以在实践中应用并且是灵活发展的，即实现这个目的的行动可以测验它的价值；三是所定的目的必须使活动自由开展，即对象只是主动的目的的一个方面，指导的关键是成功地把活动继续下去。比如，一个人射击，他的目标就是靶子，但严格说来，靶子并不是目标，而击中靶子才是目标；开枪的人通过靶子来瞄准，但也要看着枪支。这说明目的不是孤立的东西，人们是要用它来做点什么事情。所以，杜威（2001）[119-121] 提出了"一切良好的教育目的所应具备的几个特征"：一是"一个教育目的必须根据受教育者的特定个人的固有活动和需要（包括原始的本能和获得的习惯）"，而非"千篇一律的目的"；二是"一个教育目的必须能转化为与受教育者的活动进行合作的方法"，即"有助于制订具体的进行程序"，而非"硬性规定的""呆板的目的"；三是"一个真正一般的目的，能开拓人们的眼界，激发他们考虑更多的结果（即联系）"，同时又要"警惕所谓一般的和终极的目的"，即"遥远而不切实际"的目的。

2. 兴趣是教育的一种内在目的

那么，杜威所谓"教育的内在目的"究竟指什么？它与兴趣有什么关系？杜威提出，教育是生活的需要和社会的职能，教育即"指导"，即"生长"，即"发展"，即"经验改造"。他认为，"生活就是发展；不断发展，不断生长，就是生活"，"教育的过程是一个不断改组、不断改造和不断转化的过程"，"所谓发展，就是将能力引导到特别的渠道，如养成各种习惯，这些习惯含有执行的技能、明确的兴趣以及特定的观察和思维的对象"。"既然实际上除了更多的生长，没有别的东西是和生长有关的，所以除了更多的教育，没有别的东西是教育所从属的。有一句平常话说，一个人离开学校之后，教育不应停止。

这句话的意思是，学校教育的目的在于通过组织保证生长的各种力量，以保证教育得以继续进行，使人们乐于从生活本身学习，并乐于把生活条件造成一种境界，使人人在生活过程中学习，这就是学校教育的最好的产物。"相反，错误的观点"把生长看作有一个目的，而不是看作就是目的"。（杜威，2001）[58-60] 由此可见，杜威所谓的教育目的就是教育自身和教育过程的"生长"和"发展"，并且学生兴趣养成和乐于学习即是发展的重要内容或标识之一。

杜威在《民主主义与教育》中将"兴趣和训练"置于"教育目的"之下阐述，进一步指出了它们之间的联系。他断言："兴趣和训练是有目的的活动的相关的两个方面。兴趣就是一个人和他的对象融为一体。这种对象规定他的活动，并对活动的实现提供手段和障碍。"（杜威，2001）[151] 他认为师生是教育过程的参与者，"一个参与者在事情发生的过程中可以有两种态度：一方面是对未来结果的关心和渴望，一方面是采取一种行动趋向，保证得到较好的结果，防止较坏的结果"。"有两个名词表示这种态度：关心和兴趣。这些名词表明一个人和他的对象所固有的可能性有密切的关系，……兴趣和目的，关心和效果必然是联系着的。目的、意向和结局这些名词，强调我们所希望和争取的结果，它们已含有个人关心和注意热切的态度。兴趣、爱好、关切、动机等名词，强调预见的结果和个人命运的关系，以及他为要取得一个可能的结果而采取行动的愿望。"（杜威，2001）[137-138]

杜威在南京高等师范学校讲演教育哲学时，再次说明了教育目的以及"要有兴趣"的教育目的及其评判标准。他认为，教育目的和"广义的教育的结果，就是要养成一种习惯"，"所谓习惯，是指的一种技能，指的一种能力"。"习惯的意义，比普通所说的广些。这句话不但仅指表面客观的动作，也包含一切思想而言。凡感情目的种种的

思想皆在其内"，即"养成习惯以后，精神、时间总可以经济，做事敏速而有兴趣"。(杜威，2008d)[13-17]

具体分析，习惯有三个要素：一是"制驭"(intelligent or trimmed fashion)，即能控制和操纵获得的技能或能力，以节省精力和时间；二是"条理"(orderly fashion)，即知识技能是系统的、有次序的、相互衔接的，应用起来流利而敏速；三是"爱情"(interested fashion)，即无论是学一门学科还是做一项事业，有了"制驭"和"条理"，就会产生一种"爱情"，"不做就觉不快意，好像对于所做的有一种爱情"，"假使做事生了爱情，动机就由内部发生，……这种感情的态度，对于事物的反应，在心理学上称为'兴趣'"。总之，"做事能晓得宗旨之所在，意义完全了解，且能生乐趣。所以三种要素配好，就是良好的习惯"。(杜威，2008d)[15-22]

于是，相应地，"教育结果的评判"或"测量习惯"也就有了三层标准：一是目的（要有知识），二是实行（要有变化），三是感情（要有兴趣）。(杜威，2008d)[17] 其中前两个指标指学生不仅学会了知识，而且形成了技能，所学的是活的、变化的、有用的知识，能了解其真实意义，还能应用或运用。换言之，"我们做事要知道目的之所在，与支配的方法"。第三个标准就是感情上的兴趣。杜威认为，凡为所动的，就能发生行为；能发生行为的人，他的本身趋向、自我兴趣，与他所动的对象就发生一种关系、一种结合，也就能生出好结果。"所以教育的力量，入人最深的，就是影响人的好恶，影响人的爱憎。不能使人在根本上发生感情的教育，是肤浅的教育，不是真正的好教育。"验证学生有无真正的兴趣或"天然的兴趣"，要看学生对学习"是参与者的态度"，还是"旁观者的态度"（如同自己下棋与旁观他人下棋的区别），并且"兴趣要在教材本身上发生"，而不是因为"恐吓和奖诱"（因为

后种方法引起的兴趣是不可持续的)。（杜威，2008d）[21-23]

总之，"最要紧的，就是精力和时间的经济，有条不紊的敏速，以及方法正确，生出一种乐趣"。在杜威看来，好学生未必知识"储蓄"得很多，"真正的好学生，是要能养成好习惯能控制本身，并能控制身外的材料，能在社会服务，能解决种种问题，能筹划一切"。（杜威，2008d）[16]。杜威认为，以上观点看起来似乎浅近，但在应用上却非常新奇，也很重要。

3. 兴趣也是讲课和民主社会的任务

杜威所谓的"讲课"（recitationg），指的是课堂特别是"一节课"的教学。这是学校教育的基本元素之一，是教学的主要组织形式，是对教师能力、教育技巧和教学艺术水平的"严峻的考验"。那么，讲课要达到哪些目的或具有什么作用呢？杜威认为一般来说有三项：刺激、指导和检查。其中，刺激是指"讲课要刺激学生理智的热情，唤醒他们对于理智活动和知识以及爱好学习的强烈愿望——这些主要是指情绪态度上的特征"；指导是指"讲课要指导学生形成良好的学习习惯"，指导应当与刺激同时进行；检查是指"讲课应当检查已经获得的知识"，检查的作用应该是连续不断的。在关于讲课的首要任务——刺激方面，杜威认为，学生的学习和智力活动与人在心理和生理上的欲望一样，最基本的动力来自内部，社会情境中的刺激决定着理智动力前进的方向，所以，"讲课应当成为一种情境，使一个班、一个组形成为一个社会的统一体，有着共同的兴趣，在一个成熟的、有经验的人的领导下，促进理智的热情。……讲课这一段时间里的任务，就在于激起学生的心灵，使它有所作为，使学生产生某种程度的理智的兴趣。……这是一件最为紧要的事"（杜威，2008e）[250-254]。

此外，从杜威的社会理想——"民主社会的生活方式"中，也可以找到兴趣的踪迹。他把对民主的"社会兴趣"作为民主主义教育的一个结果，把"自愿的倾向和兴趣"作为实现其"民主的理想"的一个途径。他说："民主的社会既然否定外部权威的原则，就必须用自愿的倾向和兴趣来替代它；而自愿的倾向和兴趣只有通过教育才能形成。"（杜威，2001）[97] 杜威在中国的演讲中也提到，为了实现民主国家教育的目的——培养良好的社会分子和公民，首先在感情方面必须"使儿童有对于社会尽义务的兴趣或心愿"（杜威，2008c）[97]，其次在知识方面要给他们社会上必需的知识，最后要使他们养成实行的习惯，使他成为对社会有用的人才。"简言之，就是怎样使学生社会化，怎样使儿童变成社会的分子，有社会的兴趣。"（杜威，2008c）[101] 由此可见，在杜威心目中，教育其实是有目的的，其教育无目的论是为了纠正脱离儿童而由成人决定教育目的的旧教育，并非从根本上放弃教育目的。

4. 兴趣的目的和手段的统一

杜威是哲学家、教育学家、心理学家，他对教育问题的看法，充斥着哲学的味道、宏观的视角和辩证的思维。扬弃二元论，反对"非此即彼"的思维方式，是杜威教育哲学的一个核心问题。在儿童与课程、心理与逻辑、经验与学科、兴趣与努力等一系列问题上，杜威一直强调它们之间的有机统一，试图以综合的方式来解决二元论的问题。在以兴趣为取向的教育目的问题上，杜威也以同样的一元论的方法或"综合的方式"进行了深入辨析。

首先，杜威认为，以兴趣或专心、虚心、责任心为核心内容的态度，与逻辑知识以及方法性的知识，是相辅相成的两大方面。"如果强使我们做出选择，一是个人的态度，另一是关于逻辑推理原则的知识，后者具有某种程度的技巧，能巧妙处理问题的特殊的逻辑方法，我们将选择前者。幸好，我们不必做出这样的选择，因为个人态度和逻辑方法并不是对立的。我们需要铭记在心的是,在教育目的上,不能把一般性的抽象的逻辑原理和精神上的特质分离开来,把二者编织起来形成一个整体,才是我们所需要的。"(杜威,2008e)[72]

其次,关于兴趣本身,杜威(2008a)[176]批评传统教育寻求的是"行动过程外在的目的和方法",而不是"行动过程内在的目的和方法",为儿童确定他们不理解和不需要的目的,把目的和手段分开。活动作为手段,其价值取决于能否达到目的的要求,这样活动就变成了苦役。然而,自由活动中出现的目的是与手段密切结合的。一项目的达到后,活动并不中止,已达到的前项活动目的成为下一活动目的的手段,如此交替进行,目的也是手段,手段也是目的。其中兴趣也是目的与手段的统一,如果照顾到教学活动的对象和过程的背景条件并合理实施,兴趣本身既是目的也是手段,反之亦然。正是在这种意义上,杜威(2008a)[201]才说,"认为兴趣本身就是目的和方法,必将一事无成。兴趣不是靠考虑它和以它为目标就可以获得的,而是靠考虑和针对在它的背后和激发它的条件才能获得。如果我们能发现一个儿童的迫切需要和能力,又如果我们能提供一个有材料、有用具、有资源的环境——自然的、社会的和理智的——以指导它们恰当的运作,我们就不需要去考虑兴趣。他会自己关照自己。因为心理之所以成为心理,就在于它碰到了它所需要的东西。教育家、教师、家长和国家的问题就是要提供一个能促成教育性的和发展性的环境,哪里出现了这种环境,教育所需要的唯一的事情就具备了"。

这又回到了杜威所谓"真正的兴趣"的问题上。他说:"把学习的对象和课题与推动一个有目的的活动联系起来,乃是教育上真正的兴趣理论的最重要的定论。"(杜威,2001)[148]"兴趣这个词,从英文词源上说,含有居间的事物的意思——即把两个本来远离的东西联结起来的东西。在教育上,这个距离可以视为时间上的。"教育生长和学习过程的开始阶段(学生现有的能力)和完成时期(教师的目的)之间有一段路程,"是手段即居间的种种情况——如要完成的动作;要克服的困难;要使用的工具等。只有通过这种种居间的事物,开始的活动才能取得完满的结果",它是达成目的的"手段"和"中介"。(杜威,2001)[140] 这里一方面要有意志的态度、努力的改造、不断的注意和忍耐;另一方面又要有兴趣,它与活动对象融为一体,处于连续不断发展的情境之中,而不是某种孤立的东西。"兴趣能够测量——毋宁说就是所预见的目的,深深地吸引人积极行动,去实现这个目的。"(杜威,2001)[143] 总之,"教学的问题,乃是寻找材料使一个人从事特殊的活动的问题。这种活动有一个重要的目的,或对他有兴趣;同时,这种活动不把事物当作操练的器械,而当作达到目的的条件"(杜威,2001)[146]。杜威的独到之处在于,视兴趣为教学活动的发展状态、预见的和希望得到的教育客观结果、儿童个人的心理倾向,实际上是把兴趣与教育教学目的及其过程的内容和方法"统一"起来,"融为一体",而不是"孤立"对待。

最后,我们也要看到,杜威的教育目的论也有虚悬的一面,并且长期存在争议。例如,他关于"教育即生长"的教育目的观,曾经受到一些学者的质疑,被认为"既含糊又浮泛","总括说来,对生长即为教育最后目标的主要指责,是它没有确定什么是生长的正确和理想的方向。这正好显示出工具主义的致命弱点:缺少目的性与决定性"。(布鲁巴克,1989a)[334] 这在他以兴趣为取向的教育教学目的观中也有所反映。在此卢梭(2001)[135] 的话很有启发:"我只补充一句话,而这句话是可以作为一个重要的准则的,那就是:一般地说,你不急于达到什么目的,反而可以很有把握和十分迅速地达到那个目的。"无论是兴趣的目的还是教育教学的其他目的，这个"准则"都适用。正如杜威讲的，无论是教师还是农民所要做的，就是根据一个可行的目标和结果，好好把握和精密实施教书或种地的过程和活动。

（四）"泰勒原理"中包含的教育目标与兴趣

现代教育评价和课程理论的创始者泰勒早年倾向于进步主义教育。他十分看重教育目标在教育计划中的重要作用，以及学习者及其兴趣在确定教育目标中的重要作用，还把培养学生学习兴趣当作教育的一个重要目标。

1. 确定教育目标的来源和依据

泰勒提出的课程与教学的基本原理是围绕着确定目标、选择经验、组织经验和评价结果这四个中心问题展开的，其中确定目标是最为关键的一步。他说："教育目标是选择材料、勾划内容、编制教学程序，以及制定测验和考试的准则。教育计划的各个方面，实际上只是达到基本教育目标的手段。因此，我们如果要系统地、理智地研究某一教育计划，首先必须确定所要达到的各种教育目标。"泰勒认为，教育目标"是有意识地想要达到的目的，也就是学校教职员期望实现的结果"，学校领导和教师与其说是制定目标，还不如说是选择目标，即做出"各种价值判断"。（泰勒，1994）[1-2] 他吸收了他的前辈杜威、同事波特、学生塔巴的观点，折中了当时进步主义、要素主义和社会学家的观点，将对学生的研究、对社会生活的研究和学科专家的建议等三大方面，作为确定教育目标的主要来源和依据，从而形成一种范式，一直影响着课程领域的学者。

泰勒认为，如何具体表述课程教学的教育目标，是一个值得重视的问题。由于教育目标的来源多样，应该"用有助于学习经验和指导教学的方式陈述教育目标"，既指出要使学生养成的行为，又言明这种行为能运用的生活领域或内容。也就是说，最为有效的陈述教育目标的方式，体现了"行为"和"内容"两个维度。以高中生物为例，目标中的行为方面有理解重要的事实和原理、熟悉可靠的信息来源、解释资料的能力、运用原理的能力、研究和报告结果的能力、广泛和成熟的兴趣及社会态度等；目标中的内容方面有人体的消化、循环、呼吸、生殖功能等。他说："仅仅陈述目标在于形成广泛的兴趣，不具体指出唤起和刺激这些兴趣的各个方面，这说明目标的阐述还不够清晰。"（泰勒，1994）[36]

2. 学习者及其兴趣对确定教育目标的影响

泰勒认为，学生兴趣是"对学生的研究"的主要内容之一，是"教育目标的来源"的一个重要依据。他高度重视进步主义教育者阐释的"把儿童的兴趣和需要作为制定目标之基础的重要性"，将"对学生的研究"作为确定教育目标的首要来源和依据。他像杜威一样，强调教育是一种主动行为，是学习者积极主动投入的过程，学校应该为学生提供各种活动的机会，让他们积极参与其中，专心处理他们感兴趣、与他们密切相关的事情，尤其是要学会如何有效地从事这类活动。所以，他所谓"对学习者本身的研究"，其实指的就是研究学生的兴趣和需要。泰勒说："进步主义教育的基本理论——即教育目标的主要基础是学习者本身的兴趣——经过大量宣传后已众所周知。按照这种观点，我们必须确定儿童的兴趣，以便使这些兴趣能够成为教育上注意的焦点。……因此，各种不同团体对学生兴趣所进行的调查研究，都有助于阐明种种可行的学校教育目标。当这些兴趣是理想的兴趣时，它们就成了有效的教学的起点。如果这些兴趣是不理想的、狭窄的、有限制的或不恰当的话，那么，它们也就表明了是要予以克服的差距，只有这样，学生才会接受一种有效的教育。"（泰勒，1994）[7-8]

至于如何具体操作，泰勒（1994）[11] 指出："为了能透彻了解从学生兴趣与需要的资料中，获得教育目标的各种解释以及所涉及的种种困难，我建议你记下你所熟悉的一些学生团体的有关资料，并尽可能全面地阐明一组有关他们兴趣与需要的资料。然后把这些资料所隐含的教育目标写下来。在把你想到的每一个教育目标都记下来以后，再看看你准备如何达到这些目标？你考虑到了哪些其它的因素，你怎样才能根据这些资料推断出你所确定的这些特定的教育目标？我想这种练习，既能向你表明，以有关学生的具体资料作为提示教育目标之基础的价值；又能指出解释这类资料时会遇到的各种困难。"多年之后，泰勒在自我评价《课程与教学的基本原理》时，不仅没有减弱，反而进一步强化了"学习者的积极作用对教育目标的选择具有重要意义"这一观点。他说："我现在更加强调学生在学习过程中的积极作用，更加强调学生的介入对课程编制所具有的意义。……60 年代在美国从事的大量课程研究项目，目标通常是由教材专家选择的，很少关注学习者的兴趣与需要。""强调学习者的积极作用，对教育目标的选择具有重要意义。……目标对未来的学习者还应该是有趣味的或有意义的，或者是他们在教学过程中能够达到的。兴趣与觉察到意义，这一准规——我在 1950 年出版的这本书中已提及，并予以简要地阐述——在目前被忽视了，甚至被那些在陈述课程编制基本原理（这种原理看上去与《课程与教学的基本原理》所提出的原理相类似）的人所忽视了。"（泰勒，1994）[116-117]

3. 培养学习者兴趣的教育目标

泰勒认为，兴趣既是目的又是手段，更是一个重要教育目标。关于兴趣既是手段又是目的的看法，在泰勒生活的时代（20 世纪上半叶）人们已经习以为常。如爱因斯坦（2000）[35] 在《论教育》一文中认为："在学校里和生活中，工作最重要的动机是工作中的乐趣，工作所得到的成果的乐趣，以及对该成果的社会价值的认识。在年轻人的这些心理力量的觉醒和强化之中，我看到了学校被赋予的最重要的任务。"鉴于兴趣的特殊重要性，泰勒不但将学生的兴趣作为选择教育目标的一个重要依据和来源，而且把兴趣本身也视为重要的教育目标。他说："在教育上，兴趣既与目的有关，又与手段有关；也就是说，兴趣既是目标，又是与旨在达到目标的经验相关的动机力量。然而，在这里，我们把兴趣看作是一类目标。人们之所以常常强调兴趣是重要的教育目标，是因为一个人对什么感兴趣，在很大程度上决定了他会去注意些什么，而且还常常决定了他会去做些什么。因此，兴趣往往使行为集中在一些特定方向上而不是其他方向上，这种兴趣确实是使一个人成为哪一种人的强有力的决定因素。"（泰勒，1994）[62]

二、中国近现代的兴趣教育目的观

（一）中国近现代教育中的趣味目的论

中国古代统治者历来重视教育作为维护封建统治工具的作用，所谓"建国君民，教学为先"，教育旨在"化民成俗"（《学记》）。《说文解字》曰，"教，上所施，下所效也"，"育，养子使作善也"，说明教育以育人为本、以德善为先。培养"格物、致知、诚意、正心、修身、齐家、治国、平天下"的"君子"（《礼记·大学》），是教育的最高境界和目标。而教学目的或教师的作用则在于"传道授业解惑"（韩愈《师说》），即传做人之道、授学习之法、解自身之惑。

　　清末民初，时代发展，思想大开，海外教育思潮流入国内，最早多从日文转译而来，主要介绍夸美纽斯、卢梭、裴斯泰洛齐、第斯多惠、赫尔巴特等人的教育思想。此外，还有日本学者自编的教育学、教学论等著作。由此，学者得知西方教育教学目的有自然说、社会说、文化说以及实质教育和形式教育之说等，并晓得传授知识和技能或"传道授业解惑"并非目的之全部。如李廉方（2006a）[12]（李步青）在1914年出版的《各科教授法》中指出："一面取实质主义，选择教授之材料，一面取形式主义，注意于教授之方法，而又于知识之输入、增进兴味，使观念永住而不减。斯教授之目的可达也。"当时日本受赫尔巴特学派影响最大，突出其统觉、兴味、五段教授法等内容，其培养兴味的目的说对我国教育学也产生了影响。张子和（2009）[85-86]的《大教育学》一书认为，"教育者论教授之目的，往往有主张在养成兴味者，盖指能动者①言也。近今如赫尔巴特派，即以养成多方兴味为教授之主要目的"，另外，"维氏之说②，亦以兴味为重者也"。蒋维乔编写的《教授法讲义》主要受赫尔巴特学派的影响，在"教授之目的中特别推崇赫尔巴特的兴味说，认为'各科教授时固以引起兴味为要'"（董远骞，2007）[216]。

　　五四运动前后，随着欧美进步教育、新教育及其兴趣学说和教育目的论的直接引进，国内一些学者对以儿童及其兴趣为取向的教育教学目的观的认识得以深化。如陈鹤琴受杜威实用主义教育理论的熏陶，对儿童兴趣倍加重视。他抗战前在南京实验"幼稚教育"，抗战期间在江西实验"活教育"，都非常强调儿童特别是幼儿兴趣的重要性，并把发现内在的兴趣与培养做人的态度、养成优良的习惯、获得求知

---

① "能动者"指"能动的兴味"，是相对于"受动的兴味"而言的。

② "维氏之说"指维尔曼的机能说。

的方法、训练人生的基本技能一起作为其"活教育"的目的。（王秀南，1947）陈礼江编译的《普通教学法》将"教学中之注意和兴趣"作为一个重要的教学原理，认为"我们教师工作所追求的，不特使儿童对于所做工作的注意达于顶点，并且要他离校以后，仍能发生兴趣与热望。我们以为兴趣常适合做达到最强注意的工具，自然也就是最高成绩的工具；但我们也很值得视兴趣为工作所追求的最后目标。……趣味之启发，热情之创造，这便也是最大的贡献"。（Strayer，Norsworthy，1932）[77-78] 值得强调的是，在这种背景下，一些教育家根据国情或教育实际、治学经验或自身感受，提出了具有中国特色的兴趣取向的教育目的论。这里选取比较有代表性的四位学者的观点做一介绍。

（二）梁启超："拿趣味当目的"

梁启超是中国近现代趣味教育的发明者和系统论述趣味教育第一人，他从趣味主义人生观出发，把趣味的养成当作教育的目的。梁启超说："'趣味教育'这个名词，并不是我所创造，近代欧美教育界早已通行了，但他们还是拿趣味当手段，我想进一步，拿趣味当目的。""我们主张趣味教育的人，是要趁儿童或青年趣味正浓而方向未决定的时候，给他们一种可以终身受用的趣味。"在他看来，教授"学问"（知识）固然重要，但养成"趣味"则更为高明，趣味的培养应该是教育的目标，因为"教育家无论多大能力，总不能某种学问教通了学生，只能令受教的学生当着某种学问的趣味，或者学生对于某种学问原趣味，教育家把他加深加厚。所以教育事业，从积极方面说，全在唤起趣味；从消极方面，要十分注意不可以摧残趣味"。在教育过程中，梁启超强调"无所为"。所谓"无所为"，是指学习和做事不要抱特定的目的，要对事情本身产生兴趣。"所以教育家最要紧教学生知道是为学问而学问，为活动而活动；所有学问，所有活动，都是目的，不是手段，学生能领会得这个见解，他的趣味，自然终身不衰了。"不仅如此，梁启超认为教育工作是最有趣味的职业，教育者也要把教育趣味当作目的。他说："我们要选择趣味最真而最长的职业，再没有别样比得上教育。""从事教育职业的人，一面教育，一面学问，两件事完全打成一片。所以别的职业是一重趣味，教育家是两重趣味。"所以，他劝告"在教育界立身的人，应该以教育为惟一的趣味"（梁启超，2005a）[336-341]。

如前所述，梁启超持有趣味主义人生哲学，这是他"拿趣味当目的"思想的基础和根源。要走近梁启超，要理解其趣味教育以及"拿趣味当目的"的思想，绕不开他自得自悟的趣味主义人生观。梁启超鼓吹趣味主义人生观，倡导趣味教育并"拿趣味当目的"，这不仅在当时，即便在现在都称得上是一种很大胆的言论，对人生理念和教育思想都可谓有强烈的冲击。尤其是梁启超"拿趣味当目的"的思想，与西方近现代以赫尔巴特为代表的拿兴趣作"教育的直接目的"的观点不谋而合，这在我国教育史上是具有开创性的。"趣味主义"并非梁启超的一时兴起，也非其一般的思想主张，可以说它在梁启超的全部人生经历和整个学术思想中都占据着相当重要的位置。有美学研究者称："梁启超一生涉足的领域众多，从事的实践丰富多彩，其人生履历大有令人眼花缭乱之感，但最终，其所苦苦思索与孜孜追求的理想人格与理想人生，惟有其自己所界定的趣味主义才能予以最恰当的诠释与展现。"（金雅，2005）[5] "趣味主义，实乃梁启超一生的精神支撑"，"正是这趣味主义的人生观，成为梁启超一生乐观精进的原动力"，"而且，在处理具体的生活事项时，他也是率趣而为"。（方红梅，2009）[5-7]

（三）朱光潜：文学教育的"趣味目的"

朱光潜是我国现代美学的开拓者和奠基者之一，也是文学教育家，他曾就读于香港大学教育系，有较为扎实的教育学和心理学的教育背景。"趣味"是朱光潜论著中经常提到的概念，其趣味说主要形成于20世纪30年代，代表作有《谈趣味》《谈读诗与趣味的培养》《文学的趣味》等。他在人生和文艺上信奉趣味主义和趣味说，在文学教育目标上强调要"培养纯正的趣味"。

首先，朱光潜持有趣味主义人生观。他晚年回顾他一生的思想来源和发展，说道："是非善恶对我都无意义，我只觉得对着这些纷纭扰攘的人和物，好比看图画，好比看小说，件件都很有趣味。……有些有趣味，是因为它们带有很浓厚的喜剧成分；有些有趣味，是因为它们带有很深刻的悲剧成分。"（朱光潜，1987a）[59] 有评论认为，趣味主义观念使朱光潜的人生无处不充满了趣味，正是这种前后一贯的趣味主义人生观促使他在感情元素的基础上融合了趣味这种新元素，并从根本上形成了体现自己作为一个旁观者的趣味人生观的"情趣"说。（肖学周，2004）

其次，朱光潜认为文学的修养主要是趣味的修养。他说："文艺标准是修养出来的纯正的趣味"（朱光潜，1987c）[348]，"趣味是对于生命的澈悟和留恋"（朱光潜，1987d）[352]，"要养成纯正的文学趣味，我们最好从读诗入手"（朱光潜，1987d）[350]。他所谓"纯正的文学趣味"，是指超越政治功利目的和商业利润目的的文学，旨在发挥文学的真正功能，引导人到达美妙的"审美世界"。

再次，朱光潜主张文学教育第一要事是养成"纯正的趣味"。他说，"趣味是可以培养的。真正的文学教育不在读过多少书和知道一些文学上的理论和史实，而在培养出纯正的趣味。这件事实在不很容易。培养趣味好比开疆辟土，须逐渐把本非我所有的变为我所有的"（朱光潜，1987d）[351]。

朱光潜的趣味说是一种极接近文艺及其教育本质的学说，它是除却文学实用性和教育功利性的一种有效方法。但是我们毕竟离不开"实用世界"，文艺及其教育也不能摆脱"实用世界"的影响。朱光潜尽管没有完全否认文艺及其教育有社会性，但是因为他的趣味说反驳了文艺及其教育的政治功利和商业气息，所以他缩小甚至故意忽略了文艺及其教育的社会性。这是论战的需要，但多少造成了他的趣味说的某些偏颇和不完善。

（四）郑晓沧："积极诱导求知倾向"的教育目标

教育学家郑晓沧（即郑宗海）早年曾留学美国哥伦比亚大学师范学院，在杜威来华讲学前后，翻译其《我的教育信条》《儿童与教材》《兴趣与努力》《杜威教育哲学》等著作，受杜威教育思想影响较大。郑晓沧在《杜威博士教育学说的应用》中指出，"兴趣说与努力说"是杜威教育学说的一个重要领域。"我国兴趣之说，早已甚嚣尘上，但不知如杜威之学说而实施之者能有几人耳，对于此端，鄙见以为大学中——有试验工作的学程，尤其在研究学程——颇有因担任教授对于本科学问之热心，而亦提高其求知的欲望者，小学方面之所谓兴趣，实际上往往注重在狭义的方面，中学则并此而缺之，但一时之兴趣有时不能持久，而必当如杜威之所谓欲舍不得，乃至欲罢不能之境，则兴趣努力斯两得之矣。""总之教育应有以鼓动儿童的兴趣，且亦当有以维持之，俾无中坠中辍的现象，则兴趣与努力双方并顾了。"（王承绪，赵端瑛，1993）[141-142] 他还在《重申儿童本位的意义》中指出："以儿童为中心，教育便是发展的，保守的意义较少而进步的精神较多。凡所谓'自动'，所谓'兴趣'，所谓'个别适应'等，都是本此而来的。"他赞同杜威的观点，即"发展重在使儿童对于几种足以代表的少数境况，为深厚的认识，以渐知所以应付经验的问题，而不在'知识的积累'。这样，所以'注意'的逐渐延长，观察的逐渐精确，记忆与思想的练习，——尤其是求知兴味的保持与发展——是很重要的"（王承绪，赵端瑛，1993）[171-172]。

郑晓沧在《儿童教育的两个重要目标》中说："我深切感觉得教师们以及贤明的父母们，对于儿童的教育上，须认清以下二事为他们最当努力的所在：（一）积极诱导求知的倾向。……（二）积极养成合作的性习"，"两大目标，不论古今中外，恐怕都不能不认为教育的中心问题"。其中关于"积极诱导求知的倾向"，他说："教者如能善导求知的倾向，鼓励而训练之，使其求知的兴味与努力日渐增加，那末他造福于民族，于人类，便是不浅了。"在他看来，"一个儿童求知的兴趣日益浓厚，知识日益丰富，思想日益精出，并且他的合作习惯日益深固——这样的儿童便是好儿童。他们将来可以强国，可以富民。这样的儿童愈多的学校，也便是成绩愈好的学校，教师能积极注意这两个重大目标而贯彻之，便是在实施救国教育和生产教育，至少已探得它们的本源了"。（王承绪，赵端瑛，1993）[196-198]

（五）刘薰宇："培养对于学问的趣味"的教学目的

刘薰宇是我国现代数学教育家、教材编辑出版家，也是文学家。关于整个教育目标，他说，"我是主张'全人教育'的"，所以"教育者用整个的人格对于被教育者整个的人格实施的教育"（刘薰宇，1993）[158]，以德育促进德性发展，以智育促进心智发展，以体育促进身体发展，以群育促进群性发展，以美育促进情性发展。为此，刘薰宇认为教育者最少要具备四个条件：一是丰富的热情，二是普遍的兴趣，三是清晰的头脑，四是确切的信仰。关于教学最重要的目的，刘薰宇明确指向"对学问的趣味"。他说，"使被教育者领受了所教授的知识，这是次要的、副产的目的。而最重要的目的，是在使被教育者培养对于学问的趣味，发展研求学问的精神，了解探究学问的方法。无论哪一部分的学问，要希望在十来年的学校生活中，从教育者传给被教育者，是不可能的。有了学问的趣味，求学的精神和探究的方法，便可终身受用"。否则，"在教育上不能给学生一种趣味，所教的运动啊，各种课程啊，都是纸上谈兵，比较说大鼓书的魔力还小"。比如，"理化教师教理化，用了实验，使学生知道水是氢氧二气的化合物，这很容易。数学教师要学生懂得几个算法，英文教师要学生记得几个单字和几条文规，国文教师要学生读熟几篇佳作，和在字句上解释明了，这也全不是难事。所难的，就是将自己实验时、讲解时所感到的兴味传给学生，使他们也同样的感到"（刘薰宇，1926b）[3]。他又说："有了趣味便自自然然地想理解，有了理解也自然想去试行，而从试行中更可增加理解；这样久而久之无形中就得到了修养。所以，第一要紧的工夫，就是培养趣味。"（刘薰宇，1926a）[9]

三、兴趣目标在现代教育理论中的地位

20世纪50年代之后，兴趣学说始终处于低迷状态，"兴趣"在教育学和心理学中成了一个过气的词语，以兴趣为取向的教育目的论逐渐淡出学界主流。但兴趣毕竟是反映教育教学效果好坏的一种心理要素，是检验一个人活动结果和能量大小不可或缺的一个外显指标，所以将兴趣视为教育目标特别是情感或态度目标一部分的观点并没有销声匿迹。这一方面体现在美国教育心理学和教育评价学关于教育目标分类的研究上，另一方面散见于苏联一些教育家尤其是教学论专家关

于教学与发展的著述中。正如坦纳夫妇说的，20世纪前期，有一批教育家与杜威一样看重学习者地位并提倡儿童兴趣，"他们倾向于认为儿童所学的东西是不重要的，重要的是他/她对所学的东西感兴趣。……20世纪70年代初，认知目标并不重要，真正重要的是学习者的情感和情绪的思想再次兴起。学生自己的情感和情绪受到了推崇。……情感性的目标再次成为学习的首要目标，至少对一部分理论家来讲是这样"（坦纳D，坦纳L，2006）[306-307]。

（一）教育目标分类学中的兴趣

20世纪50年代以后，教育目的论进入一个科学化、实证化研究的时代，教育目标分类学——教育科学分化出的一门分支学科——的产生是突出的标志，并成为教育测量和评价的重要基础和依据。由于大形势的变化、认知心理学的兴起以及非认知因素研究存在难度，有关兴趣问题的探索虽然仍在继续但却不是重点，并且过去以兴趣为教育目标主要取向的观点，逐步被兴趣作为心理倾向或情感态度类目标之一的观点所取代。

布鲁纳推崇结构主义教育，对"学习的心理倾向"或兴趣动机问题也很重视，他认为兴趣是学习的内在动机或最好刺激，"美国今天的教育，重新强调追求优异成绩"（布鲁纳，1989）[68]，这与兴趣密切相关，因此"我们在这里面临的首要任务之一，是激发和支持孩子们的兴趣，并且引导他们进行解决问题的活动"（布鲁纳，1989）[148]。课程论专家塔巴与杜威一样，"都陈述了不在学习者的目的和兴趣与教育目的之间建立联系是愚蠢的"。她认为既要"以利用现有兴趣达到教育目标为核心"，又要"以激发和培养新兴趣的目标为核心"。（坦纳D，坦纳L，2006）[305]

20世纪70年代以后，虽然"大多数学校的根本目的是认知性的"，但由于受到人本主义、存在主义等教育哲学的影响，"情感教育"和"情感性的目标"重新得到一部分教育家的关注，并且"非常有趣的是，试图使教育计划主要符合情感目标的学校，大多是一些还未认识到要帮助在教育上不利的儿童发展认知技能的城市学校"。（坦纳 D，坦纳 L，2006）[307]

最早也最有影响的教育目标分类学研究始于美国著名教育心理学家布卢姆。其理论有两大特征：一是目标具有可测性。他认为制定教育目标不是为了表述理想的愿望，而是为了便于客观评价，所以陈述目标应具体，要有外显行为的对应，这样才能够测量。二是目标具有层次性。其中包括若干子类别，并且依次排列，由简单到复杂，从而形成了目标的层次结构。为此，布卢姆对教育目标分类做出了三大领域的划分，即认知领域、情感领域和心理动作领域，并重点研究了认知领域的分类（另外两个领域由后来的教育心理学家加以补充）。其中，兴趣是情感领域的一种目标，涉及"愿意接受""注意""满意反应""价值偏好"等子项。（克拉斯沃尔，布卢姆 等，1989）[101-195] 三是目标具有动态性。布卢姆同杜威一样把教育目标视为动态的，重视教学过程的变化。布卢姆提出"掌握学习"理论，认为学生具备必要的认知结构是掌握学习的前提，学生积极的情感特征是掌握学习的内在因素，反馈矫正性系统是掌握学习的核心。因此，他主张教师在学期初先对学生进行诊断性评价，以确定学生是否具备了先决的技能、态度和习惯等，并根据诊断结果为学生提供预期性知识，使教学适合学生的需要和背景。布卢姆还认为，学生成功学习一门学科与他的情感特征特别是学习兴趣和动机有较高的相关性，教师应尽可能让每个学生都获得成功的体验和快乐，以强化学习动机和愿望，增强学习的内驱力和兴趣。

美国另一位著名教育心理学家加涅研究了人类学习的特点，从中归纳出五种主要的学习结果或方式：言语信息、智慧技能、认知策略、动作技能和态度。其中态度是一种习得的，能够影响个体对一定人、事、物做出行为选择的复杂的"内部状态"，包括认知、情感和行为三种成分。加涅认为态度是学习结果中比较高级的一种类型，态度的教育是学校教育中最重要的教育目标之一，对学习能否顺利进行和教学效果意义重大，所以，必须寻找更为复杂的改变态度的方法，为学习态度更精心地设计具体条件。（加涅 等，1999）[43-49] 加涅所谓的"态度"与布卢姆所谓的"情感"的含义有同有异，二者都把态度与情感理解为学生的内在积极性，都认为它们包括兴趣的内容，十分重要却又难以界定、测量、评估和驾驭。不同之处在于布卢姆认为情感是兴趣、态度和自己对自己的看法的复合体，而加涅认为态度是一种自得的内部状态，是认知、情感、行为的复合体。两种观点虽有交叉，但是后一种不仅指情感态度，还体现了与认知、行为的结合，含义更加丰富。这与休金娜的兴趣是以智力、情绪、意志过程的统一整体为基础的特殊"合金"的看法有异曲同工之处。

20世纪后期，教育目标分类学研究取得了新进展。如豪恩斯坦认为，情感领域与认知领域处于同等地位，对学生的终身学习意愿、兴趣和鉴赏力来说是十分重要的，这样一种"素质"与情感、价值观和信念联系在一起。（盛群力 等，2008）[42-43] 可见，情感领域依然是教育目标分类学的重要内容，并且兴趣依然是情感领域目标的有机组成部分之一。

（二）现代教学与发展理论中的兴趣发展

20世纪后半期，在以苏联为代表的社会主义国家，教育目的论乃至社会发展目的论的基础是马克思主义关于人的全面发展学说，教育目的和方针政策一般是由国家统一规定的，教育学家们多是从教学与发展的角度研究教育目的和兴趣情感问题的。

赞科夫在其论著中多次提及"一般发展"的概念和理论："所谓一般发展，就是不仅发展学生的智力，而且发展情感、意志品质、性格和集体主义思想"（赞科夫，1980a）[142]；"我们所理解的一般发展，是指儿童个性的发展，它的所有方面的发展"（赞科夫，2001）[16]，"还应当包括身体发展和心理发展"（赞科夫，1980b）[23]；"有'一般发展'，也有'特殊发展'。学生的特殊发展是与某一门学科或某一组学科相联系的（例如，数学、语言学和音乐的发展）"，"一般发展不同于特殊发展，它指的是学生个性的所有方面（包括道德感、观察力、思维、记忆、言语、意志）的进步，一般发展包括整个个性"（赞科夫，1984）[45-46]。赞科夫所谓的"一般发展"是从心理学视角解释"全面发展"的，它还包括动机诱因尤其是兴趣诱因等，并不完全偏重智力因素，虽然他对智力发展说得最多。他认为，"为了在教学上取得预想的结果，单是指导学生的脑力活动是不够的，还必须在他身上树立起掌握知识的志向，即创造学习的诱因"（赞科夫，1980a）[44]。如果动因来自分数和赞扬，就只是学习的外部动因，而最根本的是要形成学习内在的诱因或动力，即发自内心需要的求知欲和兴趣。赞科夫把情感动机或学习诱因作为学生全面发展特别是心理发展的一部分，并把兴趣视为学习的内在动机，这与同时期西方教育心理学家的观点是吻合的。

苏霍姆林斯基的教育目的是使学生个性得到全面发展，并具有丰富多彩的智力生活和精神生活。对于教学特别是学科教学的任务，苏霍姆林斯基认为需要完成三件事：一要教给学生一定范围的知识，二要使学生变得越来越聪明，三要让学生对学科学习感兴趣。关于第三项，他认为学习兴趣是学生求知的主要动因和刻苦学习的最大力量，是教学促进儿童智力发展的重要起点，也是进一步提高学生的知识质量和学校教育教学工作水平的保证。苏霍姆林斯基（1980）[216] 说："我们的任务就在于，在学校里不要使任何一个学生成为毫无个性的、没有任何兴趣的人。""教师的任务就是要不断地发展儿童从学习中得到满足的良好情感，以便从这种情感中产生和形成一种情绪状态——即强烈的学习愿望。"（苏霍姆林斯基，1984）[153] "当跨进校门的时候，你不仅成为本门学科的教师，而且首先是一个教育者。你应当善于培养学生的学习愿望。"（苏霍姆林斯基，1984）[410] 他希望"每一个教师都在尽量唤起学生对自己所教学科的兴趣，使他们入迷地酷爱这门学科"，"让学生们把你所教的学科看做是最感兴趣的学科，让尽量多的少年像向往幸福一样幻想着在你所教的这门学科领域里有所创造"。（苏霍姆林斯基，1984）[60] 否则，"没有兴趣就没有发现的乐趣，就没有才能和爱好，就没有活的灵魂，就没有人的个性"（苏霍姆林斯基，1984）[213]。

鲍若维奇（1958）[1] 说："培养学生的认识兴趣，是使学生深入而巩固地领会科学基本知识、掌握基本的生产技术知识、扩大学生的眼界的必要条件。这是一项特别紧要的教学任务，因为科学知识在我们的社会里是争取建设共产主义的极其重要的武器。"

巴班斯基运用系统观点和方法，从教育学角度对教育目的进行整体性分析并予以具体化。他把教育目的分为三类：一是教养目的，旨在"形成理论知识和该学科所特有的专业技能技巧"；二是教育目的，主要包括思想政治和道德品质教育、劳动教育、美育和体育；三是发展目的，主要指个性心理特点的四个基础方面，即"智力、意志、情感和动机（需要、兴趣等）"。（巴班斯基，1986）[88] 巴班斯基（1982）[33] 说："在教学论中很久以来就认为激发学生学习兴趣是一项重要任务。现在的习惯说法是：学习的动机作用，或产生稳固的学习动机。"

斯卡特金对教学中的积极情感问题也极为重视，他认为教学活动不是一个纯粹的认知过程，而是一个知情统一的过程。任何途径都要作用于学生的情感，要使学生的学习态度染上情感的色彩，要引起学生的感受。虽然不考虑学生的情感因素，也能使学生学到知识和技能，但不能引起学生的兴趣，不能使他们始终如一地保持积极的学习态度。斯卡特金还强调教育效果取决于学生的学习兴趣，并且将兴趣作为反映学校教育结果优劣的一个重要标志。此外，斯卡特金曾引用过苏联《共青团真理报》（1971年9月9日）上的一段话，在这里值得再次引用："中学竟然能允许自己慷慨地教人们寂寞，不想学就不要学。现在受教育要义务，而且教育愈普及，学习的'物质'动因的力量就愈小，教育程度就会逐渐拉平。就是说，第一位的是精神动因，而首先是学习的兴趣。就是说，我们不要再不好意思用'兴趣'这个词了，再不要每走一步都要说：对于我们，兴趣不是目的本身了。很多问题都取决于我们如何迅速地承认并接受这个最简单的学校法则：带着兴趣学习。"（斯卡特金，1982）[60]

索洛维契克断言，新时代的学习目的不仅要求能力发展，也要求养成良好的学习兴趣，尤其随着科技飞速发展和终身学习、学会学习理念的流行，大量学校毕业生涌入社会就业，"光是学习还不够，还必须使所有的人带着兴趣去学习。带着兴趣去学习，对所有的人都是必需的"。索洛维契克认为，对于学校来讲，"谁怀着一种厌恶的心情去学习，即使他在学校毕业时获得优异成绩，那他将来也是碌碌无为。谁带着一种学习的愿望从学校里毕业，尽管他的学习成绩并不十分令人满意，他将来也会有成就的。在毕业证书上是不给兴趣评分的，但是，生活却给我们每个人的兴趣评分"。因此，其"基本目的以及提出的主要假说，可以归结为一句话，即：人自己完全可以学会满怀兴

趣地工作"。(索洛维契克,1983)[6-9]

四、把学有兴趣当作一个教学目的

(一) 教学目的研究的反思

什么是教学目的?或者说,教学要完成什么样的任务?这个问题似乎早有定论,但仔细推敲则疑问颇多。在教育史上,很早就有人说过教学目的就是传授知识和技能,也有人说教学主要是为了养成好的德行和德性。后来人们认为教学目的主要是培养能力、发展智力,还有人说教学目的最终是培养个性全面发展的人。我国第八次课改时流行的则是"三维目标":知识与技能、过程与方法、情感态度与价值观。由此可见,从不同角度可以得出很不相同的结论。

古人眼睛为"目",箭靶心为"的",射箭是为了射中目标,"目的"概念由此而来,"目的"也就被定义为预先设想的行为目标和结果。有无目的性是人和动物的根本区别(一些动物也好似有"目的",但那是本能),虽然目的的强弱不同,人的活动都是有目的的。所谓目的论,是对人的活动及其各种行为目的或目标的思索和研究,或以目的为依据解释事物的特性或行为。西方哲学的目的论(teleology)肇始于苏格拉底,系统化于亚里士多德,以后一分为二:一是神学的外在目的论,成为宗教神学的重要理论内容和证明上帝存在的重要论证;二是理性的内在目的论,为德国近代哲学家所发展,也为科学所接受,至今仍在哲学等领域起作用。

教育目的是把受教育者培养成为一定社会所需要的人,它是全部教育过程所要达到的总目标和总要求,是教育活动的起点和归宿。比起目的论,教育教学目的论的出现则要晚得多。第斯多惠对教育教学目的深有研究，其主要主张有三点：一是强调教育的实质目的和形式目的、传授知识和发展能力的统一；二是强调全面发展要建立在个性发展基础之上；三是强调发展的结果和动力不在于知识，关键是激发主动性，培养独立性，这是一种"精神生活"。第斯多惠认为，虽然"教育的最高目标就是力求达到和谐发展"，但是"做到全面和谐发展不是一件轻而易举的事"，因为"普遍的和谐在一个人的身上是找不到的，只有在全人类中才能找到普遍的和谐"。（第斯多惠，2001）[86-88]他还说："我们深信教学的最高目的，不是广度的实质的目的，而是深度的形式的目的。"（张焕庭，1979）[369] 教育目的是使学生"全面和谐发展"，就形式而言，"教育的最高目标就是激发主动性，培养独立性"。（第斯多惠，2001）[88] 在第斯多惠（2001）[79] 看来，"没有激发便没有发展，天资也就停滞不前。教育就是激发，教育理论就是激发理论"。体现在教学上，"我们认为教学的艺术不在于传授的本领，而在于关于激励、唤醒、鼓舞"（张焕庭，1979）[387]。

教学目的服务于教育目的，但不等于教育目的，它是教学或教学过程想要达成的目标和结果。这方面一直是我国教育教学研究的一个薄弱环节。多年来，教育界普遍感到教育教学目的说起来明白，做起来糊涂。一方面，教育教学目的的表述太笼统、太宏观，大而化之，难以操作。现实的教学长期陷入"应试教育"的禁锢和困境，为升学而教学、为考试而学习，曲解和异化了教学的真实目的和任务。这与教育目的研究大而化之、教学目的理论难以操作，特别是教育教学目的研究拒一线教学和教师于"千里之外"有很大关系。正如有学者所说，"由于没有系列化的具体目标给予支撑，方向目标往往会落空，甚至会被狭隘的具体目标——分数和升学所代替"，因此"培养目标要分出不同的层次，做到系列化和具体化"。（本刊编辑部，1986）[38]

另一方面，在教育研究中，关于教育目的的表述和理解很不一致，其含义在特定的场景和阶段各有不同。有从社会需要或个人本位出发的，有从内容上或形式上讲的；有人说的是内在目的或直接目的，有人说的是外在目的或间接目的；有人说的是教育目的或目标，也有人说的是教学甚至是学科教学的目的或目标；等等。我国教育的方针和目的已确定，它们指导但不能替代教学的目标和任务，只有落实到一系列具有明晰的目标和任务的教学活动中，它们才能实现。要在国家教育总目标之下确定各级各类学校的培养目标，提出不同类型、不同层次的教育目标，确定出更加具体的培养目标序列。甚至要把一般教育教学任务落实到课程、教材、教学方法、教学组织形式和学业成绩考查中，即落实到整个教学工作体系中。还应该阐明各项任务以及执行任务的各种措施之间的具体联系，不断丰富一般任务的具体内容。如果我们不能明确一般教学、各科教学及其他更为具体的形式的教学目标和任务，总是满足于过于笼统和宏观的表述，那么教育方针和目的也就难以很好地落实。

（二）从知识、能力目标到情感目标

知识是人类经验积累的成果，也是教育教学的载体，所以"自古希腊以来，为追求知识而追求知识一直被看作是一种神圣的教育目的"（怀特，1997）[15]。然而到近代，随着人文主义和自然主义的兴起，以及人们对人类知识和学科内容认识的深化，这一传统理念便不停地受到了教育革新家的挑战和质疑。其中，最突出的表现有两点。一是就知识教学目的而言，他们看重的不是知识学习的丰富或全面，而是知识掌握的有用和必需。这是一个关于知识本身价值选择的问题。由于知识无限而人生短暂，即便是最聪慧的人，要想精通一门科学甚至是当时全部的知识，也要耗费他毕生的精力，所以教育革新家便认定教育特别是教学的目的在于教给学生最重要的知识。持有这种观点的不仅仅有明确提出过"什么知识最有价值"的斯宾塞，还有更早一些的夸美纽斯、洛克和卢梭等。二是淡化知识教学的目的，更为看重在一定知识基础上的能力发展和兴趣爱好的养成。这也是一个价值选择，即关于知识之外关系的价值取向问题。知识教学的目的是基本的、基础的，也是不言而喻的。正因为如此，我们可以发现一个有意思的现象，即在近代教育家的著作中，大都很少论及知识教学的目的，热衷谈论的多为能力的发展、方法的掌握和兴趣的形成的重要性。在此方面，洛克的"绅士教育"将"学问"的目的排在健康、德行、智慧、礼仪之后，卢梭的"自然教育"把对知识、学问的兴趣爱好与研究学问的方法即"会学"看得比知识本身重要，都是典型的例证。这与夸美纽斯那个时代想把"一切事物教给一切人"的"泛智教育观"相比已有了很大不同。应该说，这些观点特别是后一种看法，反映了近代教育家对于知识和教育目的认识的深化和进步，并且是教育教学理论关注兴趣目标的一个重要原因。近代以来凡是重视学习兴趣的教育家，都很重视学生的情感、精神或个性发展，并把培养学生的兴趣视为教育教学的一个目的和任务。

（三）学会、会学、爱学：教学目标的一种表述

综上所述，教学特别是学科教学的目的和任务，主要体现在三个方面：一是传授知识与技能，二是发展智力或能力，三是培养兴趣和爱好。概而言之，即学会、会学、爱学。具体而言，所谓"学会"，就是让学生学会所学的知识，也就是让学生理解和掌握教师所传授的知识和技能。例如，学习物理就要掌握力、声、光、电等物质现象及其规律性；学习历史就要了解重要的历史事件、人物、活动以及人类社会发展的基本规律。过去我们常提教学要完成传授基础知识和基本

技能的任务，说的是同一个意思。众所周知，知识是人类经验积累的成果，也是教育教学的载体，学校教育的使命就是将这些人类积累的知识经验，经过选择和组织加工后由教育者传递给受教育者，从而将人类知识转化为个体知识。所以，无论是学校教育还是学科教学，都必须千方百计地让学生理解和掌握课程教材所规定的各种知识技能。这也是对任何一门学科教学的明显而起码的要求。需要指出的是，"学会"的要义在于，一方面，学生对于知识技能的获得不是通过被动学习、死记硬背和机械训练，而应以主动参与和理解为基础，并能够在知识技能的应用中不断巩固和深化；另一方面，学生"学会"的课程教材内容是经过精选的，是终身学习必备的基础知识和技能。

所谓"会学"，就是让学生学会学习，即引导学生掌握学习的方法，使其能够运用所学知识和技能分析问题、解决难题，并具有一定的独立学习的能力和科学思维的方法。因此，学校的课程教学并不是仅仅围绕知识，更不是为了教授全部知识而进行的，教育和人生还有比有知识、有技能更重要的东西，如健康、德行、人格等。这个道理已为古今中外的教育思想家所反复论证过。现在的人常说：有知识不代表一定有文化、有能力；能干是一回事，会干是另一回事。虽然学生理解和掌握了所学知识，学业考试成绩也不错，但不见得都能够迁移同化、举一反三、触类旁通。所以，教学不能只满足于传授知识，还应进一步"授人以渔"，教给学生一些"点金术"，让他们变得越来越聪明，也就是"学会"学习。让学生"会学"的要义在于，一方面，教师在教学中既要让学生掌握结论，又要通过教思想、教视野、教结构等，尽力使学生了解结论或学科知识形成的过程；另一方面，教师在传授知识的过程中还要注意学习方法上的指点，通过教智慧、教方法、教窍门等，努力使学生既学会又会学，最好能够提高其创新

245

能力、动手能力和实践能力。

所谓"爱学",就是让学生爱好学习、喜欢学习,使其学有兴趣、学得快乐。对此,古今中外的教育家、心理学家有许多论述,我国现代教育学家也有不少精彩言论。如刘佛年(1986)[3]说:"教学一般来讲,就是要达到几个目标:一是要掌握好知识;二是要掌握能力;三是树立正确的学习态度,包括学习兴趣、毅力、勤奋程度、学习认真与否等;四是端正思想。"胡克英也认为:"如果说,小学教学的首要任务是培养学习能力和促进儿童全面发展,那么,培养儿童多方面的兴趣,就是首要的起点。……总之,儿童的学习是'从兴趣出发的',儿童学习的首要内动力是兴趣,兴趣使智慧觉醒,使积极情感和意志品质萌发。"(瞿葆奎,2003)[80]这些观点与前人的观念是一脉相承、并行不悖的。由此可见,把"爱学"作为学科教学的一个重要目标和主要任务,并非奇思妙想,而是有着深厚的历史渊源和理论依据的。教学实践也证明:学生不爱学,对学习冷淡、厌恶,比成绩差、能力低更为可怕。情感的力量是无穷的,兴趣的驱动力是强大的。真正的教学艺术不在于传授本领,而在于激励、唤醒和鼓舞。富有成效的教学在于能够在情感和态度上打动学生,激发他们的学习热情和欲望,培养他们对学科的特殊兴趣和爱好,让他们感到努力和奋斗是一种享受,是一种快乐。

2001年启动的课程改革的一个标志就是从"双基"(基础知识、基本技能)转向"三维目标"(知识与技能、过程与方法、情感态度与价值观),其中的"情感态度与价值观"体现了对学生学习兴趣或"爱学"的关注。最新颁布的《义务教育课程方案和课程标准(2022年版)》提出了"使学生有理想、有本领、有担当"的"培养目标",并且在"有本领"中又提出"乐学善学""乐于提问",从而使学生

"保持好奇心与求知欲，形成良好的学习习惯"，"具有探究能力和创新精神"。这是新时代教育改革对"以兴趣为取向"或"爱学"的课程教学目标的具体要求。

总之，"学会""会学""爱学"是学科教学活动实施的主要方向和预期达成的主要结果，是学科教学活动的出发点和落脚点。它们既是学科教学的三项主要任务，也是评价学科教学完成与否的三个主要指标。其中，"学会"是基础，是前提，是学科教学的首要目标，也是对学科教学的基本评价；"会学"是关键，是要害，是学科教学的核心目标和重要任务；"爱学"是高标准、高要求，可谓学科教学的理想境界和最佳效果。它们体现了知识与技能、过程与方法、情感态度与价值观三个不同维度的教学目标的要求，也体现了以学生认知为基础的知、情、意、行的培养和发展过程。

"学会""会学""爱学"虽然是学科教学目标的三个维度或层次，但在教学过程中互相联系、相互渗透、互为因果，是一个不可分割的有机的整体，就像立方体有长、宽、高三个维度一样。我们将其拆开来加以分析，是出于理论研究的需要。在学科教学实践中，则需要坚持三位一体、统筹考虑，实现三者的有机结合。只有这样，才能全面完成学科教学的目的和任务，切实提升教学质量和学习成效。

第七章

兴趣教学原则

问题不在于教他各种学问，而在于培养他有爱好学问的兴趣，而且在这种兴趣充分增长起来的时候，教他以研究学问的方法。毫无疑问，这是所有一切良好的教育的一个基本原则。

——卢梭

或许也没有一种情况可以表明缺乏兴趣不是由于教师采用的教学方式造成的。我甚至要将它作为一个法则定下来。

——裴斯泰洛齐

"使事物变得有趣"这条原则的意思是参照儿童现在的经验、能力和需要选择教材。

——杜威

我在尝试拟订一条规则：在指导教育即你们所讨论的真正的教育时，我们应该永远保持在儿童兴趣范围与持续幅度之内。

——克伯屈

除了所有的教学法要求之外，应当对课堂教学补充一条很重要的要求：课堂教学应当引起良好的情绪感觉，即从学习中得到的满足感。

——苏霍姆林斯基

不要只做有兴趣的事情，而要有兴趣地去做一切必须做的事情。

——索洛维契克

尤以所谓兴趣的原则，最为通俗而最易误解。

——孟宪承

"原则"是指人们观察和处理问题的准则，它是从事物中抽象出来的，只有反映事物客观规律的原则才是正确的。做人有做人的原则，做事有做事的原则，教育教学工作也不例外。比如，中国古代提出的"有教无类""因材施教""循序渐进""好学乐学"等，都算是教育的原则，因为它们确实反映了教育活动中的一些普遍性规律，是对所有教育对象、方法和过程的基本要求。在教育学中，谈论较多的是教学原则，它是为提高教学成效而提出来的，是指导教学工作的一般原理或规则，也同样需要反映教育教学的内在规律，体现一定教育教学目的的要求。但是，从过去到现在，由于人们的出发点不同，看待问题的层次和角度不一样，因而得到了许多不尽相同的教学原则。

兴趣原则是近现代教育的一个重要教学原则，形成于近代西方，兴盛于现代中西方，为诸多著名教育家所提倡，并且被明确写进了教育学、教学论（教学法）著作或教材。其依据是对兴趣教育价值的肯定、兴趣教育目标的确认以及兴趣学说的兴盛，反映了教学过程规律和提高教学成效的要求。历史经验表明，兴趣的多样性和兴趣形成的复杂性决定了多方面兴趣的培养不是一件轻而易举的事情，兴趣原则的实施需要考量它的运用标准和条件、实现形式和方法、一般规则和要求等。通过以下对兴趣教学原则的历史考察，我们不仅可以进一步了解兴趣学说的观点主张，为在当代教学理论和实践中重新确立兴趣原则提供依据和参考，而且也能为破解教学原则研究的难题带来一定的启发。

一、兴趣教学原则的历史演进

（一）兴趣原则的萌芽

夸美纽斯在西方最早论及教学原则问题。他认为教学法是良好教学的艺术，教得好就是使学生学得快捷、愉快和彻底。快捷代表速度效率，愉快是心理要求，彻底则为内容要求，所以"教学法的最根本的法则不过就是通往快捷、愉快和彻底的捷径"（夸美纽斯，2006）[350]。其中"愉快是必不可少的，因为它可以防止潜入的教学的祸患——厌烦和憎恨，因为它能刺激心理并保持它对功课的兴趣"（夸美纽斯，2006）[288]。并且，夸美纽斯（2006）[360] 还提出了"一切都与趣味结合"的"定理"。有学者将这一定理概括为"兴趣与自发原理"，是有一定道理的。洛克并未系统论述教学原则问题，但其关于乐趣、游戏教学的基本要求十分突出。他说："那种粗暴的鞭杖方法是建立在其他的原则之上的，它自身并没有什么吸引人的地方，它不顾幼童的性情如何，也不能照顾到幼童兴趣的有利时机。"（洛克，2005）[147] 于是，他从趋乐避苦原则出发，最看重的一般原则是让儿童"养成一种对所学事物的喜爱和兴趣"（洛克，2005）[33]，而不要强迫他们把求知当成任务和负担。

（二）兴趣原则的提出

卢梭是兴趣教育的首倡者，在教育史上第一次鲜明提出了兴趣原则。有学者评论说，"卢梭的教学论不是知识本位的，而是兴趣、能力取向的"，"卢梭的全部教学论主张无非是这个基本原则的具体化"。（张华，2000）[38] 皮亚杰（2015）[35] 指出，"真正的兴趣和活动等概念已经存在于卢梭的著作之中了"。还有人认为，"在卢梭以前的许多教育著作中，最有价值的东西，也仅是求知的兴趣"（张法琨，1984）[86-87]。裴斯泰洛齐首倡"教学过程心理学化"，虽然批评卢梭自然教育的偏颇，但却继承了他的兴趣原则："几乎没有任何一种情况可以表明儿童不够用功不是由于缺乏兴趣所致；或许也没有一种情况可以表明缺乏兴趣不是由于教师采用的教学方式造成的。我甚至要将它作为一个法则定下来，无论何时，只要儿童对学习漫不经心，并明显地表现出对课程缺乏兴趣，教师就应该始终首先在自己身上找原因。"在他看来，"厌倦是教学的主要弊病"，"兴趣是学习中的头等大事"。（裴斯泰洛齐，1992）[391-392]

赫尔巴特的兴趣学说闻名于世，其兴趣原则也为人们所公认。他不仅把多方面兴趣视为教育和教学的直接目的或较近目标，而且以此为基础构建了全部教学论体系。也就是说，兴趣原则在赫尔巴特的教育目的论、课程论、教学形式阶段论和方法论中都得到了切实的贯彻。第斯多惠与夸美纽斯一样，提出了许多互相联系的教学原则和规则。他认为教育理论就是激发理论，教学艺术不在于传授本领，而在于激励、唤醒和鼓舞，教师课堂教学的首要原则是"力求使教学引人入胜（有兴趣）"，并且"对一个教师来说，使教学变得有兴趣的能力还具有特别重要的意义"。（张焕庭，1979）[386-387] 斯宾塞是快乐教育和快乐原则的鼓吹者，也非常强调兴趣教学原则。他断言："'兴趣是求知和学习最大的动力。'这不单单是一种方法，而且包含人类获取知识的一个充满智慧而古老的法则。"（斯宾塞，2009）[87] 譬如，"选择知识除了出于兴趣，另一方面还要考虑到为实现人生幸福的目的"（斯宾塞，2009）[258]。

（三）兴趣原则的流行

19 世纪末至 20 世纪上半叶，是教育兴趣学说及其原则的兴盛时期。一方面，这是由于赫尔巴特学派的鼓动，使赫氏理论及其兴趣说盛行于欧美乃至东方。正如康内尔所说，赫尔巴特学派统治了 20 世纪的转折时期，兴趣曾被赫尔巴特学派当作教育中的重要因素加以介绍，"这是教育家们对 20 世纪教育进程有着极其重要影响的方面。从此开始，兴趣问题就为人们所感兴趣了"。（康内尔，1990）[130] 另一方面，这也得益于欧美新教育、进步教育特别是杜威对以往兴趣说的继承和发展，从而使现代兴趣教学理论和原则进入了一个黄金期。其标志是1920 年进步教育协会将"兴趣作为一切作业活动的出发点"作为一个重要原则。（吴志宏，1984）⁵¹ 此外，教育科学化运动关于儿童兴趣、情感和态度的实证研究，也起到了推波助澜的作用。

"进步教育之父"帕克十分重视"兴味在教育上的重要"，认为兴味学习和兴味教学"是教学法里重要的问题"和"普遍的问题"（帕刻，1924）³⁷⁻³⁸，要求"利用他们①冒险，浪漫，人和动物，社会的称赞，律动，歌曲，音韵，游戏，问题，建造，收集，交通，等兴味"（帕刻，1924）¹⁵⁰，使其心理状态能宜于学习。帕克学校的继承者库克也强调：" '兴趣是令人精神贯注和从事教育的根本法则。' 兴趣是催促学生刻苦攻读的策励。学生们的兴趣是开展值得化（花）时间的活动的最佳起点。让学生原有的兴趣在更高层次上转化为新的兴趣，这正是教师的经常职责。"（康内尔，1990）²⁵⁷ 对兴趣的研究是杜威的一个研究兴趣点，其有大量关于兴趣的论述。其中《教育中的兴趣与努力》最为有名，也颇受好评。用克伯屈的话说，杜威这个著作是"划时代"的，是杜威对教育理论的特殊贡献。对于兴趣原则，杜威也多有提及，比如他说，"实际上，'使事物变得有趣' 这条原则的意思是参照儿童现在的经验、能力和需要选择教材"（杜威，2008a）¹⁷¹。这个原则与他以儿童为本位、以心理学为取向的教育哲学有关，也符合其民主主义教育理想。克伯屈将杜威的兴趣学说和兴趣原则加以具体化，认为兴趣是学习活动的重要心理因素，对提高教学效果具有极大价值，甚至以为"教育是兴趣—实践—兴趣的系列"，"希望通过发展这样一个系列以便始终如一地保持在兴趣的范围之中"。（克伯屈，1991）¹³⁴ 所以他说："我在尝试拟订一条规则：在指导教育即你们所讨论

① "他们"指学生。

254

的真正的教育时，我们应该永远保持在儿童兴趣范围与持续幅度之内。"（克伯屈，1991）[165] 他在《设计教学法》中又强调："儿童兴趣的形成或增长这个问题在我们所讨论的设计理论中是十分重要的。"（克伯屈，1991）[340] 桑代克是"兴趣可测量"观点的倡导者，认为有效教学必须"估定兴趣的影响的价值"——"若其他情形相等，则我们当选择最能引起儿童的兴趣的学科与活动"。在他看来，兴趣标准"系根据下列两种事实：（一）对于作业的兴趣愈大，则所得的快乐亦愈大；（二）热诚愈大，则学习所得的结果亦愈丰富"。（桑代克，盖兹，1935）[163] 此外，在欧洲，兴趣原则被广泛地运用于新教育中，成为"新学校课程设置的原则"和"新学校的教学原则"之一。（吴明海，2008）[310-314]

在教育中，快乐或愉快原则与兴趣原则息息相关。在西方，快乐教育原则最早由柏拉图提出，形成于夸美纽斯和洛克，在斯宾塞那里得到发展，其理论基础是自古希腊以来流行的幸福快乐主义以及尊重人性的自然主义哲学，在 19 世纪以后又受到功利主义教育和教育心理学化运动的影响。20 世纪初，近代以快乐为取向的兴趣原则遭到了杜威的批判，致使快乐原则淡出教学原则范畴，也使现代兴趣原则以新的面貌和内涵而立于教学原则之林。从快乐原则到兴趣原则，说明兴趣比快乐更能够代表学生的心理能量和积极性，反映教学活动的内在规律和特点，并体现教材对象、学习结果与教学过程的统一以及内在的愉快情感与学习动力的统一。但是兴趣原则并非十全十美，它也常被曲解误解，于是便有了现代的兴趣与努力的原则或称努力原则。20 世纪中期以后，兴趣学说走入低谷，兴趣原则也逐渐衰微，但它并未消失，而是被动机、情感、态度、心理倾向或积极主动性等原则所替代、包含，或者与其交织在一起，并且仍有一些教育心理学家和教学论专家，如布鲁纳、苏霍姆林斯基、斯卡特金、休金娜、索洛维契克等在继续提倡兴趣原则，说明了其生命力之顽强和适用性之广泛。综上所述，可以看出，兴趣原则是教学乃至教育的一个重要原则，是近现代许多教育家的共识，并经历了一个逐步发展完善的演进过程。

二、兴趣教学原则在近现代中国的发展

如本书第一章所述，中国古代具有较为丰富的乐学、趣学的教学思想和原则，并提出了许多关于"好之""乐之"的策略和方法。1929 年，毛泽东（1993）[104] 在"古田会议决议"中指出"十大教授法"，其中第六点就是"说话要有趣味"。1957 年他在普通教育工作座谈会上发表讲话，强调"政治课要联系实际，生动有趣，不要教条式的"（毛泽东，1999）[247]。下面主要介绍中国近现代教育学科关于兴趣教学原则的论述情况。

在中国，兴趣原则也是近代教学法和教育学教材中一条具有代表性的教学原则。（董远骞，1998）[120-122] 最早传入中国的系统的教学论著，当推 1901 年《教育丛书》（初集）中收录的日本汤本武比古的《教授学》和 1902 年《教育丛书》（第二集）中收录的日本杉山富樋的《心理的教授原则》。前者在第一章讲了九条教授原则，后者讲了十条教学原则，并不完全一致，但二者相同的一条则是"知识的获得要重视学生兴味的唤起"，并且，"教授当为诱引的要求唤起注意、诱发兴趣，皆据赫尔巴特的教学理论"。（董远骞，1998）[119-121] 由此，我国近现代教育学者开始重视兴趣原则，并且认为该原则出自赫尔巴特兴趣学说。随着教育界全面学习美国的教育经验，特别是克伯屈、杜威等人来华讲学及其著作的翻译传播，欧美新教育、进步教育的兴趣学说传入我国，这一兴趣原则或原理也被广泛接受，成为我国教育学

者探讨教育和教学原则的一个重要依据，并被写入自编的教学法和教育学著作中。现列举其中的一些，便可知当时情形及其内容。

1912年，武进、蒋维乔在商务印书馆出版《教育学讲义》一书，论述了教育学原理、教育目的和主义、教师的责任和义务、教育的方法、教育的理想，其中"正当之教育法"部分讲了四个问题：兴趣、智识、能力、品性。蒋维乔在《编辑小学教科书之回忆》一文中提到，清末时，俞仲还、丁芸轩、杜孟兼、吴稚晖编辑《蒙学读本》，"前三编，就眼前浅近事物，引起儿童之兴趣"（蒋维乔，2013）[15-16]。

1914年，张子和在商务印书馆出版《大教育学》一书。在书中，他将直观、兴味、记忆、判断作为"教授之心理的及论理的基础"，认为兴味是"学习之动机"，"教人者非先令人有此动机，不足收善良之成效"，特别是"能动的兴味，追究之念，深入于精神界，使当局者之心性，生永续的兴奋状态，由此而获得知识，根本牢固，积久不忘，教授得此，乃有良好结果"。（张子和，2009）[84-85] 由此，教学目的、教材选择与排列以及教学的方法、阶段、形式等，都应当考量兴味这一心理基础。

1927年，曹刍在中华书局出版《各科教学法》一书。在书中，他将兴味视作全部"学习动机"，认为"兴味常伴人之感情而起"，"兴味在学习上何以重要，亦曰因其能供给学习之原动力"。他指出，"兴味之价值，不仅在能激起某种感情；最重要者，为鼓舞吾人，使为某种活动，以达一将来之目的。……近人往往不了解此点，以为兴味如看戏然，一时感奋，过后即消灭，实不尽然也"，"教学应根据于兴味，可总结为下列数点：（1）兴味为良好之心理态度，可助学习；（2）利用兴味，可使儿童有自发之注意；（3）如能得正当之注意，则不易生兴味之教材，亦不妨外加兴味分子，以引起其注意"。（曹刍，

1927）[52-57] 由上可知，其兴味方法显然来自帕克的《普通教学法》。

1930 年，谢恩皋在中华书局出版《小学普通教学法》一书。在书中，他将"兴味与教学"作为第一个"教学原理"（其他原理是：自由与教学、自发活动与教学、个性与教学、生活与教学、作业与教学），认为"兴味教育自卢梭（Roussean）和海尔巴特（Herbart）两氏倡导后，便成为教育中重要的学说"，"兴味可以说是儿童学习方面最有益的态度，无兴味的学习，终不能有深切的了解，与持久的记忆。所以兴味实为学习各种课程的原动力。……但是教育上所谓兴味，是有目的的，与暂时的娱乐不同"。（谢恩皋，1930）[23-24] 同年，罗廷光在商务印书馆出版《普通教学法》一书。他在书中提出了兴趣原则，认为"自海尔巴特等人提倡兴趣主义以后，教学上如何设法引起儿童注意和兴趣，成了中心的研究问题"（罗廷光，1930）[72]。所谓"赫尔巴特等人"，包括赫尔巴特、桑代克等对兴趣进行过论述的学者。（董远骞，1998）[121-123]

1931 年，郭鸣鹤在文化学社出版《现代教学法通论》一书，书中提出的第一个原则就是"教学上之兴味原则"。他指出："兴味可说是儿童学习方面正当的态度；凡不是兴味的学习，终不能有深切的了解，和记忆的持久。……我们在教学上欲求儿童有兴味，对于儿童的年龄，程度，性别，以及个人之差别等，这几层在教学上也不得不有所根据，以定个人学习的倾向。""应用兴味实施教学时，要注意下列各事：（1）儿童年龄幼稚，抵抗力薄弱，故发生兴味恒以外界的情势为转移，所以要赖教员悉心指导。（2）儿童的通性，常喜变动，绝没有耐久和坚持的能力；故作业适其兴味，则勇往直前，否则即不注意，教员务须要明了其好变的作用。（3）游戏为儿童的特有权能，兴味的发生，多半根源于此，所以教学方法，要含有游戏的性质。（4）要利用儿童的好奇，模仿，冒险等本能。（5）要以儿童的兴味为标准，不可依照成人的主见随意推测。"（郭鸣鹤，1933）[22-25]

1932 年，吴研因、吴增芥在中华书局出版《新中华小学教学法》一书，提出了"兴趣和注意"的教学原则，认为教学方法应以儿童的兴趣需要为出发点，并考虑个性差异。同年，陈礼江在民智书局翻译出版《普通教学法》一书。他在书中将"教学中之注意和兴趣"作为一个重要的教学原理，认为"我们教师工作所追求的，不特使儿童对于所做工作的注意达于顶点，并且要他离校以后，仍能发生兴趣与热望。我们以为兴趣常适合做达到最强注意的工具，自然也就是最高成绩的工具；但我们也很值得视兴趣为工作所追求的最后目标。……趣味之启发，热情之创造，这便也是最大的贡献"，"不过，即使有很好的制度，假如教师不明白兴趣与能力的差异，以及依此差异而定其功课之指定与实习；儿童的工作，终不会达到他底能力的高最限度"。（Strayer，Norsworthy，1932）[77-79]

这一年，张瑞策在文化学社出版《小学教学法》一书。在书中，他认为"兴味"是"一般教学原则"，即"教学上普遍的一定不易的根本理论。这些理论，是各种教学方式和各科教学方法的基础，其用至广，所以称为一般，又作普遍"。他强调，"兴味在教学中，占极重要的位置，他的价值很大"，"兴味可以增加注意"，"增加记忆"，"引起努力"，"延长工作时间"，"产生准备"，"克制困难"。"引起兴味的方法"主要有：（1）观察儿童是否有兴味，而适宜地进行功课；（2）探求儿童的兴味的特点，而尽力维系其兴味；（3）须使教材适合儿童的需要；（4）须使教材与儿童之旧观念或神经中已有之兴味相联合；（5）须使教材适合儿童的能力；（6）须使儿童工作完了有适当的成功；（7）教师须有丰富的常识，温和的态度；（8）维持和表示自己对于所授功课的兴味；（9）慎勿误解兴味，放纵儿童；（10）慎勿横生枝节，离题太远；（11）利用重要的本能，引起儿童的兴味，如冒险心、竞争心、好奇心、收集心以及表演的、游戏的、发表的兴味等。（张瑞策，1934）[12-24]

1933年，孟宪承在商务印书馆出版《教育概论》一书。在书中，他不但将兴趣作为选择教材的一个重要的原则，而且将"学习要有动机"作为首要的"学习的原则"。他指出："除了需要、准备、动机等类似的名词以外，教育书里还有心向、兴趣等，也是常见的。尤以所谓兴趣的原则，最为通俗而最易误解。倘使教师不能引起儿童的真实的需要的感觉，徒以诱诱、娱悦为事，则兴趣反而减低学习的效能，以致又有所谓努力的原则，起来和它对抗。"（孟宪承，2006）[105]

1935年，倪文宙、陈子明在中华书局出版《教育概论》一书。二人在论及兴趣原则时写道："利用儿童之天然的活泼的兴趣（如对于传奇故事、冒险、动物、人物、社会赞许、节奏、儿歌、游戏、问题、建造、收集等等），最能引起其对于学校活动之自发的注意，并可引起其绝大之努力，这叫做兴趣原则（Principle of Interest）。"（倪文宙，陈子明，1935）[282-283] 同年，吴俊升、王西征在正中书局出版《教育概论》一书。在书中，二人将"兴趣和努力"作为教学和选择教材时应该注意的要素，认为"儿童的兴趣，以前也常被当作选择教材的重要原则，如我们前边所叙述过的赫尔巴特便是。赫氏理论曾风动一时；可是相反的，又有人鉴于兴趣主义的流弊，而主张侧重于努力。因而引起兴趣和努力的论争，这论争现在已经没有多少意义了"，因为现在"兴趣与努力为同一进行的活动之二面"。（吴俊升，王西征，2006）[204] 此外，俞子夷等编写的《新小学教材和教学法》（1935年由儿童书局出版）等著作中也都提出过兴趣原则。（董远骞，1994）

　　李廉方在20世纪30年代通过实验创立"合科教学法"即"廉方教学法"时，"重感于一般小学现状，计有三点：一、学习浪费时间；二、学习无兴趣；三、学习不适应生活"。他由此反思，另辟新途，完成了以一般小学学龄儿童用两年半学习时间修完部定四年课程的实验研究。其"出发点不在缩短义务教育年限，而以如何学习敏速、学习有实用、学习有兴趣之三个原则，除旧布新，由学习经济的立场，建设新实验"（李廉方，2006b）[221]。他还认为，新教学方法创建和运用必须注意的一个重要条件是"儿童学习快乐而且质量适如其分"（李廉方，2006c）[306]。

　　1944年，赵廷为在商务印书馆出版《教材及教学法通论》一书。在书中，他在"教学方法所依据的重要原则"中列举的是"努力原则"，同时专门指出，"所谓努力原则，实即等于兴味原则：我们所以改用努力原则一辞的缘故，是因为兴味一辞，易被误解……。真正的兴味教育，并不就等于糖衣教育"。该原则实施教学的注意之点：一是少用强制的学习，而充分利用内在的兴味；二是根据类化原则及准备原则来教学，兴味及努力都一定会被激起；三是功课不要太容易，也不要太困难；四是教师要利用适宜的自然冲动；五是教师要常引进新的兴味。（赵廷为，2007）[25-27]

　　陈伯吹（1932）[43]说："儿童故事的价值，既为一般导师所明了，现在且让我们注意选择故事的原则。……要明了这原则，那首先当注意趣味一问题，因为趣味是基础。……趣味在儿童故事的材料中，是最低限度的需求、必要的条件。"如人格化、亲昵、奇异、印象、审美、神秘、冒险、成功、活动、滑稽、公正、想象、动物、人类关系的写真、细小、节奏与重复、诚朴与忠实、效能一致等，都是引发儿童读书趣味的重要元素。他又说，"好多教育家主张儿童教育应该注重'兴趣教育',倘若不能唤起他们的趣味,他们决不肯自动地对于某一科目的某一题材作着专心致志地学习和研究"(陈伯吹 等,1949)[30]。在他看来,兴趣原则在儿童教育问题上,几乎成了金科玉律。

兴趣原则对中国教学理论和方法的影响一直持续到 20 世纪下半叶,这主要反映在台湾教育学者的著作中。如孙邦正的《普通教学法》、余书麟的《教学原理》等都提出兴趣是教学的一个重要"原则"或"原理"。

三、兴趣教学原则的依据

兴趣原则是通过反复总结教学经验和规律,反映相应教学目的,为提高教学成效而提出的指导教学的一个重要要求或标准。其依据主要有下列三点:

(一)对兴趣教育价值的充分肯定

确认兴趣在教育中的重要意义和地位,反映了对兴趣与教学过程之间密切关系的认识,体现了教学内在规律对教学原则的要求。如前所述,在教育史中关于兴趣教育价值的论述实在是浩如烟海,不胜枚举。归纳起来说,兴趣是学生求知的内在动力和愉快学习的诱因,有兴趣状态下的教学效果最佳;兴趣是牢固掌握知识和提升学业成绩的保障,对智力发展和能力提高作用巨大;兴趣可帮助学生维持长久注意,还可促进学生努力训练;兴趣具有德育价值,是个性全面发展的一个要素;兴趣推动自我终身学习,对成功成才也具有不可替代的作用;等等。

现代教育对兴趣价值的认同以及兴趣原则的流行,主要归功于赫尔巴特及其学派以及后来的杜威及其学派。正如康内尔(1990)[164] 所说："赫尔巴特学派曾经提出一个重大课题，就是要使兴趣成为教育的一个重要概念。杜威的著作进一步阐明了兴趣的重要性。"在赫尔巴特那里，多方面兴趣是教学与儿童、教育与心理以及教育学与心理学的一个主要联结点。杜威（2008a）[13-14]在《我的教育信条》中认为，兴趣是教学的起点和决定课程进度的真正中心，并且"方法的问题最后可以归结为儿童的能力和兴趣发展的顺序问题。提供教材和处理教材的法则就是包含在儿童自己本性之中的法则"，"因此，经常而细心地观察儿童的兴趣，对于教育者是最重要的"。他还在《学校与社会》中提出了"兴趣在学校工作中的地位"问题，要求"在学校工作中赋予儿童的兴趣以重要的、积极的地位"。（杜威，2008a）[92]《教育中的兴趣与努力》则集中阐明了兴趣在教育理论中的地位。《民主主义与教育》仍在强调"兴趣观念在教育上的重要性"："具体地说，承认兴趣在有教育意义的发展中的能动地位，其价值在于使我们能考虑每一个儿童的特殊的能力、需要和爱好"，"有关兴趣的种种事实，对教育哲学可提供一般价值的考虑"。（杜威，2001）[143-144]这些对兴趣教学原则的确立给予了十分有力的支撑。

（二）把兴趣当作教育教学目标

把学有兴趣当作教育教学目标，是兴趣学说的一个跨越，也反映了一定教育教学目的对教学原则的要求。古今中外将兴趣作为实现教育教学目的之手段的比比皆是，把兴趣当作教学目的或教育目标的也不鲜见。如前所述，中国古代即有从孔子肇始的"知之者不如好之者，好之者不如乐之者"（《论语·雍也》）的一贯主张，讲的就是以学为好、以学为乐的境界。梁启超是中国近现代系统论述趣味教育第一人，他从趣味主义人生观出发，把趣味养成当作教育目的。在其看来，教授"学问"（知识）固然重要，但养成"趣味"则更为高明。

在西方，以兴趣为取向的教育目的观可追溯到卢梭。赫尔巴特（1989）[217]则明确指出，"教学的最终目的虽然存在于德行这个概念之中，但是为了达到这个最终目的，教学直接的或较近的目的可以表达为'多方面的兴趣'"。杜威（2001）[137]在《民主主义与教育》中将"兴趣和训练"置于"教育目的"之下阐述，认为"兴趣和目的，关心和效果必然是联系着的"。深受进步主义教育思想影响的泰勒（1994）[62]明确指出："在教育上，兴趣既与目的有关，又与手段有关；也就是说，兴趣既是目标，又是与旨在达到目标的经验相关的动机力量。然而，在这里，我们把兴趣看作是一类目标。人们之所以常常强调兴趣是重要的教育目标，是因为一个人对什么感兴趣，在很大程度上决定了他会去注意些什么，而且还常常决定了他会去做些什么。因此，兴趣往往使行为集中在一些特定方向上而不是其他方向上，这种兴趣确实是使一个人成为哪一种人的强有力的决定因素。"如此一来，兴趣被确定为教学原则也就顺理成章了。

（三）把兴趣视为心理能量的代表

长期以来教育理论主要受到哲学的观照，19世纪教育心理学化运动使近现代教育学转向寻求心理学的支撑。在德国古典哲学特别是康德的认识论中，兴趣被看作人类理性行为的动力和情感的标识。当时心理学还不甚发达，教育家们不约而同地看中了与教学实际联系最密切，也最能代表儿童、儿童心理及其能量的"兴趣"，使它成为新旧教育相交时代的焦点和热点问题。正如赫尔巴特所说，欲望和兴趣结合在一起是表现人类冲动的全部，"兴趣"一词标志着智力活动的特性，兴趣就是主动性，代表智力追求的能量，或者说能量通过"兴趣"这个词表达出来。赫尔巴特学派的麦克墨里更是指出："在整个教育学思想的大事年表中都表明，古代和现代的教育学已经引起教师注意的就是兴趣的原理，它是唯一特别着重感情生活的。"（康内尔，1990）[131] 杜威（2008a）[7] 也说过，"教育必须从心理学上探索儿童的能量、兴趣和习惯开始"。"我认为这些兴趣必须作为显示儿童已发展到什么状态的标志来加以观察。它们预示着儿童将进入那个阶段。""我认为成年人只有通过对儿童的兴趣不断地予以同情的观察，才能够进入儿童的生活里面，才能知道他要做什么，用什么教材才能使他工作得最起劲、最有效果。"（杜威，2008a）[14]

进入 20 世纪以后，杜威仍坚持这种观点。而且为改变旧心理学把心理看作纯个人的、固定的东西，并偏重知识、智力和感觉心理的倾向，他还提出了与之相对的"活动心理学"（"作业心理学"）和"兴趣心理学"等，从而带动了兴趣、情感、意志、努力、活动等问题的研究。其中有关兴趣的大量研究表明：兴趣是具有鲜明个性特征的心理倾向，在本质上是积极的；它是需要的延伸，是认知行为的情感体验和内驱力，是主体主动、持续指向一定事物的自我活动；兴趣还意味着活动对象、目的与过程的统一，是以知、情、意为基础的特殊"合金"，对人的生活、学习和教育都具有特别重要的意义。如克伯屈（1991）[144] 引用伍德沃斯的话说："在一系列的活动中，除非能确立起兴趣，不然就一事无成。"他本人强调，"兴趣是心理活动中的重要因素，对学习也是一个有力的帮助"（克伯屈，1991）[27]，"没有兴趣，只能做出拙劣的工作，不可能有教学的杰作"（克伯屈，1991）[136]。克拉帕雷德和他的学生皮亚杰都认为，兴趣"是把反应变成真正动作的因素"，"兴趣的规律乃是'整个体系随之运转的唯一轴心'"，所以"一切有成果的活动都以一种兴趣作为先决条件"，并且"新学校是以个人的需要与兴趣为基础的真正的活动和自发的工作"。（皮亚杰，2015）[43-44] 总之，兴趣概念牢固地进入近现代哲学、心理学和教育学之中，为兴趣学说的勃兴和兴趣原则的确立奠定了坚实基础，提供了重要依据。

四、兴趣教学原则的实施

虽然兴趣原则是优良教育、有效教学的表征和要求，但其实施运用却很不简单。对此，中外不少教育家都有切身感受，并给出了特别警示。如乌申斯基（2007）[213]说："要使教学工作尽可能引起儿童的兴趣，但又不使这一工作变成娱乐——这是教学论的一项最困难而又最重要的任务，对此我们已经指出过多次。"孟宪承（2006）[105]说，"所谓兴趣的原则，最为通俗而最易误解。倘使教师不能引起儿童的真实的需要的感觉，徒以诱谀、娱悦为事，则兴趣反而减低学习的效能"。朱光潜（1987d）[351]说，"趣味是可以培养的。真正的文学教育不在读过多少书和知道一些文学上的理论和史实，而在培养出纯正的趣味。这件事实在不很容易"。因此，这里讨论实施兴趣教学原则的重点不在于提供多少具体方法，而在于指明培养兴趣的正确思路或方法原则。

（一）运用标准和条件

帕克最早探讨兴趣原则运用的标准问题，提出了"究竟有害无害，要看利用的是什么兴味，利用的方法是怎样"的意见。他认为，"评定利用本能的兴味之价值有三个问题"（帕刻，1924）[47]：一是在普通生活里有什么功用，二是用到教学时有什么效力，三是现在和最后的结果是否都合适。他强调利用兴味教学的最后结果一定要无害，不但顾到现在的结果，还要顾到学生品性和将来社会生活的影响。杜威对这个问题做过深入辨析，他"为判断对兴趣原则的运用是否正确制定一个标准。如果活动包含着生长和发展，兴趣就是正常的，依靠它在教育上就是合理的。如果兴趣是活动中的发展停止的征兆和原因，它就是被不合理地利用了"（杜威，2008a）[179]。克伯屈（1991）[136]对此做了进一步阐发，认为"兴趣如同锋利的器具，对不会使用者有危险……。判断兴趣好坏的标准总是看是否使儿童卓有成效地成长。练习某一兴趣而无助于成长是放纵。为了最有利于成长应具备三个条件：经久不衰的兴趣；来自环境的需要调动内部最大努力的挑战；最终的成功"。他又说："要培养牢固的兴趣，我个人认为有两个先决条件。第一，对涉及的活动有足够的能力，以便从成功中得到持续的满意感。第二个前提是质量上的提高。"（克伯屈，1991）[78-79]桑代克认为，应用兴趣标准，"必须先能真正知道各种材料的兴趣价值，然后据以指导儿童"，这是一种很重要且最难应用的标准，"即因其大部分须视乎教这学科的方法如何或领导这活动的方法如何"。也就是说，兴趣形成既依赖于课业恰当，适应儿童，又取决于教师的教学艺术和方法，还与学习内容的功用、实用等有关。在他看来，"实际上一种学科或活动如能满足另一个标准——即能证实有益于生活中家庭，社会，娱乐等方面的事件或对于自然界或他人的适应；能供给有用的心智资源或公认为合宜的行为；并且能适应儿童的能量而很合于教学原理——实际上便一定是有兴趣的"（桑代克，盖兹，1935）[164-166]。

（二）实现形式和方法

兴趣产生有其自身规律和诸多因素，多方面兴趣的形成更是一项复杂的系统工程，因此必须把兴趣原则的实施置于教育教学体系中来考察，而不要把兴趣视为孤立的心理现象，或仅通过单一形式方法加以解决的问题。夸美纽斯对此早有认识，颇值一提。他指出，学习兴趣和求知欲望应该采用一切可能的方式方法在孩子们身上激发起来，如：作为父母应崇尚知识和书籍，当着子女的面赞扬老师或有学问的人，鼓励孩子勤勉并奖励美好礼物等；作为教师应快乐向上、热爱教学、喜欢学生、温和友善、循循善诱等；作为学校本身就应是一个愉快场所，从外表到内部来看都具有吸引力；教学科目要适合学生年龄和心理，并解释得很清楚很生动，最好能揭示学科知识的精彩之处，至少是以不太严肃的语调加以调剂；在课程上可另设依据兴趣组织的作业和活动，教科书编写也一定要使学生从中得到乐趣；教学方法须自然、惬意而不强迫，使不论多么严肃的事情都能以亲切的、吸引人的方式呈现在学生面前，还可采用对话、竞赛、游戏、抢答、辩论等具体方法；教学组织形式要有所变换，其中集体的班级教学是一种好方式；政府和教育当局可通过公共活动（如发表宣言、辩论会、考试等），表彰奖励优异勤勉的学生，形成好学向上的社会氛围等。不仅如此，兴趣教学与愉快教学、自然教学、直观教学、应用教学、活动教学、变换教学等也是一致的。

此后，裴斯泰洛齐将兴趣培养从课堂教学延伸到劳动教育。赫尔巴特强调兴趣教学的全面教育性，特别是道德意义，并将多方面兴趣渗透到教学目的的确定、教学阶段和步骤的安排以及课程内容的设置上。第斯多惠主要强调两种形式：一是教师的人格素养和教学热情，二是教学特别是课堂教学的艺术和方法。斯宾塞的快乐教学则体现出了教师与学生、学校与家庭、自我教育与终身学习、身心或德智体的统一以及内在和外在的兴趣快乐的结合。进步主义教育者和新教育者大都把兴趣作为有效教学的出发点，主张既要利用好儿童固有的兴趣，又要扩展其兴趣的范围和幅度；既要让学生确立有目的性的兴趣，又要努力使间接兴趣转化为直接兴趣。并且，侧重于将兴趣原则贯彻于课程教学之中，提倡活动教学法、问题教学法、设计教学法、有机教学法、合科教学法和兴趣中心课程组织等。

苏联教育学家休金娜致力于研究认识兴趣问题 30 多年。根据其制定的教学策略，应使认识兴趣渗透于教学活动的每个结构成分，贯串教学活动的始终，以便为教学创造良好的气氛，促使学生成为学习的主体。具体地说：（1）教师必须通过"导论课"或"引言"让学生理解学习某一课题的目标，并力求寻找具有独特表现力的方式来激发学生的认识需要，将教学活动的目标转变为学习活动的内部动机。（2）教师本身必须对教学内容深感兴趣，并采用各种方式来丰富教学内容，激发学生的认识兴趣（例如：列出给人留下深刻印象的事实，演示成功的实验，显示内容的科学价值与实用价值，加强内容的直观性、逻辑性、系统性、问题性，采用现代化的教学技术手段，等等）。（3）教师必须让学生对学习活动的基本方式和程序进行足够的操练和加工，并将它们迁移至各种不同的情境，以加强活动方式和程序在应用中的灵活性，使学生从活动中获得满足，增强认识兴趣。（4）教师应吸引学生对参加学习活动的结果进行认真分析，提高评价与自我评价的准确性，以使学生形成对认识、对知识的价值定向，发展自己的认识兴趣。（吴立岗，1997）[3]

（三）一般规则和要求

在教学中，教师既可采用培养学生学习兴趣的一些特殊方法，如热爱、热情、成功、赞扬、新旧知识发生联系等，又不能满足于若干具体举措，甚至陷入偏颇，如若"认为兴趣本身就是目的和方法，必将一事无成"（杜威语）。所以，把握好兴趣原则的一般规则和要求十分重要。限于篇幅，这里仅列举其中几项。

第一，善于发现儿童兴趣，既不要压抑，也不要放任。杜威（2008a）[14]认为："兴趣总是一些隐藏着的能力的信号，重要的事情是发现这种能力。"面对儿童各种各样的兴趣，教师要进行恰当分析和选择，以确定哪些是确实重要的和微不足道的，哪些是有益的和有害的，哪些是转瞬即逝的和持久永远的。压抑兴趣等于以成年人代替儿童，这就减弱了心智的好奇性和灵敏性，压制了积极性和创造性；放任兴趣等于以暂时的东西代替永久的东西。兴趣的价值在于它们所提供的那种力量，真正的兴趣不仅使我们的情绪被调动起来，而且也使我们得到了内在满足，如同有胃口又能吃进食物，消化吸收后转化为有用的能量。因此，那种强迫甚至恐吓儿童努力的"硬教育"，或糖包苦药、哄他前进的"软教育"，都不是正确的方法。

第二，从教材和知识中发掘兴趣，找寻所教内容与儿童经验和需要的联系。赫尔巴特（1989）[47]说："兴趣来源于使人感兴趣的事物与活动。多方面的兴趣产生于这些事物与活动的富源之中。创造这种富源，并把它恰如其分地奉献给儿童乃是教学的任务。"杜威（2008d）[23]认为，兴趣的源泉在于如何把知识加以运用，"引起兴趣的法子，最好在科目的本身上想出"，"就是：教材要看它和儿童的经验、儿童的需要有什么关系。然后从这种关系里面，自然有一种趣味发生"。克伯屈也认为，事物本身并不使人感兴趣（如乘法表和拼写），"'使'一件事有趣的唯一方式，就是使它有机会唤起某种心中，更恰当地说神经系统中业已存在的兴趣。……归根结底是揭示引人之处，摆明刺激之物"。（克伯屈，1991）[126]夸美纽斯要求教师给学生讲解或演示学科知识的精彩之处，也是这个意思。

数学教育家刘薰宇撰写的数学教材和课外读物，如《数学的园地》《数学趣味》《马先生谈算学》等，都力图体现数学的趣味，都是用比较有趣的笔调和比较浅显的说明来探索数学问题。他认为，对青年来说数学是一门很重要的基础科学，但学校中的教学多多少少失于呆板，不容易提起青年们的学习兴趣，因此用一种叙述法供他们课外参考，可能会有些帮助。其中《马先生谈算学》就是在"增进读算学的人对于算学的趣味"。他说："对于学习算学的态度，思索问题的途径，以及探究题目间的关系和变化，我很用了点心去选择和计划表出它们的方法。我希望，能够把这没有生命的算学问题注进一点活力。"（刘薰宇，1947）[前言4] 他在《数学趣味》中写道："我们所能遇见的更鲜活的材料不知有多少。将死板的方法用到这些活泼的材料上去，使它两相得益彰，这是一条学习的正轨。"（刘薰宇，1948）[致读者5] 他的同事丰子恺在《数学趣味》序言中写道："我一直没有尝过数学的兴味，一直没有游览过数学的世界，到底是损失！最近给我稍稍补偿这损失的，便是这册书里的几篇文章。我与薰宇相识后他便做这些文章。他每次发表，我都读，诱我读的，是它们的富有趣味的题材。我常不知不觉地被诱进数学的世界里去。每次想：假如从前有这样的数学书，也许我不会抛荒数学，因而不会相信那画理书上的话。"（刘薰宇，1948）[1-2]

第三，直接兴趣与间接兴趣的结合和转化。直接兴趣是对学习材料本身的兴趣，其价值就在其中，直接体现在现场的事物中，而不是游离于活动之外的外部刺激和愉快；间接兴趣是对学习内容和结果的远景兴趣，其价值在于使儿童能联系到对他有意义的事情而去理解其与学习材料的关系，并进行一项范围更广的活动。杜威（2008a）[172]说："在这里，也只是在这里，才是'使事物变得有趣'这个观点的真实意义所在。"关于间接兴趣向直接兴趣的转化，他认为即便学生起初是为了实现一个目标而对算术或数字感兴趣，以后也能变得对数字本身饶有兴味。这样的话，他对学习结果以及学习过程都感兴趣，即"对它发生兴趣是因为它在现有的主动过程中的重要性而不是它在终极点上的重要性"（杜威，2008a）[172]。

第四，兴趣学习与刻苦努力相结合。伴随兴趣原则始终的最大争议是它与努力的关系问题，为此主张兴趣说的教育家们花了不少笔墨进行辨析和澄清。如卢梭（2001）[71] 指出："庸俗的理论家，竟把放纵同自由、快乐的儿童同娇养的儿童，全都混淆起来，我们必须使他们了解这中间是有区别的。"杜威（2008a）[181-186] 强调，"努力决不是与兴趣敌对的，它是从直接兴趣发展成为间接兴趣的活动过程中的一个部分"，"努力和兴趣一样，只是在它与行动的过程联结起来时才有意义"。在他看来，如果一个人对他的工作真感兴趣，他就能够忍受暂时的挫折，在困难面前坚持工作，不挑肥拣瘦，并在面对和克服困难或精神涣散中寻找兴趣。克伯屈（1991）[27] 也说："我并不把兴趣与可贵的努力对立起来。恰恰相反，兴趣是努力的自然基础，实际上是唯一的基础。兴趣越浓，越是努力。"总而言之，兴趣与努力并不矛盾，而是统一的，甚至两者是一回事。在教学中正确的做法是：不要只做有兴趣的事情，而要有兴趣地去做一切必须做的事情！

结语

关于教学原则，研究者们众说纷纭，很不统一。究竟该有多少教学原则，为什么会提出这些原则，对此无人能够真正说清道明。在我国当代教学论研究中，关于教学原则的问题最多，突出表现为"有些教学原则的理论'高深'，难以掌握；条目过多，难以记忆；要求空泛，难以捉摸；要求过高，难以贯彻"，"这些都脱离我国教师队伍的实际情况，因而在教学实践面前显得苍白无力"。（董远骞，1998）[141-142] 虽然改革开放以来，为突破主要仿照苏联的以知识、课堂、教师为基点的教学原则体系和格局，我国教育学者做了许多有益探索和研究工作，但仍难说这个难题得到了根本改观。

一方面，教学原则过于"原则"和抽象，离教学实际工作比较遥远，也就意味着不能很好地发挥指导有效教学的作用。有些原则看似高度概括、能提供"普遍指导"，但实际上不分层次、类别和基点，大而化之，泛泛而论，放之四海而皆准，没有真正反映教学活动和过程尤其是儿童心理的特点和规律，对广大教师的教学实践自然缺乏针对性、实效性。比如"理论联系实际""科学性与思想性统一"等，既可说是教学原则，也可说是教育原则或教育教学研究的原则，还可说是指导文学、文艺、文化乃至其他很多工作领域的原则要求。特别是"理论联系实际"的原则始终是我们党的思想路线和方法论，其适用范围广阔，教学论的任务是根据这一大的原则要求，探索出适合教学特点和规律、能够有效指导教师教学工作的具体原则。此外，"循序渐进"的原则适用范围也很大，它在学校、家庭、社会等诸多领域和方面都是适用的，也没有体现出教学的特殊性，更不消说具有特殊性的教学模式。

另一方面，这些教学原则与教育史特别是我国长期以来关于教学原则的研究和一贯提法缺乏衔接。而"教学原则的继承性是很强的。任何教学原则体系不可能完全脱离已有的教学原则思想资料，也就是不能脱离千百年来教学实践经验及其总结出来的教学原则成果"（王策三，1985）[165]。倘若我们今天的教学原则体系与历史上的教学原则体系从内容到表述不尽相同、不甚一致，那就很值得深思、反思。

首先，关于教学原则的继承性和共同性相结合的问题。教学原则的制定，一方面要注意总结和吸收借鉴教育史上的精华、成果和经验教训，另一方面又要考虑历史观点的共同性、一致性或延续性。因为凡是历史上提出过的教学原则，并不都是可以拿到当今来用的，而要看是否得到了大多数教育家或多种教学理论、教育流派的认可，即认定其是一个共同的教学原理和基本要求，对于教学实践肯定是有普遍指导意义的。否则，即便是历史上有名的教学原则或原理，如果不能得到大多数人的共鸣，那它就只能是某一独特教学理论和模式的一般原则或基本要求。

其次，关于教学原则的具体化和层次化相结合的问题。教学是教育的实施，是学校的中心工作；教学原则是指导教学工作的一般原理，是教师在教学中应当遵循的基本要求。教学原则与教育原则既密切联系又有所区分，而不能等同于后者，更不是教育之外其他事业原则的简单重复。教学原则的生命力在教学实践中，一般的教学原则应该是简明易懂、要求明确、能够实现的。在教学中，既要有适用于所有教学活动和形式的一般性、普遍性的原则，也要有适用于各级各类学校、各种科目和教学情景模式的教学原则。也就是说，教学的一般原则确定之后，还需要进一步具体化、系列化，使之便于在大中小学或普通学校、职业学校中，在历史、语文或物理、化学学科中，在知识教学、品德教学或活动教学、研究性教学中得到执行和落实。为此，要研究教学原则的分类，进而建构多种层次和类型的教学原则体系。这项任务的完成，需要下大功夫。总之，无论是具体化和层次化的指向，还是继承性和共同性的要求，或是教育实践和教学实际的呼吁，都需要将兴趣性作为教学的一个重要原则并纳入教学原则体系中。

在我国现行教育学和教学论体系中，兴趣教学原则或教学的兴趣原则未受到应有重视，也缺乏对相关历史经验的总结、继承和借鉴。从教育史上看，兴趣性曾长期被诸多教育家当作教学乃至教育的一个重要原则，并且被明确写进了教育学、教学论著作中。就兴趣学说来讲，兴趣原则是近现代兴趣教育思想的一个突出特征和鲜明标志，并且这一原则的提出和发展有其自身的逻辑规律和广泛背景。如前所述，兴趣教学原则是近现代许多著名教育家的共同主张，有从自然教育和儿童中心论出发的（如卢梭），有从教育教学目的、过程和人的多方面兴趣考虑的（如赫尔巴特），有从教师和课堂教学角度出发的（如第斯多惠），有从教育方法、教材组织以及对兴趣概念正确理解的角度提出的（如杜威），有从学科与活动抉择的视角得出的（如桑代克），有从教学实践出发强调的（如苏霍姆林斯基），还有从终身学习、学会学习和就业工作出发推演的（如索洛维契克）。我国近现代教育学、教学法体系也对该原则予以了普遍引入和借鉴。

这些无非是想说明，兴趣性是教学的一个重要原则，教学过程和活动必须认真考虑并重视儿童兴趣的地位和作用，它能够体现教育教学活动的内在规律和一般特征。也就是说，教学的目的任务、内容教材、方法手段和评价指导等环节，都必须考虑到学生兴趣这个关系教学过程全局的重要问题。无论是一般教学原则还是各科教学原则，或是某种教学模式的原则，乃至一个单元设计、一堂课等，兴趣原则都是适用的。因此，把兴趣原则纳入当前教学原则体系中势在必行，这也成为学校、教师和家长的一个重要遵循。

最后，以两位苏联教学论专家的呼吁结束本章。巴班斯基在教学过程最优化理论中，对兴趣原则在"现代普通学校的教学原则"中的地位予以高度重视。他说："学生如果没有稳定的认识兴趣，如果对知识没有内在的迫切需要感，就不可能学习得富有成效。许多教师都在考虑这一点。他们正在做到使学生的学习饶有兴味。我们认为对教学过程的这一要求是值得提到教学原则的'高度'的；这就是促使学生正确对待学习、激发认识和需要感原则。"（巴班斯基，1982）[21] "我们确信，这一条要求带有规律性，可以作为教学论的一条基本原则。"

(巴班斯基，1982)[109] 斯卡特金（1982)[60] 也呼吁改变陈旧观念，尽快确立兴趣原则："我们不要再不好意思用'兴趣'这个词了，再不要每走一步都要说：对于我们，兴趣不是目的本身了。很多问题都取决于我们如何迅速地承认并接受这个最简单的学校法则：带着兴趣学习。"

第八章

兴趣课程观

所有的书都应编写得使教员和学生不致像在迷宫中徘徊，而能在书中得到快乐，就像在迷人的花园里得到的快乐一般。

　　　　　　　　　　　　　　　　　　　　——夸美纽斯

　　一个孩子，如果我们特别着重地教育过他，除了有用的东西以外，其他一切都不学习。

　　　　　　　　　　　　　　　　　　　　——卢梭

　　食物选择的标准除爱好之外，还需要考虑到身体的健壮。与此一样，选择知识除了出于兴趣，另一方面还要考虑到为实现人生幸福的目的。

　　　　　　　　　　　　　　　　　　　　——斯宾塞

　　若其他情形相等，我们当选择最能引起儿童的兴趣的学科与活动。

　　　　　　　　　　　　　　　　　　　　——桑代克，盖兹

学校以教学为中心，课程是教育的载体。在教育教学过程中，对学生实际产生影响最大的是课程的设置和教材的使用。无论哪一门学科的课程教材，其编制和实施是否考虑到了受教育者的心理需要和接受程度，能否照顾到学生的兴趣和爱好，直接关系到教育教学的效果和质量。否则，再系统科学的知识或"高大上"的理论，也难以真正为学生所理解和掌握，都只能靠加倍的重复和强制的灌输达到一定的"目的"。所以，如何在发展兴趣课程的基础上构建新的兴趣课程论，仍然是教育特别是课程教学论工作者的一项艰巨而重要的任务。

兴趣课程观是以儿童兴趣为取向、关注受教育者心理需要的构建课程和组织教材的思想观点，它是西方近现代儿童中心理论和兴趣学说在课程领域的反映和运用。或者说，当兴趣学说迁移到课程领域时，便形成了以儿童兴趣为取向的理论观点，以儿童为本位、注重心理研究的教育家与心理学家大都强调这一点。纵观教育的发展，知识学习、分科课程、学科教材、教师讲授始终是学校课程与教学的主流和正统，然而对传统的挑战一刻也没有停止过。教育革新家们不断地探索着经验学习、活动课程、教材联络、自主发现，他们十分关注儿童的天性禀赋和个性发展，强调学习者的兴趣需要的重要性。坦纳夫妇在《学校课程史》中，曾将兴趣说与儿童中心学校、活动教学一起列为课程思想与实践的冲突的最重要问题。（坦纳 D，坦纳 L，2006）[161-169] 史密斯也认为，教育史关于课程编制和教材选择有五大准则或派别，即"系统知识""历史尚存""生活效用""兴趣需要""社会发展"。其中兴趣需要准则以学习者兴趣与需要为着眼点，强调凡符合其兴趣需要的教材均为好教材；广而言之，凡能帮助学习者个人实现其目的及解决其问题的教材，均为可选的教材。（钟启泉，2006）[270] 兴趣课程观的演进过程、编制原理和基本主张，可以反映出课程、教学和教育理论发展中的一些重要问题，虽然有一定的局限性，但仍有其积极的历史作用和现实意义。

一、兴趣课程观的历史沿革

巴格莱指出，"强调兴趣、自由、目前需要、个人经验、心理组织和学生主动性的理论"，从古希腊教育开始有着漫长的历史，"一个多世纪以来，这些理论日益加深，……今天，这些理论如此大量地被明确地表现在各种运动里"。（王承绪，赵祥麟，2001）[155] 兴趣课程观的产生和发展从一个侧面体现了这些理论演进的概貌，也折射出课程论发展史中的一些重大问题。

（一）早期的兴趣课程思想

文艺复兴时期，为抗击中世纪教会以宗教神学为核心的狭隘的、脱离世俗的教育内容，人文主义教育大大拓宽了课程范围。当时知识还不发达，学科还不健全，于是便出现了夸美纽斯"百科全书式"的课程体系——"在那里可以学习当前和将来生活上所需要的一切学科"（张焕庭，1979）[42]，并且其"泛智"课程中就有一种专门的"兴趣作业"。虽然它只是辅助性的次要课程，但毕竟使兴趣第一次走进了课程设置的殿堂。洛克为培养绅士也罗列了一大堆学科，他最看重的品质却是德行、智慧、礼仪，之后才是学问和知识，而且是"最需用、最常用的事物"。（洛克，2006）[88] 在他看来，学生学习的任务不在于全学或多学，而在于会学、爱学和养成良好品行。

卢梭与夸美纽斯、洛克一样批判经院主义，信奉自然教育，但其课程教学组织形式却走向了极端的儿童中心主义和兴趣主义，这使他既声名远扬又颇受争议。卢梭轻视学科教学和人类文化遗产的系统学习，主张儿童要学有用的、能理解的和真正属于自己的知识，认为培养兴趣、学会学习远比教给儿童各种知识重要得多，强调学习者的自发性、积极性、活动性。尽管如此，"兴趣"一词以及兴趣原则作为主角首次登上教育大舞台并一举成名，正是得益于卢梭，它们从此受到了许多教育革新家的追捧。正如帕克所说："后来的教育家，大概从卢骚①所说的兴味上发端，把他根据本能的教学理论，渐渐推行到实地教学上去。"（帕刻，1924）[55]

（二）兴趣课程观的形成

19世纪的教育心理学化运动实质上是要将教学目的、内容、方法心理学化，也催生了兴趣教育理论及兴趣课程观。其标志是：赫尔巴特首次把教育学建立在心理学基础上，同时提出了西方近代最系统、最深刻、最具影响力的兴趣学说；又以"兴趣的多方面性"为标题阐述了他的课程教学论，尤其是以兴趣类型为依据设置了普通学校的全部课程。这样一来，所谓代表"传统教育"的赫尔巴特竟然将完整的课程体系建立在兴趣分类的基础上，在他看来，不同的人生成了各种兴趣，不同类型的兴趣又被用于划分课程，教育史上第一个正统、经典的课程结构的基础则在于对兴趣结构的分析。对这一思想，赫尔巴特学派予以继承和发扬，进一步把兴趣说看作教学论的中心原理，以兴趣法则指导课程教材选择，奥斯特曼的《兴趣及其与教育学的关系》（1899）、德加莫的《兴趣与教育：兴趣学说及其具体运用》（1902）等一系列著作相继出版。这些著作不仅流行于欧美教育界，而且对中国和日本的教育（平松秋夫，1970）也产生了重要影响。

斯宾塞从功利主义出发，根据人生五类主要活动和需要，提出了一个以科学为中心、学科门类十分庞杂的课程体系，以实用、科学、

---

① "卢骚"同"卢梭"。

兴趣和幸福为取向，注重知识的价值选择。在课程教学中，斯宾塞极为看重兴趣快乐和自学自动两个原则，尤其是将兴趣快乐作为选择知识和课业内容的一个重要依据，并以此为主要标准评价学校的课程计划和教育效果，可谓兴趣课程观发展史上的一个创举。甚至在当今英国小学教育中，斯宾塞基于儿童自发活动的兴趣教学法仍有重要的影响和作用。（Holmes，1994）

（三）现代教育的兴趣课程观

19 世纪末 20 世纪初，儿童研究运动和新教育运动带来了学校课程新变革，其理论基础有两个。"新教育理论的主要观点是：学校的目的是以学生现有兴趣为出发点促成学生的成长，而不是灌输可能对他们日后生活有用的内容。另一教育理论流派来自于关于青少年心理学的新知识。"（坦纳 D，坦纳 L，2006）[125] 其代表人物杜威以及赫尔巴特主义者"给予学习过程中与意志相对的兴趣以极大重视（尽管他们在兴趣这一概念上有很大不同……）。霍尔开辟了一个新的研究领域并建议把它作为课程编制的基础"（坦纳 D，坦纳 L，2006）[115]。杜威是现代教育思潮的领袖，其课程论是实用主义教育及其"儿童中心""活动中心""社会中心"思想在课程领域的具体反映，并凸显以儿童兴趣需要为出发点的心理化的活动课程、经验课程。杜威的兴趣学说也最为有名，其《教育中的兴趣与努力》被泰勒誉为"20 世纪最重要的五个课程事件之一"。因为美国学校过去"选择课程内容和学习经验的指导原则是：教材应该使学生厌恶——不但不要有趣味，而是恰恰相反。……杜威这一专著的问世，引起了极大的争议"，但随后其观点被广为接受，即"在制定学校目标和为学校课程选择学习经验时应该考虑学生的兴趣"。（泰勒，1994）[147] 可以说，克伯屈设计教学法的兴趣原则、桑代克学科与活动的兴趣标准、"德可乐利法"的兴趣中心课程组织、克拉帕雷德以兴趣需要为基础的机能教育、沙茨基"单元教学一体化课程"的兴趣组织、皮亚杰智力发展的兴趣律以及奥托合科教学法的教材联络等，都是杜威兴趣说和课程教学思想的具体表现和例证。泰勒也不例外，在其规范的课程原理中，兴趣观念始终贯串课程目标、经验选择、经验组织和课程评价全过程，从而将兴趣与课程的关系阐释得更加具体化和可操作化。尽管泰勒试图矫正进步教育的偏颇，但在感情上和实际中却处处表现出对学习者特别是学生兴趣的偏爱。

"二战"之后，随着现代教育思潮的衰落和新传统教育思想的兴起，兴趣学说及兴趣课程观也走入低谷，长期处于课程理论和改革的边缘地位。这一时期的课程改革要求以学科课程和"学问结构"为基准编订教学内容，然而对课程教学起重要作用的兴趣需要问题并未完全被抛弃，只是不像以前那样被看作教育教学的重要目标、课程教材的主要基础和引发儿童学习的唯一依据，而兴趣需要也被内在动机、情感态度或心理倾向所替代。

二、兴趣课程观的基本原理

（一）兴趣与课程目标

在课程编制原理中，确定目标是最为关键的一步。兴趣能否成为课程目标制定的重要依据，决定着兴趣课程和兴趣课程观是否存在。古今中外将兴趣作为实现教育目的之手段的比比皆是，而把兴趣当作教育教学目标或目的之一的也不鲜见，如西方的卢梭、斯宾塞、麦克墨里、泰勒以及中国的梁启超、朱光潜、郑晓沧、刘薰宇等等，都有这方面的明确表述，尤以赫尔巴特学派、杜威学派最为突出。赫尔巴特（1989）[217]明确提出：“教学的最终目的虽然存在于德行这个概念之中，但是为了达到这个最终目的，教学必须特别包含较近的目的，这个较近目的可以表达为‘多方面的兴趣’。”特别是在杜威的感召下，“进步主义教育的基本理论——即教育目标的主要基础是学习者本身的兴趣——经过大量宣传后已众所周知”（泰勒，1994）[7]。由此出发，相应的课程设置方案和教育内容得以确立，或者说，学生兴趣需要被当作确立课程目标的一个重要依据，其中以设计教学法和“泰勒原理”最为突出。

设计教学法是克伯屈以心理实验为基础创立的一种课程教学模式，在传统“课”和单元法的基础上大量添加了以学生兴趣需要和经验为中心的单元。他在《设计教学法》中强调：“儿童兴趣的形成或增长这个问题在我们所讨论的设计理论中是十分重要的。”（克伯屈，1991）[340]尤其是该法的起点——“明确目的”方面，就是要根据学生兴趣需要和接受能力，从实际生活环境中提出学习的目的或要解决的问题。在克伯屈看来，兴趣是对心中向往目标的酝酿和心理定势，目标的扩大就是兴趣的扩展。他说，“作为一种目的而获得的技能可以用作达到新目的的手段。最先出现的技能可以用作达到新目的的手段，最先出现的与手段一道获得的技能或观念可被挑选出来加以特别的思考，从而形成新的目的。这种最新形成的目的就是新的兴趣，特别是心智方面的兴趣的丰富源泉”，并且，“在特定的环境里我们如何扩大学生的兴趣，这些都是目前教师急需解决的重大问题”。（克伯屈，1991）[341]

“泰勒原理”将学生兴趣需要、人类文化遗产和当代社会生活作为确定教育目标的三大依据，成为一种对现代课程目的论深有影响的范式。泰勒既把兴趣当作“达到目标的经验相关的动机力量”，又

"把兴趣看作是一类目标"。他说："人们之所以常常强调兴趣是重要的教育目标，是因为一个人对什么感兴趣，在很大程度上决定了他会去注意些什么，而且还常常决定了他会去做些什么。因此，兴趣往往使行为集中在一些特定方向上而不是其他方向上，这种兴趣确实是使一个人成为哪一种人的强有力的决定因素。"（泰勒，1994）[62] 泰勒认同进步主义教育者指出的把儿童兴趣和需要作为制定目标之基础的重要性，将其作为确定课程目标的首要来源。他说："我们必须确定儿童的兴趣，以便使这些兴趣能够成为教育上注意的焦点。""因此，各种不同团体对学生兴趣所进行的调查研究，都有助于阐明种种可行的学校教育目标。当这些兴趣是理想的兴趣时，它们就成了有效的教学的起点。"（泰勒，1994）[7-8] 他进而指出，最为有效的陈述教育目标的方式，表现在"行为"和"内容"两个维度上，对兴趣而言，"仅仅陈述目标在于形成广泛的兴趣，不具体指出唤起和刺激这些兴趣的各个方面，这说明目标的阐述还不够清晰"（泰勒，1994）[36]。有鉴于此，必须从各方面透彻了解和全面阐明学生的兴趣与需要。泰勒晚年仍坚持上述看法，他说，"60 年代在美国从事的大量课程研究项目，目标通常是由教材专家选择的，很少关注学习者的兴趣与需要"，所以"我现在更加强调学生在学习过程中的积极作用，更加强调学生的介入对课程编制所具有的意义"。（泰勒，1994）[116]

（二）兴趣原则与课程取向

教育史上强调兴趣原则并将其贯串整个教育教学过程的观点屡见不鲜，尤其是 20 世纪上半期西方教育革新家，更是高度重视兴趣在学校教育中的重要地位和在课程教学中的重要作用，提出了新的自成体系、影响深远的兴趣教育理论。其中，在课程教学上强调兴趣原则，把儿童兴趣需要作为知识选择和教材组织的主要依据，成为"新学校课程设置的原则"（吴明海，2008）[310]，并且对中国近现代教育学、课程论和教学法也产生了较大影响。如吴俊升、王西征（2006）[204] 指出，儿童的兴趣以前也常被当作选择教材的重要的原则。三四十年代，主张以儿童兴趣需要为重要标准选择课程教材的国人的教育著作，更是不胜枚举。

20 世纪之前，在这个问题上有三位著名教育家最值得一提。首先是卢梭。鉴于古典的、封建的教育内容既无趣味也无用处，致使读书成为孩子们在儿童时期遇到的灾难和"最感痛苦的原因"（卢梭，2001）[134]，卢梭主张传授对儿童有用、有趣的实在观念，即实物研究、自然研究、乡土地理、远足、手工、工业观念、度量等。在他看来，知识选择标准的"有用"和"有趣"是一回事，两者是统一的。其次是赫尔巴特。其兴趣法则十分强调教育中的兴趣对课程教材和课堂教学的重要性，它不满足于治标——刺激和愉悦，而是着重于治本——真正的兴趣。（Findlay，1902）赫尔巴特学派又在实践中提出了选择教材的两个主要原则：一是教材必须能唤起学生的兴趣，二是教材应当与当前社会和人民文化有关系。（康内尔，1990）[109] 再次是斯宾塞。他与卢梭一样希望求知成为愉快的事、教学成为自学而愉快的过程，认为没有任何东西比兴趣更具有吸取力和忍耐性，即便受累受苦也甘之如饴。斯宾塞（2009）[87] 断言："'兴趣是求知和学习最大的动力。'这不单单是一种方法，而且包含人类获取知识的一个充满智慧而古老的法则。"由此，他以是否能引起孩子内心愉悦作为衡量教育内容和办法的标准，主张选择知识除了出于兴趣，"还要考虑到为实现人生幸福的目的"（斯宾塞，2009）[285]。

进入 20 世纪，在这个问题上影响最大的还是杜威。他在《我的教育信条》中说，兴趣显示着最初出现的能力，经常而细致地观察儿童的兴趣，对教育者最重要。"因此，教育必须从心理学上探索儿童的能量、兴趣和习惯开始。它的每个方面，都必须参照这些考虑加以掌握。"（杜威，2008a）[7] 其中"理想的学校课程""进度不是在于各门科目的连贯性，而是在于对经验的新态度和新兴趣的发展"，并且"方法的问题最后可以归结为儿童的能力和兴趣发展的顺序问题。提供教材和处理教材的法则就是包含在儿童自己本性之中的法则"。（杜威，2008a）[12-13]《教育中的兴趣与努力》还提出了建设兴趣心理学的任务。杜威认为兴趣是由于认清一定事物的价值而集中注意、全神贯注、专心致志于某种活动的意思，它是积极的、客观的、个人的，并与事物对象融为一体的情感态度和内在动力，"真正的兴趣"与努力、责任感并不矛盾。杜威（2008a）[199] 强调说："兴趣这个观念对教育理论的积极贡献有两方面。首先，它使我们避免仅仅是心理的内部的概念；其次，使我们避免仅仅是教材的外部的概念。"如果客体与自我之间没有"包含着生长和发展"（杜威，2008a）[179] 或"没有教育性"，唤起的仅是"一瞬间的兴奋"或外在的愉快，"就是恰恰败坏兴趣的声誉"（杜威，2008a）[199]。

在杜威的影响下，进步主义教育者和新教育者"都像杜威一样一致赞成学校与生活接近"，"想教育绝应适合儿童的兴趣"（德可乐利，1932）[序4]，并将兴趣原则贯穿于课程教材和知识内容的选择中。例如，桑代克提出"学科与活动的抉择"的兴趣标准："若其他情形相等，则我们当选择最能引起儿童的兴趣的学科与活动。"（桑代克，盖兹，1935）[163] 克鲁普斯卡雅（1987）[298] 说："凡此种种，无不表明兴趣所具有的重大作用。正因为如此，所以在选择学习材料时，应该以最感兴趣的、最令人'心神向往'的材料为选择的条件。"泰勒选择学习经验的五个原则都把对学生兴趣的了解和兴趣的发展置于显著位置（即常以阅读兴趣为例），其中"对旨在形成学生兴趣的学习经验的基本要求是：它们要能使学生从为形成兴趣而安排的经验领域中获得满足。因此，为形成兴趣而提供的学习经验，应该使学生有机会探索要他们形成兴趣的领域，并从这些探索中得到满意的结果"（泰勒，1994）[62]。

（三）兴趣与课程设置模式

兴趣目标和原则确定后，就要设置和组织相应的课程教材，这是课程编制的一项基础工作和核心内容。纵观兴趣课程的发展，兴趣对课程设置的影响主要有以下三种形式。

一是将兴趣课程作为学校课程的次要课程，以辅助主要课程或学科课程。这种观点和做法可追溯到夸美纽斯，他把泛智学校的课程分为三类，即主要课程、次要课程和第三类课程，并在辅助性的次要课程中提出"兴趣作业"的课程概念——"由于直接的兴趣而组织的智力作业"（张焕庭，1979）[48]。可见，"兴趣作业"并不排斥学科课程，它既可独立存在，也可融入主流课程之中，如同我国流行的兴趣班、兴趣小组或兴趣课一样。

二是按照兴趣分类来设置学校的全部课程，将兴趣课程与传统的学科课程相对应。这种观点极富创意且操作难度较大，其主要代表人物是赫尔巴特。他认为，兴趣是专心追随、审思积聚的对象，标志着智力（包含精神）活动的主动特性和心理能量；有兴趣表现为"注意、期望、要求、行动"四个状态，多方面兴趣产生于使人感兴趣的多种事物和活动中。他强调："教学计划要根据各种情况设想到各种差别，从而应当突出一般目的，即把多方面的、尽可能平衡的和结合得很好的兴趣（智力的真正发展）作为一切详细的教学过程的目的放在首位。"（赫尔巴特，1989）[264] 于是，赫尔巴特将兴趣的主要类别分成六种，并与学校的学科课程设置一一对应起来，即：经验的兴趣——自然、物理、化学、地理等；思辨的兴趣——数学、逻辑、文法等；审美的兴趣——文学、图画、音乐等；同情的兴趣——外国语（古典语和现代语）、本国语等；社会的兴趣——历史、政治、法律等；宗教的兴趣——神学等。

三是打破传统学校的课程组织，以儿童兴趣为中心组织课程和教学。这种形式源于卢梭，流行于20世纪初期，主要代表人物是德可乐利和沙茨基。他们对当时学校课程教材教法脱离儿童生活、活动、能力和兴趣极度不满，试图建立以儿童兴趣需要为中心的课程教学体系。德可乐利认为，儿童发展的最有效方式是培养可借以满足基本需要的兴趣，适当的教育工作计划是环绕儿童的需要和兴趣的。（康内尔，1990）[311] 他把儿童兴趣需要分为食物、不受自然伤害、防御敌人、活动娱乐与自我发展四种，与儿童所处的环境（如家庭、学校、社会、动物、植物、矿物、天体、季节等）结合起来组成"兴趣中心"（分"单一兴趣中心"和"多面兴趣中心"两种），作为学生学习的主要内容，并根据儿童的水平与兴趣范围，逐年按照不同深度加以学习，以替代学校科目。康内尔（1990）[319] 评价说："德可乐利在比利时的成果，是把儿童的需要和兴趣用作课程编排与教学方法的基础这一运动的先驱。……他的兴趣中心早于由许多政府主管部门制订的以经验为基础的教学大纲，以及在20世纪30年代美国的进步教育协会八年研究报告中，作为一些中学制订的课程核心。"沙茨基的实验学校与社区农场和生产劳动相结合，学校工作就是围绕儿童对周围的农业环境的兴趣而展开的，也属于这种模式。有学者认为，德可利乐法的兴趣中心课程和沙茨基的单元教学一体化课程大纲是"新教育家们以兴趣为中心设置综合性课程"的两个典型代表。（吴明海，2008）[313]

（四）兴趣与教材组织

教材是根据课程标准要求编写、全面反映学科内容的教学材料，是教师教和学生学的主要依据，其主要形式是教科书或课本。教材的组织就像制作精密的钟表一样，内外所有部件都要结构完善，配置得宜，不可含有一点不切合实用的东西。相对而言，选择学科内容要容易些，而找出儿童所处社会和时代最需要且与儿童联系最为紧密的知识技能，然后按照儿童的需要和特点加以组织就是件很困难的事情。比如，小学生与高中生的需求和能力就很不相同，用中学的教材作为小学的课本是绝对不行的，就是小学一年级和二年级、二年级和三年级也不一样。所以，卡特在《普通学科教学法》一书中说，"不论什么教材，都要把他分析到极小的部分，把重要的，合于目的的部分，拿来定作教材"，"教材中大小单位，都要配置得当"，并且"我们决定教材之后，必要依照各级儿童的兴趣和能力去分配"。（陈熙光，1921）[3-4]

兴趣课程观在教材的逻辑顺序和心理顺序问题上倾向于后者，即教材要适合儿童的兴趣、需要和能力。夸美纽斯为近代教材制度革新与规范做过重要贡献，他认为教材既要全面反映学科内容，又要切合儿童心理需要，并且强调教材编写要有乐趣性，认为这也是使教师少教而学生可以多学、乐学的一个重要举措。他说："所有的书都应编写得使教员和学生不致像在迷宫中徘徊，而能在书中得到快乐，就像在迷人的花园里得到的快乐一般。"（任钟印，2005）[253] 他编撰的一些教科书都附有有趣插图和形象解释，特别是《世界图解》之所以影响大（被译成欧亚十几国文字）、流传久（近200年），首要原因是该书编排"能激发孩子们的兴趣，免除他们在校学习的痛苦，尝到其中的乐趣"（任钟印，2005）[88]。斯宾塞说："我们选择学科的程序和教学的方法时，必须使学者能够发生兴趣；这样，就是顺从自然的命令，而使我们的进程符合生命的规律。"（张焕庭，1979）[436]

　　需要指出的是，虽然兴趣课程论者大都强调学生是课程的中心，学生是目的，对于学生生长和发展来说，一切学科的逻辑都是从属的，主张根据学生心理发展特点和兴趣需要来组织教材内容，但是从杜威开始就反对"非此即彼"的思维方式，他一直强调儿童与课程、心理与逻辑、经验与学科、兴趣与努力的统一，试图以综合的方式来解决二元论的问题。到了泰勒时代，课程教材的逻辑和心理组织并不矛盾的观点已被广泛认同。泰勒认为，一种逻辑组织同时也可能是一种合适的心理组织，即对学习者本身也可以是有意义的一种编制体系。尤其是在设计组织单元和谋划学习经验时，"不仅非常需要考虑与这个单元的组织原则有内在联系的学习经验，而且还要照顾到这个年级中每一个学生具有的各种不同的兴趣与需要，并且也要为每一个学习者提供多种不同的学习经验，激发他们持久的兴趣和注意力，防止出现厌倦"（泰勒，1994）[82]。这个观点也为布鲁纳所采纳。他认为，看到学科基本结构的重要性并将其清晰编制出来，并不是件十分困难的事情，但要"怎样安排基础知识才符合儿童的兴趣和能力"（布鲁纳，1989）[34]，同时又使一般教师能教给所有学生，则是最为重要和复杂的。在他看来，学科结构课程与有兴趣的课程可以并行不悖，"实际上，所有一直在从事课程设计的人们都同意，教材编得有兴趣和材料介绍得可靠决不是矛盾的；真的，一个正确的概括说明常常是最有兴趣的"（布鲁纳，1989）[35]。

　　此外，兴趣课程观在课程教学上强调经验学习和兴趣教学。从学生及其兴趣需要的角度看，课程内容即为"学习经验"，它不等同于一门课程所涉及的内容，也不等同于教师所从事的活动，而是指学生与环境中的外部条件之间的相互作用。"这意味着，教师必须对学生已有的各种兴趣和背景有一定的了解，以便能对某种特定情境引起学生反应的可能性，进而能对引起理想的学习所必不可少的那种反应的可能性作出某种预测。"（泰勒，1994）[50] 这种说法与赫尔巴特及其学派的统觉理论和新旧知识连贯的观点并无实质区别。至于兴趣课程观贯彻兴趣原则，要求课程教学、学科教学或课堂教学实施兴趣教学，并采取一切可能的方式方法激发和培养学生的求学欲望和学习兴趣，这是不言而喻的，相关的例子也不胜枚举。

（五）兴趣与课程评价

课程编制和实施的最后环节是课程评价，它是对课程效果优劣的价值判断。兴趣与课程评价的关系，主要是对学习者及其兴趣在课程教学目标、组织和结果中的作用做出价值判断，并根据学生兴趣状况和变化的结果进行分析诊断或评估，以改进教育教学工作。兴趣课程评价研究相对落后，其思想源头可追溯到斯宾塞。他认定追求幸福快乐是人类应有目的和合法目标，也是教育的终极追求和最高任务，他把保持儿童内在兴趣和快乐本身看作一个有价值的教育目标，又以此为主要标准评价学校的课程计划和教育效果。斯宾塞（2005）[64] 说："作为评判任何培养计划的最后考验，应该提出这样一个问题：它是否在学生中间造成一种愉快的兴奋？在拿不准一种特殊方式或安排是同上述的各原理协调，还是同某些其他原理更协调的时候，稳当的办法是依靠这个标准。尽管从理论上看，某个做法似乎最好，但如果它不引起兴趣或比其他办法引起较少的兴趣，我们就应该放弃它。"帕克针对有人提出的"给教学加些作料以引起兴趣是有害的"的说法，提出了"评定利用本能兴味之价值的三个问题"，并强调"研究利用本能的兴味，不但顾到现在的结果，也要研究到学生品性上和将来社会生活上的影响"（帕刻，1924）[51]。

20 世纪初期，随着教育测量与评价的兴起，课程评价以及兴趣在课程评价中的作用也得到了相应关注。桑代克是教育心理学和教育测量学的创始人之一，对兴趣需要理论和兴趣测验也有重要贡献。在课程教学上，他不但重视考量各种学科活动、学习材料的兴趣价值，而且强调对儿童在学科或活动上所表现的兴趣进行精密的科学研究。在他看来，凡存在的东西都有数量，凡有数量的东西都可测量，所以无论知识、能力、技能、行为还是兴趣、情感、态度、理想等的改变，虽很难做精确测量，但均可做概略观察。其中，兴趣是一种学习所得和教学结果，也是可以测量的，虽然其方法手段还比较简陋并且费时费力。

泰勒的贡献在于把评价引入课程编制过程，并把兴趣引入课程评价之中。由于泰勒在阐述课程评价理论时常拿兴趣做例子，所以实际上他也同时阐述了兴趣课程评价的五个步骤：确定兴趣的行为和内容目标；创设引起兴趣的行为的表现情景；编制兴趣评价的方法和手段；确定兴趣评定的形式；使用兴趣评价的结果，以验证和改进课程教学。

三、兴趣课程观的作用及相关反思

（一）历史作用

兴趣课程观的产生有其历史的必然。西方工业革命之后，教育家们对课程教学尤其知识学习的看法发生了重大变化：一是认为学校应传授有用的基础知识、基本理论，因为知识无限而人生短暂，即便是最聪慧的人，要想精通一门科学甚至是当时全部的知识，也要耗费他毕生的精力，况且人生和教育还有比有知识、有技能更重要的东西。因此，课程教学不是仅仅围绕知识，更不是为教授全部知识而进行的。二是在教育过程中，学习者是主动的而不是被动的参与者，学习是通过学生的主动行为发生的，因为儿童具有不同于成人的智力结构和心理机能，他们的动作是受兴趣和需要支配的，只要学习者感兴趣，虽难亦愿意学；反之，学习者不感兴趣，虽易也不想学。因而，教育工作不能从外部强加于儿童，必须发挥使儿童自动活动的兴趣的推动作用，正如皮亚杰（2015）[44]说的，"强迫的工作是一种违反心理学的反常活动，一切有成果的活动都以一种兴趣作为先决条件"。

基于此，适应这个时代要求的以兴趣为取向的课程教学观便应运而生。这种观念不仅将兴趣作为课程教学的目标和评价的标准，而且从儿童兴趣需要出发选择、组织课程教材内容，从而在近现代形成了一种较为完整、颇有影响的课程教学的理论观点。这无疑是课程教学论发展的一大进步，反映了当时提升课程教学成效和教学艺术水平的迫切要求，也深化了教育理论对儿童、儿童个性、学习心理以及教育内在规律的科学认识。归纳起来，其意义和作用主要有四点：

第一，"'兴趣'是那些大肆宣扬'儿童'的人的口号"（杜威，2008a）[113]，兴趣课程观是一种以儿童为本位、以儿童兴趣为主题的课程观，十分注重儿童在学习过程中的主体地位和主观能动性，对经验课程、活动课程、联络课程、合科教学、单元教学、设计教学等儿童中心式的课程都有较大的推动和支撑作用，也使这一类的课程理论和组织能够与传统的学科课程分庭抗礼、相辅相成。它既是 19 世纪末 20 世纪初儿童研究运动和儿童学在课程领域中的一个反映和例证，又对 20 世纪西方课程论由偏重学科知识体系向偏重学习主体转变发挥了积极的作用。从此以后，可以说再也没有哪一派别的教育家或课程理论敢公开反对或忽视儿童、儿童兴趣及儿童自主性了。

第二，"兴趣的观点是心理的"（杜威，2008a）[113]，兴趣课程观是一种从心理学出发、基于儿童心理发展的课程观，特别强调兴趣爱好及相关的动机需要、情感态度、心理倾向等心理概念和心理顺序在课程教材组织上的重要性，从而使其与按照逻辑组织课程教材并驾齐驱，二者不可偏废。这不但对教育心理学化运动、兴趣学说尤其是课程教学心理学化而言是一种有力的促进，而且推动了课程心理学和教学心理学学科的发展。不仅如此，这种思想观念和组织模式也促进了课程教材逻辑组织和心理组织的统一，从而实现与传统的主流课程共存发展。

第三，兴趣课程观和兴趣课程体系既不是现代的产物，也不是进步主义教育的专利，它连接了以赫尔巴特为代表的"传统教育"的课程论和以杜威为代表的"现代教育"的课程论，成为二者之间互通、对话的一个管道和最终达成一致的交汇点。从这个意义上讲，把进步教育运动、新教育运动理解为对传统教育的升华和一种教育继承创新运动，应该说是正确的、客观的。

第四，兴趣课程观以学有兴趣为目标，在兴趣发展的基础上将知识掌握与智力发展统一起来，认为兴趣是连接知识和能力的桥梁和纽带，没有兴趣的学习，不但不能有效而牢固地掌握知识，而且无从发展。由此，兴趣课程观既超越又调和了以获取知识为目的的"实质教育"的课程观和以发展能力为目的的"形式教育"的课程观。在一定意义上，这种注重学生个性全面发展的理念，促使学会、会学和爱学成为课程教学、学科教育乃至课堂教学三个不可分割的主要目的的代名词。

（二）缺陷反思

历史的经验需要继承发扬，而对于问题与不足我们也必须指出，如此才能长进和发展。兴趣课程虽有诸多优点和意义，但其缺陷也显而易见，即不易获得系统知识，更易遗漏成人认为重要的教材。如若矫枉过正，则极易走向极端和反面，如奈勒指出，"杜威的一些追随者抓住他的'兴趣学说'，并将它施行到杜威本人没有想到的那种程度，其结果是产生了二十世纪三十年代和四十年代初盛极一时并大遭毁谤的儿童活动运动"（陈友松，1982）[74]。

其中在兴趣课程上的偏颇，一方面是对兴趣概念和学说的误解，把课程教学建立在儿童的个体兴趣、即时兴趣和本能兴趣之上，将学习者兴趣夸大为课程研究的起点，忽视教育在改变和扩展学习者兴趣中的作用，而不是推崇杜威强调的那种与责任感和努力相统一的、活动的、发展的兴趣和兴趣原则；另一方面是把儿童兴趣需要视为引发儿童学习的唯一依据和课程教学的主要目标，并将其作为组织和评价课程教学的主要基础和标准，忽视社会生活的需要和人类文化遗产的学习，不能把学生的生活和经验提高到科学高度，致使课程学习缺乏计划性、整体性，知识掌握缺乏系统性。正如坦纳夫妇指出的："对于那些完全从儿童的兴趣出发寻求课程发展的人来说，他们最大的错误或许是对社会理想的放弃。用博德的话说：'如果要真的使课程人性化，那么必须以社会的愿景为基础。'"（坦纳 D，坦纳 L，2006）[170]

以往兴趣课程观的缺陷需要反思，其历史教训更要记取和规避，否则必将重蹈覆辙。这方面不是没有先例的，如20世纪六七十年代一些国家浪漫的自然主义教育者和热情的教育改革家们，回过头片面实施了以儿童兴趣需要为中心的实践活动课程，还把学习者看成课程的制定者，不去考察其历史根源就认为这一思想很有新意，结果是历史的错误再次重演——"'让儿童顺从其兴趣'作为一个课程理论再次失败了"（坦纳 D，坦纳 L，2006）[167]。

（三）现实意义

改革开放以来，不仅课程论成为发展最快、扩张最大的教育学科之一，而且课程改革也成为教育界乃至社会普遍关注的焦点之一。尽管我国中小学有一些关于兴趣课程教学的改革试验，但这些只能说是学科课程教学的点缀和陪衬，真正规范的兴趣课程基本上还处于边缘化状态，进一步开发和发展兴趣课程任重而道远。因此，如何推进兴趣课程、实施兴趣教学，使学生既要学会、会学，更要趣学、爱学，仍是一项迫切而重要的工作；并且，如何在发展兴趣课程的基础上构建完善的兴趣课程论，也是我国教育工作者尤其是课程教学论学者的一项重要课题。正如有专家呼吁的，"兴趣不应当只被看作是课程开发中的一个辅助物，它应当是课程的组成部分"，"兴趣是应当从课程的编制到课程的实施中均予以实实在在考虑的"。（张楚廷，2003）[138]

第九章

兴趣的测验和评价

作为评判任何培养计划的最后考验，应该提出这样一个问题：它是否在学生中间造成一种愉快的兴奋？

——斯宾塞

利用兴味教学，其最后的结果一定要是无害的。

——帕克

我们应该把自己产生的兴趣看作成效，而不应该把提问和分数看作成效。兴趣——这是工作质量的最准确的标志。如果你能满怀兴趣地做功课，这就说明你的功课做得很好。在毕业证书上是不给兴趣评分的，但是，生活却给我们每个人的兴趣评分。

——索洛维契克

兴趣测评可解释为对兴趣的测量与评价。具体来说，测量是依据一定的法则对事物安排数字，侧重从量的规定性上予以确定和描述；评价是评定价值的简称，是主体依照价值，判断客体对主体需要的满足程度。（陈玉琨，1999）[3] 据此，教育中的兴趣测评主要包括以下两个方面的内容：一是定量地测量学生的兴趣状况和变化，根据测量结果进行分析诊断或评估，以改进教育目标和课程教学；二是定性地判断兴趣在教育目标和课程教学计划中的作用与价值，即确定兴趣发展在教育目标任务、学习效果中的意义和分量。兴趣测评是心理测量与教育评价的交叉内容，其测量是对兴趣的有关属性分配数值，并使用数字予以描绘和刻画，其评价是在测量的基础上进一步做出好与坏、优与劣、善与恶的价值判断。可以说，兴趣测评是兴趣研究的明珠。对兴趣的定量描述及据此做出的定性评价，可以较好地体现兴趣研究的水平。因而，回顾兴趣测评的历史，是了解不同时期兴趣研究状况的重要途径，也是开展兴趣测评研究的重要方法。梳理兴趣测评的历史，有助于我们了解兴趣测评的发展动力、脉络和规律，为现阶段开展兴趣测评的研究与实践提供参考。

归纳兴趣测评的历史，可以将其划分为学习兴趣测评、职业兴趣测评两大类，将其发展历程划分为萌芽期、发展期两大阶段。在兴趣测评的萌芽期，学习兴趣测评与职业兴趣测评均受到了教育学与心理学科化的影响，但后来二者的发展轨迹却不相同：职业兴趣测评随着人本主义、人力资源开发、组织行为学等学科的发展，应用领域不断扩大，已成为一个庞大产业；学习兴趣测评则在很大程度上受到国际形势、教育政策、心理学学科流派的影响，经历了兴盛、衰弱、复苏的阶段，呈现出较为明显的起伏性特点。

一、兴趣测评的萌芽

兴趣测评萌芽于 19 世纪末 20 世纪初，是教育学科学化、心理学科学化的重要产物。1806 年赫尔巴特在《普通教育学》中提出把教育学建设为一门科学，1879 年冯特建立第一个心理学实验室，这两个事件分别标志着教育学、心理学成为一门独立的学科。在科学主义思潮的影响下，教育学、心理学逐渐迈向科学化。特别是 19 世纪末 20 世纪初，以儿童研究、教育调查测验、实验教育学等为代表的新领域、新方法、新运动，对旧的教育学科基础和研究方式进行了较为彻底的改造，使教育学真正从哲学乃至哲学心理学的桎梏中解放出来，成为一门独立的科学。教育科学的建立这一重大变化以及后来教育评价产生、发展的过程，在兴趣研究中表现得尤为突出，这一时期儿童的兴趣调查、测验、评价和实验逐步展开。可以说，兴趣测评既是教育学科学化、心理学科学化的产物，又助推了教育学、心理学的科学化进程。斯宾塞、帕克和桑代克是这一时期的代表人物，他们关于兴趣测评思想与方法的论述拉开了兴趣测评的序幕。

（一）斯宾塞论教育的兴趣评判指标

斯宾塞首次阐述了"将兴趣作为教育的目标"这一观点。斯宾塞提倡快乐教育理论，他从功利主义出发，认定幸福快乐是人类应有目的和合法目标，也是教育的终极追求和最高任务。他明确提出：教育的方法或手段应当是快乐的，教育的目的之一就在于培养"快乐之人"，要把保持儿童内在的兴趣和快乐本身看作一个有价值的教育目标。由此出发，他把兴趣作为评价教育计划和学习效果的主要依据。在他看来，兴趣快乐的间接意义和价值并不少于它的直接意义和价值，那些学有兴趣、学得快乐的人，往往身心健康，德行、心智、性格等比较好，也容易养成终身自我学习的习惯，并在未来人生中因无功利、愉悦做事而占得先机、达成目标、获取成功。斯宾塞以是否能引起孩子内心愉悦作为衡量教育内容和办法的标准。同时，他又以此为主要标准评价学校的课程计划和教育效果。他说："作为评判任何培养计划的最后考验，应该提出这样一个问题：它是否在学生中间造成一种愉快的兴奋？在拿不准一种特殊方式或安排是同上述的各原理协调，还是同某些其他原理更协调的时候，稳当的办法是依靠这个标准。尽管从理论上看，某个做法似乎最好，但如果它不引起兴趣或比其他办法引起较少的兴趣，我们就应该放弃它；因为儿童智慧的本能比我们自己的推理要更可靠。"（斯宾塞，2005）[64] 但是，斯宾塞并没有具体阐述学生兴趣的评价方法和评价快乐教育的详细计划。

（二）帕克论兴味价值的评定标准

兴趣作为教育评价的目标引起了一些争议。有人认为给教学加些作料以引起兴趣是有害的。鉴于兴趣学说引起的争议，帕克提出，教育中的兴趣评价应有利于学生发展。他认为，兴趣作为教育评价的目标是有利的还是有害的不能一概而论，应加以具体分析和区分，"究竟有害无害，要看利用的是什么兴味，利用的方法是怎样"，并得出"利用兴味教学，其最后的结果一定要是无害的"这一结论。（帕刻，1924）[46] 在他看来，"评定利用本能的兴味之价值有三个问题"："一、这种本能在普通人的生活里有什么功用？二、用来做教学时引动兴味和注意有什么效力？三、现在的结果和最后的结果都适合吗？"比如，竞争的本能兴趣是一个"重要动因"，它本身不是有害的，而是一种有用的本能，可以使个人和社会进步。"孩子的游戏天然是富于竞争的"，"学校里善用竞争心可以得到好结果"，并且"社会生活里的竞争也可以引导到正当的路上去"。所以，"要研究利用本能的兴味，不但顾到现在的结果，也要研究到学生品性上和将来社会生活上的影响"。（帕刻，1924）[47-51]

（三）桑代克论兴趣的可测量性及检验标准

斯宾塞提出的教育评价的兴趣原则、帕克提出的教育中兴趣的评价标准，确立了兴趣测评在教育中的地位和兴趣测评的基本指导思想。但兴趣是否可以测量、应以怎样的标准衡量其测量的有效性，是兴趣测评发展中需要解决的重要问题。桑代克是教育心理学体系的创始人和早期心理测验运动的领导人，被称为"教育心理学之父"，为兴趣测评研究做出了重要贡献。他提出了兴趣的可测量性及兴趣测量的检验标准，奠定了兴趣测量的基础，开辟了兴趣定量化研究的道路。他还论述了兴趣的测评问卷编制、兴趣在教学中的作用、兴趣测评结果在教学中的应用，为在教育中开展兴趣测评研究提供了相对完整的范例。具体来说，他对兴趣的测评研究分为四个方面。

第一，提出"兴趣可测量"的观点。桑代克提出了"凡存在的东西都有数量，凡有数量的东西都可测量"的论点及一系列有关教育测量的原则。他认为，兴趣是一种学习所得和教学结果，是可以测量的，虽然其方法手段还比较简陋并且费时费力，但我们对其仍可做出概略的数量估计。

第二，提出兴趣测量的标准和影响兴趣的因素。桑代克认为，兴趣标准"系根据下列两种事实"：一是作业兴趣，"对于作业的兴趣愈大，则所得的快乐亦愈大"；二是热诚，"热诚愈大，则学习所得的结果亦愈丰富"。他说："实际上一种学科或活动如能满足另一个标准——即能证实有益于生活中家庭，社会，娱乐等方面的事件或对于自然界或他人的适应；能供给有用的心智资源或公认为合宜的行为；

并且能适应儿童的能量而很合于教学原理——实际上便一定是有兴趣的。"他还指出，应用兴趣标准具有一定的难度，"兴趣的标准虽甚重要，但是一种最难应用的标准，它所以难于应用于一整个学科或活动，甚至亦难于应用于一特殊节目或练习者，即因其大部分须视乎教这学科的方法如何或领导这活动的方法如何。前已述过，兴趣大部分赖乎能使作业非常恰当地适应儿童，……兴趣大部分即视乎教师利用……的技能如何"。此外，兴趣还与学习内容和对象的功用、实用有关。（桑代克，盖兹，1935）[163-164]

第三，编制兴趣调查量表并开展了兴趣调查及应用研究。桑代克曾深入探讨过兴趣与能力、兴趣与智力的关系，设计了兴趣的心理测验。他还讨论了兴趣在论题或活动组织中的地位，编制了《成人爱恶调查量表》，分析了不同年龄段的成人兴趣强度的差异、青年与老年人兴趣和态度的差异、成人兴趣的个别差异，并根据调查结果分析了兴趣与成人教育分配、分时制成人教育课程、成人教学方法等问题。（桑代克，1939）[122-131]

第四，强调以兴趣标准选择儿童教材或活动的观点。桑代克继承和发展了斯宾塞选择知识要出于兴趣的观点，认为学科与活动的抉择除了要比较学校与其他教育力量的关系、主要学习和附带学习的关系、过去现在和未来的知识价值以及迁移的价值之外，还必须"估定兴趣的影响的价值"，"若其他情形相等，则我们当选择最能引起儿童的兴趣的学科与活动"。（桑代克，盖兹，1935）[163]

斯宾塞的"兴趣是教育评价的目标"的思想、帕克的"兴趣应坚持有利于学生发展的价值导向"的思想、桑代克提出的兴趣可测量性及检验标准，分别明确了兴趣测评的地位、指导思想和具体方法，为兴趣测评的发展奠定了基础。

二、职业兴趣测评的兴起

在兴趣测评的萌芽阶段，兴趣测评的诸多思想都是由心理学家、教育学家阐述的，然而从兴趣测评的整个发展历史来看，职业兴趣测评的发展却更为充分，研究者甚至认为"兴趣测量的历史主要是关于对职业兴趣的测量"（墨菲，大卫夏弗，2006）[33]。基于此，本节首先回顾职业兴趣测评的历史，再分析职业兴趣测评持续发展并成为一大产业的原因。

（一）标准化心理测验技术催生了职业兴趣量表

1905年，比奈和西蒙以标准化提问、规范化作答的方法开发的智力测评量表，是世界上第一个心理测评工具。这一量表对教育学、心理学的发展具有深远的影响，许多心理测量工具的开发都参照了这一量表。1919年，美国社会学研究者帕森斯出版了《职业选择》，探讨个人如何根据自我特点和工作需要进行职业规划。这两个里程碑式的事件，极大地促进了20世纪早期职业心理测评工具的开发。在比奈和西蒙的影响下，1914年，瑟斯顿编制了《瑟斯顿职业兴趣量表》，内容涉及经济、宗教、权力、社会、理论和审美六种价值观类型。（彭凯平，1989）1915年，霍尔和迈勒开发了有加权分数的兴趣测评问卷，并于1920年推出了美国第一个标准化兴趣测评量表《卡内基兴趣量表》，由此开启了兴趣测评的系统研究。这些研究对后来的许多职业兴趣测评产生了巨大影响。（Harrington，Long，2013）

除此之外，里姆应用对组的方法开展的各种兴趣的差异研究、哈伯德研制的兴趣爱好分析表格、普雷西开发的情绪态度测验量表以及哈特曼和西蒙兹实施的两性兴趣差异的调查等，也是职业兴趣测评的重要研究成果。（萧孝嵘，2009）在职业兴趣调查研究和职业兴趣量表的开发过程中，心理测验专家始终发挥着主体作用。

（二）不同版本的测验不断修订、融合，促进了职业兴趣测评持续发展

职业兴趣的测评量表呈现出版本不断更新、不同职业兴趣测验不断融合的特点。研究要"站在巨人的肩上"这一原则，在职业兴趣测评的历史中有着较为明显的体现。几个著名的职业测评量表，如《斯特朗职业兴趣量表》《库德爱好记录表》《瑟斯顿职业兴趣量表》《霍兰德职业偏好量表》，均体现了职业兴趣测评延续发展的特征。

《斯特朗职业兴趣量表》继承了前人的研究成果，并经后人修订日益成熟。受迈勒主持的兴趣测量研究生讨论课影响，斯特朗编制了世界上第一个正式的职业兴趣量表。在斯特朗工作的基础上，坎贝尔编制了一般兴趣量表，并长期致力于斯特朗量表的修订完善。他还吸收了霍兰德的职业兴趣理论，于1968年发布了著名的《斯特朗-坎贝尔兴趣量表》（SCII）。此后，汉森又对《斯特朗-坎贝尔兴趣量表》进行了两次修订，发表了SCII 1981、SCII 1985两个版本。在研究者们前仆后继的努力下，SCII成为目前国外最流行的职业兴趣测验，被广泛应用于各种职业咨询机构，为人们选择满意的职业提供了有益信息。

1939年，库德编制了《库德爱好记录表》。该量表采用三择一的迫选法，把所有职业分成10个兴趣领域，然后确定与之相应的10个同质性量表，把被试的结果按这10个量表计分，通过得分高低决定重要的兴趣领域。该量表1948年修订为《库德职业偏好量表：C表》，1966年又修改为《库德职业兴趣调查表》。与此同时，《瑟斯顿职业兴趣量表》也不断完善和发展，1947年瑟斯顿在原有测验的基础上出版了《兴趣测评一览表》。该量表列出了10种职业类型，每种类型又包括 20 个职业名称，采用自我计分、项目对比法实施测验。

霍兰德的职业兴趣量表是职业兴趣测评问卷中影响最广泛的问卷之一，其发展也经历了多次修订。霍兰德先是编制了《霍兰德职业偏好量表》，在此基础上发展出"自我指导探索"，又提出了"人格特质与工作环境相匹配"的理论。霍兰德认为，人的人格类型、兴趣与职业密切相关，兴趣是人们活动的巨大动力，凡是具有职业兴趣的职业，都可以提高人们的积极性，促使人们积极地、愉快地从事某种职业，且职业兴趣与人格之间存在很高的相关性。依据人格特质与工作环境匹配理论，他将人格分为现实型、研究型、社会型、传统型、企业型、艺术型六种类型，将职业环境也分成相同名称的六大类，并主张人格与职业环境的匹配是形成职业满意度、成就感的基础。（白利刚，1996）1982 年，霍兰德编撰完成了《霍兰德职业兴趣代码字典》，对美国的每一个职业都给出了兴趣代码，推动了职业兴趣量表在职业辅导和咨询中的直接应用。

通过不断地发展完善，现代职业测评出现了青睐霍兰德职业兴趣理论的趋势。在霍兰德研究的基础上，普雷迪格尔把六边形模型调整为圆环形，发展出了"数据—想法"和"人—事"的双维度模型，这个简单的兴趣圆环还认为兴趣类型有固定的顺序。（Prediger, Vansickle, 1992）特雷西和朗兹在霍兰德及普雷迪格尔的兴趣结构基础上进一步提出了球形模型，该模型的赤道面包含了霍兰德的六种兴趣类型和普雷迪格尔兴趣模型的两个维度。（Tracey, Rounds, 1996）

通过分析，可以看到职业兴趣测评在继承前人研究成果的基础上不断向纵深发展。现代职业兴趣量表通过互相吸收，注重与相关测验的综合，采用大样本的实证资料库来解释测验分数，提供较广泛的同质性、无性别差异的兴趣量表以及特定的职业量表等方式，将其应用

扩大到了几乎所有的职业领域和水平。（Renninger，Hidi，2011）

（三）庞大的社会需求涵养了职业兴趣测评的土壤

职业兴趣测评的持续发展，归根结底源于庞大的实践需求。"一战"后，为了快速、便捷地筛选和安置士兵，美国一些心理学家使用了比奈和西蒙的智力测评量表。与此类似，职业兴趣测评量表的开发和应用也源于职业指导服务的实践需求，第一个职业兴趣量表的开发和修订、职业兴趣测评问卷的广泛应用及商业化发展均是如此。

首先，职业兴趣测评问卷来源于实践并在实践中完善。世界上第一个职业兴趣量表——《斯特朗职业兴趣量表》即来源于实践经验。斯特朗通过大量观察发现，不同职业的人群在兴趣爱好上是不同的。他在1927年编制了涉及各种职业、学校科目、娱乐活动及人的类型的问卷，然后取两组被试，一组代表专门从事某种工作的标准职业者，另一组代表一般人，让两组被试接受测查，将两组被试反应不同的题目放在一起，构成了特定的职业兴趣量表。这是一个经验性量表，来源于工作实践并随着职场的发展实际进一步完善。典型事件是，1927年的量表仅适用于男性，1933年推出了专为女性编制的量表，目的是适应广大女性进入职场的实际状况。

其次，职业兴趣测评问卷在实践中发展。随着职业兴趣测评的开展，人们认识到在职业兴趣测评的帮助下可以清楚地了解自己的职业兴趣类型和在职业选择中的主观倾向，在纷繁的就业机会中找到最适合自己的职业，避免职业选择中的盲目行为。"二战"以后，职业兴趣测评对学生和缺乏工作经验的人群更具价值，特别是开发出了一些针对专门的特殊对象的职业兴趣测评工具，一些针对儿童、教育落后者和非专门职业的兴趣问卷被广泛应用于教育、培训、组织与人事管理等领域。

最后，实践需求促使职业兴趣测评成为一个产业。20世纪50年代以后，由于教育学、心理学等学科的迅速发展和普及，社会公众对职业兴趣知识的需求增加，一些学者开始积极研究职业兴趣测评工具，并在实践中推广、应用。美国一些大学开始投资建立职业兴趣测评实验室，并鼓励学生使用。同时，由于良好的经济收益和广阔的发展前景，很多咨询服务公司也把职业兴趣量表作为一种有价值的投资产品。由此，职业兴趣测评进入了一个商业化的发展时期，并保持了长久的活力。如今，职业兴趣测评在国外尤其是美国已经发展成了一个庞大的产业。

三、学习兴趣测评的回顾

从兴趣测评产生的历史背景及兴趣测评在萌芽阶段的发展状况看，学习兴趣测评似乎应该是兴趣测评的主流。但实际上，学习兴趣测评的发展远不及职业兴趣测评。当职业兴趣测评已经成为一个庞大产业时，学习兴趣测评甚至一度被心理学的动机、态度、情感等相关研究所取代。学习兴趣测评与职业兴趣测评的相似之处是二者均受到心理学、教育学、测量技术的影响。二者的不同之处是职业兴趣测评的发展一路高歌，而学习兴趣测评呈现出发展—衰弱—复苏的起伏性特点；职业兴趣测评工具反复修订，不同版本之间互相借鉴整合，而学习兴趣测评呈现出理论统合性不强、研究态势分裂的特点。学习兴趣测评的这些特点有其特殊的历史原因，也与其依赖的学科基础、研究方法有一定关联。

（一）心理测量与教育实验推动了学习兴趣测评的发展

心理学、教育学对学习兴趣测评的推动作用，首先表现在标准化心理测验对兴趣测验和兴趣调查的影响上。1890年，美国心理学家卡特尔发表的《心理测验与测量》一文，首次提出了"心理测验"的术语。随着心理测验的发展，特别是"一战"期间出于征兵需要，智力测验大范围普及，在20世纪30年代形成了一场世界范围的"教育测验运动"。（陈选善，1935）这场运动在儿童研究、学校调查和教育实验三个方面表现突出。（康纳尔，1991）[158] 儿童的情感、态度和兴趣测量是教育测验运动的一个重要领域，研究者编制了儿童青少年兴趣量表，力图对兴趣测验进行分类并建立发展常模，从而为教师设计出符合学生兴趣的教学序列提供参考。（康纳尔，1991）[162]

其次，心理学的智力测验编制方法为兴趣测评提供了参考。克拉帕雷德曾与智力测验的创始人比奈一起工作，他深受比奈智力测验编制方法的影响，也使用测验方式研究儿童的兴趣。经过实验和测量研究，他认为思维是一种有目的的活动，个体的行动总是按照他最强烈的兴趣进行的，个体的兴趣推动行动与他的世界建立活跃的联系，通过游戏和模仿与环境发生同化和顺应作用，重建曾受某些困难或问题干扰的有机体和环境之间的平衡。此外，他还进行了教育实验，在《实验教育学和儿童心理学》一书中，他从儿童各个时期表现出来的兴趣出发，将儿童心智发展历程划分为三个阶段六个时期。克拉帕雷德参照比奈智力测验进行年龄阶段划分，深化和发展了兴趣分类理论，也为兴趣测评提供了参考依据。

最后，心理学的研究丰富了兴趣测评的研究结果。霍尔等人编制了书面调查问卷，研究儿童好奇心和兴趣的发展。在此基础上，拉伊结合观察研究，将儿童"兴趣和注意的发展过程"分为惊悸、惊奇、惊愕、观察四个阶段。皮亚杰在前人研究的基础上，突破了传统的哲学方式，从心理学尤其是儿童心理学的角度，使用临床观察的方法研究个体认知和心理的发生、发展，提出了智力发展的兴趣律，主张儿童的动作是受兴趣和需要的规律所支配的，所有的智力都是一种适应，所有智力工作都建立在兴趣之上。皮亚杰还总结了前人有关兴趣研究的经验，把兴趣作为儿童期及活动的象征，并作为解释教育原理的心理学依据。此外，皮亚杰还构建了以儿童兴趣和需要为基础的教学，并将儿童的兴趣问题作为新学校特别是新教育方法的中心问题。

（二）教育思潮影响了学习兴趣测评的兴衰

第一，进步主义教育思想把学习兴趣测评推到了新的发展高度。在由农业国向工业国、由自由资本主义向垄断资本主义、由殖民地文化向独立文化转变的时代背景下，面对社会现代化过程中出现的一系列重大变革及挑战，美国教育界兴起了进步主义教育思想。进步主义教育思想强调儿童中心，主张教育要使学校适应儿童，而不是使儿童适应学校。20世纪30年代，随着进步教育在美国的兴盛，一些学者开始对教育测验进行反思。他们认为教育测验只重视智力测验而忽视了对学生许多高级心理机能如情感、态度、兴趣的测量，只注重测量的数量指标和所谓的客观性而忽视了测量的妥当性，只注重知识技能的测量而忽视了学生学习主动性的培养。以进步教育协会为代表的一些组织认为，新的时代背景下必须改革传统教学模式，建立科学的教学评价理论。于是，他们在1933年提出了一项大规模的教育改革实验计划。这项计划选择了30多所中学和7所大学，为期8年，目的是进行课程与教学改革，方法是在实验中编制新课程并对教学效果进行综合性评价。这项计划史称"八年研究"。"八年研究"产生了一系列教学改革成果，最重要的一项成果是"泰勒原理"。作为"现代评价之父"和兴趣的坚定支持者，泰勒把兴趣看作教学目的，看作选择教育目标的依据，常常拿兴趣做例子阐述课程评价的过程，以事实阐述兴趣评价的过程和方法。泰勒对兴趣在教育教学中的重视、论述及实验研究，把兴趣测评的研究与应用提高到了新的水平，对后世的兴趣测评及兴趣教学具有很大的参考价值。

第二，行为主义心理学的兴盛抑制了学习兴趣测评的发展。在实证主义哲学思潮、自然科学和技术进步的影响下，美国心理学家华生等人对刚从哲学中脱胎出来的心理学进行了改造，试图把心理学改造成自然科学。行为主义主张心理学是研究行为的科学，只有直接观察到的东西才能成为科学研究的对象，只有客观的方法才是科学的方法。（荆其诚，1964）由于近代工业的飞速发展，人们对自然界的规律渐渐有了足够的认识，并在某种程度上利用和控制了自然界，因此主张预测和控制人类活动的行为主义在一段时间内极度盛行。在行为主义的大旗下，兴趣作为人的主观意识而被排除在心理学研究的大门之外。从 20 世纪 30 年代行为主义兴起到 70 年代认知主义革命到来，这期间兴趣的研究停滞不前，这段时期被称作"兴趣教育思想理论的衰落期"（西尔维亚，2018）[19]，包括学习兴趣测评在内的整个学习兴趣领域的研究都进展不大。

不仅如此，行为主义心理学的兴盛还影响了兴趣测评的研究范式。行为主义心理学以"操作主义"为研究范式，为了避免测量可能出现的不明确的结果，许多调查专家将兴趣局限于狭窄的范围内，或者完全避免使用兴趣的概念，而使用与兴趣相关的研究问题来表达。这类研究范式通常只关注兴趣的单一方面，如注意、好奇、情绪、态度、价值定向、动机，尤其是成就动机、内在动机、沉浸体验（flow）。有研究者认为，"兴趣"这个有用的术语已经脱离了普通的含义，需要从技术的目的角度来定义。（Van Dijk，Kintsch，1983）研究者从不同的研究目的出发提出的技术性定义，增加了兴趣测评的多样性，但也导致了兴趣测评概念的不统一。而且，为了使自身的研究更显周严，研究者不但从日常使用的兴趣概念中发展出若干个操作化定义，而且在概念上做了细致的区分。行为主义将兴趣排除在研究对象之外，并采用单一的、客观化的研究方法，在一定程度上阻碍了兴趣测评的进步。

第三，教育改革加剧了学习兴趣测评的衰落。"二战"后美苏两大阵营长期对峙，国际教育竞争日趋激烈。为了提高教育对经济和科技的贡献度，各国普遍进行了教育改革或调整。教育改革朝着民主化、科学化和现代化方向发展，并把教育重点放到了义务教育普及、各级教育数量的增长和教育结构的多样化上。发达国家的教育改革在"二战"后实现了重心转移，关注重心从初等教育向中等教育以至高等教育转移，从教育内部问题向教育外部问题转移，从个体成长向群体受教育水平转移，从学生的个性发展向学业成绩和智能发展转移。在这种国际形势和教育变革的影响下，进步主义教育思潮走向衰落，兴趣及兴趣测评研究也随之衰落，在相当长的一段时期内都处在教育研究和教育改革的边缘。在日趋严峻的国际竞争背景下，教育的工具价值和现实价值被放大，内在价值和理想价值被异化，学校教育普遍注重学生智育发展和学业成绩，忽略学生个性发展、兴趣发展，学习兴趣测评的研究及实践进一步受限。

第四，以人为本的理念促使学习兴趣测评走向复苏。动机是心理学的重要概念，也是人本主义心理学的基础概念。1954 年马斯洛出版《动机与人格》一书，提出了人本主义心理学要"发挥人的潜能，自我实现"的观点。在"动机"这一概念影响下，兴趣研究逐渐回归人们的视野。从 20 世纪 80 年代起，兴趣的研究开始复苏。研究者在兴趣的缘起、兴趣的转换、兴趣对个人学业成就及人格发展的影响方面做了大量的实证研究。

兴趣测评的复苏主要围绕两个中心问题展开：一个是个体兴趣对特定目标领域的内容或者特定主题偏好存在何种影响及影响程度问题，另一个是触发学习者特定兴趣的材料的趣味性及趣味的效应问题。在心理学、教育学、测量学、脑科学等多学科共同努力下，兴趣测评在复苏后取得了一些成果。美国心理学家伦宁格等概括了20世纪80年代之后兴趣作为动机变量所具有的五个特征：第一，兴趣指向特定的内容或目标；第二，兴趣包括个体与环境的特定关系，基因构成人的潜在兴趣，内容和环境决定兴趣发展的方向，兴趣通过它们的交互作用而维持；第三，兴趣包括认知和情感成分，在兴趣发展的不同阶段，两种成分的数量有所变化；第四，个体在投入时并不总能意识到兴趣被激发，兴趣发展的后期学习者可能十分沉浸于兴趣以至于不能自知；第五，兴趣有生理学/神经学的基础，学习者从事感兴趣与不感兴趣的活动时，脑部反应不同。（Renninger，Hidi，2011）这些共识是兴趣测评复苏的重要成果，有助于兴趣测评的深入发展。

（三）理论分散制约了学习兴趣测评的整合

奥尔波特认为，兴趣研究最大的缺陷是没有一致的或充足的理论（Allport，1946），这种缺陷清晰地反映在兴趣测评上。特别是行为主义操作概念范式下的兴趣测评，理论不一致的状况更加突出。就像范迪克和金奇所指出的，"兴趣"这个有用的术语已经脱离了普通的含义，需要从技术的目的角度来定义。在他们看来，现代理论不足以解释传统的兴趣概念的所有重要方面，这一情况已经越来越清晰，研究者们正以探索性的结构呈现出一个业已更新的"兴趣"概念。（Van Dijk，Kintsch，1983）现实中，研究者们从人们日常使用的兴趣中发展出许多兴趣的操作化定义，这种各自为政的操作化定义，使得不同的学习兴趣测评研究各据一隅，彼此间缺少联通。

当前，兴趣测评在概念上可归纳为五类：兴趣发展、情绪、任务特征/环境、价值、职业兴趣。除了职业兴趣，其余四类均与学习兴趣测评有关。从学习兴趣测评的这些概念出发，学习兴趣测评研究可主要划分为三个方面五大领域。这三个方面是：具备兴趣倾向的人所具有的个体特征、材料/文本等学习环境的趣味性特征、人表现出个体兴趣和情境兴趣时的心理状态。五大领域是：个体兴趣和学业成就的关系、个体兴趣和知识结构的关系、情境兴趣和学业成就的关系、基于文本学习的情境兴趣的影响、兴趣作用的扩展。从研究实际来看，这三个方面五大领域的实证研究好像各自独立，观点、方法和研究结果常被限制在各自的框架中，难以使用统一的理论去解释和整合。有研究认为，这种情况是调查的自然结果，这些研究中包括完全不同的兴趣概念，以及被试年龄、学科重点、学习环境（在学校或校外）的差异，还有（或者）使用的测试和研究方法。（Renninger，Hidi，2011）由于学习兴趣测评存在理论与方法上的不足，所以即使学习兴趣测评得以复苏，其发展势头也远远不及职业兴趣测评。它的多种概念不能直接比较，不同的研究对象和研究结论未能实现互补是其被诟病之处。

四、兴趣测评的展望

回顾兴趣测评的历史，可以看到兴趣测评的发展脉络、发展动力及存在的问题。根据职业兴趣测评持续发展的动力、学习兴趣测评发展中的问题，结合现代社会发展对教育的需求和现代测评技术的发展特点，未来的兴趣测评可能会具有如下特点。

（一）职业兴趣测评将有新天地

其一，职业兴趣测评将继续在职业领域发挥重要作用。职业兴趣测评作为人才测评、人员安置、组织人力资源开发、个体职业选择、职业生涯规划的重要参照依据，将在现代社会中继续发挥作用。职业兴趣测评可以让人们了解个人兴趣的方向和序列，提高工作积极性，激发工作潜能。正如史蒂夫·乔布斯所说："我很清楚唯一支持我一直走下去的，就是我做的事情让我无比钟爱。你需要找到你所爱的东西。对于工作是如此，对于你的爱人也是如此。你的工作将会占据生活中很大一部分，你只有相信自己所做的是伟大的工作，才能怡然自得。"

其二，职业兴趣测评将在教育领域获得新的发展空间。职业兴趣测评将在高中阶段学业内容选择、高考志愿填报中发挥重要作用。新高考政策要求学生有良好的自我认知能力，学生的选课模式更加强调和重视学生个体的职业适应性、职业性格和职业能力发展。因此，学生可能需要借助兴趣测评的相关工具来准确了解自己，明确自己的优势和职业兴趣，进行初步的职业生涯规划。大学生就业、创业辅导和生涯规划也需要职业兴趣测评。大学生就业指导和职业生涯规划课程已成为诸多高校的必修课程，这些课程客观上需要用到职业兴趣测评，以使学生了解自身特点。一些常用的职业兴趣测评工具，如《霍兰德职业偏好量表》《库德职业兴趣调查表》及自主修订和开发的职业兴趣调查量表，将会在实践中拥有广阔的应用前景。

（二）学习兴趣测评将有新飞跃

第一，时代环境和教育潮流为学习兴趣测评营造了新氛围。2018年，经济合作与发展组织（OECD）发布了《OECD 学习框架 2030》，系统阐释了 21 世纪关键技能的要求，认为学生最为核心的素养是阅读素养、计算素养、健康素养与数字化素养。这四类素养蕴含着三类更深层的能力，即创造新价值能力、协调矛盾和困境能力及承担责任能力。（赵茜，李刚，2018）未来，教育将会更加注重提升人的核心素养和综合技能、批判思维和创造性思维、合作能力和合作意愿、领导力和创业精神以及在这个时代生存和发展所需要的其他关键能力和品质。教育要充分承认和尊重人们的意见的多样性，根据学生的学习兴趣和爱好，设计个性化的学习计划，增加学生选择的机会。（王北生，王程程，2017）更为重要的是，未来社会充满不确定性，目前所学的知识在未来是否有用尚未可知，因此，引导和培养学生的兴趣，让学生喜欢学习、乐于学习、享受学习十分关键。学习兴趣测评恰恰可以反映学习者感兴趣的学习内容、喜欢的学习方式、满意的评价方法以及不同学习者独特的学习需求，帮助我们了解未来个性化学习的需要，顺应社会对教育的实践需求，因而其在未来将有较大的需求。

第二，教育改革对学习兴趣提出的新要求为学习兴趣测评提供了广阔的舞台。我国的多个教育文件及教育政策都提到兴趣是教育目标。2016 年《中国学生发展核心素养》提出"学生要能够正确认识和理解学习的价值，具有积极的学习态度和浓厚的学习兴趣"，并落实到了2017 年新修订的高中课程标准中，兴趣成为核心素养之一。2019 年 6 月印发的《中共中央 国务院关于深化教育教学改革全面提高义务教育质量的意见》在"提升智育水平"部分提出"突出学生主体地位，注重保护学生好奇心、想象力、求知欲，激发学习兴趣，提高学习能力"，在"健全质量评价监测体系"部分提出"学生发展质量评价突出考查学生品德发展、学业发展、身心健康、兴趣特长和劳动实践等"。2020 年，中共中央、国务院印发《深化新时代教育评价改革总体方案》，进一步提出"扭转不科学的教育评价导向，坚决克服唯分数、唯升学、唯文凭、唯论文、唯帽子的顽瘴痼疾，提高教育治理能力和水平"。有关学生兴趣发展等指标在 2021 年教育部印发的《国家义务教育质量监测方案（2021 年修订版）》中得到了相应体现。这些为学习兴趣测评提供了广阔的舞台。新时代背景下，关注学生学习兴趣，发展学生学习兴趣，了解学生兴趣的状况和兴趣教育的实施状况，在发展学生的认知能力的同时，引导学生热爱学习、愉快学习，促使学生身心健康、愉快地发展，不但是课程改革所倡导的，而且已经成为新时代人民对教育的殷切期盼和人民对美好生活向往的一部分。实施学习兴趣测评将是办人民满意的教育的举措之一，将在新时期的教育实践中占有重要一席。

第三，教育实践对学习兴趣测评的新期盼是学习兴趣测评发展的重要支撑。我国自 2016 年起开展的每年一度的国家义务教育质量监测工作，已经把学习兴趣作为重要的监测目标，目的是寻找让学生学业成就高、学习兴趣浓的教育发展模式。当前，学习兴趣测评已进入政策视野。在政策调控下，兴趣测评将具体落实到学校教育和课程实施中，与课程教学深度融合。未来教育实践将根据已有的兴趣测评研究，利用文本的某些特征，如通俗易懂、新颖、出乎意料、生动等，提高读者的情境兴趣（Berlyne，1957），促进读者的理解和回忆（Schiefele，1996），调动教师的激情，从而改进教学方法，提高学生学习兴趣（何旭明，2011）。未来还将考查学生知识储备、学校教学环境、教学材料、教师教学策略及教学任务呈现方式等因素对学生兴趣的影响作用和影响机制，研究适合的教学材料、教学环境、教学策略，实施兴趣教育实验，在教育教学实践中推广兴趣测评的研究结果。

（三）兴趣测评方法将有新突破

从兴趣测评的历史来看，心理测量技术对兴趣测评产生了极大的影响，兴趣测评这一带有很强技术性色彩的研究领域将随着技术的突破而持续发展。未来的兴趣测评依然会受到技术的影响，现代信息技术、心理测量技术、统计技术、脑科学以及多学科综合研究技术将对兴趣测评产生影响。

首先，现代信息技术将应用于兴趣测评。在信息社会和互联网时代，学习兴趣测评将和其他许多心理测评一样，不再局限于纸笔测验和问卷调查，现代信息技术的在线测评和行为测评技术将大有可为。如，可以对学生的课堂行为录像，采用录像分析技术评价学生的兴趣；也可以通过真实的情境或在线设置特定的情境，使用小组讨论等形式测评学生的学习兴趣。特别值得一提的是，在线测评技术既整合了自陈式问卷的优点，能够了解被试对特定领域的情感、态度及自我效能感，又运用了声音、图像、视频等形式，能够给被试提供一定的任务，考查被试的知识、技能，了解被试在该领域的掌握情况，实现对兴趣的全面测评。这些发展已相对成熟的测评技术将使兴趣测评更接近学生的真实状态，减少问卷测评的社会赞许性，提高测评的有效性。

其次，新一代测量理论和技术将应用于兴趣测评。传统的兴趣测评多采用经典测量理论，通过累积题目的原始得分来了解兴趣的水平和层次。20世纪60年代后，测验的项目反应理论、认知诊断理论等新一代测量理论迅速发展，对经典测量理论提出挑战，同时也丰富和拓展了测评功能。新一代测量理论为兴趣测评的等级划分、兴趣发展状况的详细诊断提供了可能。此外，测验的等值技术也为开展不同学科、不同内容、不同年龄段的兴趣测评提供了可能性。未来，随着新的测量理论与测量技术的应用，兴趣测评的研究深度、广度将得到拓展。

再次，新的统计方法将应用于兴趣测评。兴趣的发展是兴趣测评关注的重要方面，随着追踪数据处理等统计技术的发展，兴趣测评将超越横断面的研究，关注跨时间的发展。纵向数据处理的统计方法将使人们进一步了解情境兴趣和个体兴趣之间的关联，特别是情境兴趣与个体兴趣的转换中学习者的情绪状态、兴趣发展后情绪等心理状态的改变、先前兴趣的状态对当前投入的影响，以及随着兴趣发展情感改变的强度和效果变化情况等问题。新的统计方法的应用将进一步提高兴趣测评的研究水平。

最后，新的研究方法将应用于兴趣测评。兴趣是教育学、心理学、哲学、文艺学、社会学、生物学等多个学科共同关注的话题，是生理因素与社会因素共同作用的产物。因而，兴趣测评不会局限于心理学特别是实证主义心理学的研究方法。其他学科的研究方法，如从生理学角度测量面部表情运动、使用皮电反应等特殊生理指标进一步研究兴趣的表情成分和情绪成分，使用脑电技术、核磁共振等脑科学的技术方法进一步揭示兴趣的生理机制，为兴趣测评提供了新的研究路径。（Renninger，Hidi，2011）此外，教育学和心理学中的个案研究、课堂观察、深度访谈等质性研究方法也将应用于兴趣测评，促进兴趣测评的研究。

（四）兴趣测评理论或有新发展

兴趣跨越了教育学、心理学、哲学等多个学科，也跨越了学习心理、职业心理、咨询心理等多个心理学领域。正如"几乎没有共同点的研究职业生涯决策的咨询心理学和研究文本加工的认知心理学同样都关注兴趣的测评"（西尔维亚，2018）[213]一样，兴趣测评是多个领域共同关注的话题，但由于其具有多样性和复杂性，可能会向外扩展，而非向纵深发展（Ring，1967）。在研究领域宽广、研究概念不统一的情况下，利用情绪这一人类基本心理活动，使用情绪评价的理论框架构建兴趣评价理论，也许能被人们普遍接受。

随着情绪研究的深入，人们认为情绪是个体对外界刺激的复杂反应，是生物进化的产物，也是个体发生、发展过程中不断成熟的反应调节机制。作为人类心理活动中的基本过程，情绪是适应生存的心理工具、活动的动机、心理活动的组织者、人际交流的工具、身心健康的调节者，包括独特的主观体验、外部表现和生理唤醒（郭德俊 等，2012）[1]，兴趣则被看成人类分化了的情绪（孟昭兰，2005）[138]。从情绪的角度出发，兴趣来源于个体对事件的主观感受而非事件本身，认为复杂又新奇的事物会引起兴趣的观点是有误导性的（西尔维亚，2018）[199]。兴趣评价中主体对客体新颖性、复杂性的评价，对自身理解新奇、复杂事物能力的评价是两个十分重要的方面。在这个框架下，情境兴趣与个体兴趣、兴趣与爱好、认知性兴趣与情绪性兴趣、兴趣与好奇心、兴趣与价值（重要性）、兴趣与注意、兴趣与内在动机、兴趣与人格、兴趣与自我效能感等方面的研究有了一定的交汇，可能搭建起不同研究的沟通桥梁，使广泛、零散的兴趣测评研究结果互相整合、完善，继而实现测评理论的统一，使兴趣测评葆有持久的活力。

（五）兴趣研究或上新高度

兴趣测评特别是学习兴趣测评的发展将弥补兴趣研究的薄弱环节，完善兴趣研究的结构。兴趣测评是兴趣研究的重要组成部分，但由于兴趣自身的复杂结构，涉及的心理测量学、统计学技术手段比较复杂，兴趣的测量与评价起步晚、发展慢，一直是兴趣研究的薄弱环节。兴趣测评在理论、技术、实践应用上的突破，不但会将兴趣测评自身的发展推向新高度，而且会完善整个兴趣研究的结构，使兴趣研究特别是兴趣教育方面的研究形成"理论—实践—评价"的完整体系。

更为重要的是，兴趣的测评将推动兴趣的理论研究、应用研究的发展。首先，兴趣测评将加深人们对兴趣内部结构的认识，推动兴趣理论研究的发展。兴趣测评需要确立测评维度、指标及观测点，兴趣量表的开发过程需要理论与实际数据相结合、删繁就简，因而能够厘清兴趣的内部结构，加深人们对兴趣的理论认识，推动兴趣的理论研究。其次，兴趣测评的研究结果可以丰富兴趣的培养策略，推动兴趣应用研究的发展。兴趣测评会得到各学科、各学段的学习兴趣状况和各年龄段、各群体的职业兴趣状况，这些测评结果将有助于了解学生学习兴趣的状况及问题，促进学生将学习兴趣与未来的职业兴趣相结合，推动兴趣的培养策略研究。而且，诸多大型教育质量监测，如国际学生评价项目（PISA）、国际数学和科学趋势研究（TIMSS）、美国国家教育进展评价（NEAP）、中国基础教育质量监测都带有政策导向，得到的学生学习兴趣测评结果将进一步完善学生学习兴趣的培育政策，推动兴趣教育的发展。由此，兴趣测评或成为兴趣研究的新支点，推动兴趣研究达到新高度。

第十章

教育者的兴趣

得天下英才而教育之，三乐也。

——孟子

我们要选择趣味最真而最长的职业，再没有别样比得上教育。在教育界立身的人，应该以教育为惟一的趣味。

——梁启超

如果教师没有兴趣，那么学习对儿童来说就会变成枯燥的事情。如果你想让教师的劳动能够给教师一些乐趣，使天天上课不致变成一种单调乏味的义务，那你就应当引导每一位教师走上从事一些研究的这条幸福的道路上来。

——苏霍姆林斯基

许多事情取决于教师内在的素养，取决于他对本职工作、对儿童工作的兴趣。

——巴班斯基

一、问题的提出：一个紧要的现实课题

人类异于其他动物而具有相当的精神性和自觉性，在一定的名利物质之外更需要精神追求与寄托，教育者更是如此。作为典型知识分子的教育者，理应率先自觉和醒悟，在名利物质面前超脱一些，树立超凡脱俗的理想追求，养成纯粹理性的专业志趣。从理想层面讲，这是教育园地志存高远的美好夙愿和必要的"乌托邦"；从现实需要看，这是提升教育职业素养、引领社会风气的迫切要求；从深远意义看，这还是确保作为"国之大计、党之大计"的教育事业堪当大任，进而实现教育强国之梦的应有之义。基于此，养成对教育的兴趣或趣味，为现今教育者最急需的可贵心理品质和精神素养。

一代人有一代人的使命，一代人有一代人的责任和担当。新时代的教师要扛起为党育人、为国育才的历史重任，在全员育人、全程育人、全方位育人的崇高事业中，不断锤炼优良品质，努力成长为"忠诚教育、关爱学生、教书育人、为人师表、严谨治学"的新时代优秀教师，为共和国的教育事业做出更大的贡献。但是，根据关于教师现状的调查报告，当前我国一些地方有教师存在"无兴趣病"和职业倦怠的倾向，反映了加强教师教育兴趣研究的重要性和紧迫性。如《中国青年报》2009 年 5 月 9 日刊登的一则消息称，在 2009 年京津沪渝教育研讨会上，天津市南开区教育中心发布教师专业发展现状调查报告，指出目前有超过三分之一的教师暴露出职业倦怠的倾向，缺乏工作热情。由于工作兴趣丧失而导致的"无兴趣病"使部分教师在工作中表现出懒散、不求进取、缺乏学习意识、不负责任、混世等消极情绪或行为，直接影响教学质量和教学结果。这份报告的调查对象为中

小学校长、教务主任以及教师等，历时近一年的调查共回收有效问卷1214份。又如，2011年教师节前夕，人民网教育频道与现代教育报联合推出"教师的幸福指数"调查。参与调查的13973人中，认为自己生活和工作幸福的不到两成；近六成教师认为还过得去，幸福指数一般；近三成教师认为自己不是很幸福。调查显示，67%的教师在一天工作结束时会感到疲惫不堪；近三成教师觉得虽然很累，但是很满足。影响教师在工作中获得幸福感的原因，近五成的教师认为是学生能否取得较好的成绩，18%的教师认为是对职业的热爱。提及对教师这份工作的感受，47%的人认为是一般或者喜欢，25%的人选择厌倦。

常言道："兴趣是最好的老师。"兴趣对人的学习、生活、工作的质量提高和进步都是非常重要的，可以说我们做任何事情，有无兴趣、兴趣大小如何，其结果和效率大不一样，过程和感觉也截然不同。对学生来讲，没有兴趣就没有学习，没有兴趣就不会创新，也难以成功成才。做教育工作、当教师也不例外。教师的职业兴趣如同学生的学习兴趣一样，都有着"牵一发而动全身"的神奇作用。兴趣像一台强力的发动机，给教学工作提供源源不断的巨大动力，驱使教师心无旁骛、全身心地投入教书育人的工作，激励他们不知疲倦地加倍努力，变得可敬、可爱而富有成效。兴趣又像一支强效的催化剂，给教师的情感、态度以有力的调动和积极的调节，促使教师始终保持高涨的情绪、愉快的心情，有着化"枯燥"为"享受"、变"苦"成"乐"的独特功能。

《教育规划纲要》明确提出，"加强教师职业理想和职业道德教育"，"努力造就一支师德高尚、业务精湛、结构合理、充满活力的高素质专业化教师队伍"，"以人格魅力和学识魅力教育感染学生"，这为研究和提升教育者的兴趣特别是教师职业兴趣提供了十分重要的政策依据，也对加强教师队伍建设、造就高素质专业化教师队伍、提高教师素养提出了新的更高要求。

所谓教育兴趣，亦称教育者兴趣，就是教育工作者特别是教师对教育事业、教学工作、学生和所教学科发自内心的喜欢和热爱。广而言之，它还包括教育者执着的追求、广泛的兴趣爱好和快乐向上的人格。从心理学上讲，这种兴趣是教育者热切专心于教育事业和积极探究教育工作，而形成的带有强烈情绪色彩的意向活动、积极态度和心理倾向。它表明教育者与教育事业毫无功利地完全融为一体，是纯感情的，既给教育者提供内在的动力，又给教育者带来愉快的情绪体验。教育兴趣不但直接关系到教育者特别是教师的职业素养、爱的情感和幸福快乐，还直接影响到学生学习兴趣的发展和形成，制约着教师在兴趣教育乃至整个教学中主导作用的发挥。

教育兴趣并非一个崭新的话题，古今中外人们对此均有所论及。有关研究之所以少之又少或者浅尝辄止，是因为这是一个触及教育者心灵、关涉人的心理和情感的话题，进行科学的研究不是件轻松的事，有效地培养教育兴趣更不容易。此外，以往的兴趣学说和兴趣教育研究，也多偏重学习者而忽视了教育者，并且在有关教育者研究的问题上，要么偏向于专业、认知、能力等方面，即便谈论教师人格、素养、道德等非智力因素也大多强调社会要求和外在需要，要么将兴趣视为教师职业素养的细枝末节问题，甚至把它缩小为教师个人的一般爱好。

二、历史的借鉴：从"乐业""乐教"到"教育趣味"

"古之学者必有师"（韩愈《师说》），教师是一种古老的职业，人类数千年的社会经验、文明成果，在很大程度上是由教师、师傅的角色传递的。由于教师职业旨在教书育人，教育事业关涉社稷民生，因而为历朝历代所重视和推崇，"乐业""乐教"的问题很早即为先贤名家所论述，并非偶然。

（一）中国古代的"乐业""乐教"思想

人生在世，无一例外都会追求幸福快乐。"甘其食，美其服，安其居，乐其俗"（《老子》）是老子对幸福人生的生动描绘。从此，"安居乐业"便成为广大人民群众最期待的生活样态的代名词。孔子的一生是"学而时习之"的一生，在他看来，"学"和"习"的对象，不仅仅是知识，更重要的是幸福人生的智慧，是至高的真理，也就是"道"。孔子说："吾十有五而志于学，三十而立，四十而不惑，五十而知天命，六十而耳顺，七十而从心所欲，不逾矩。"（《论语·为政》）这句话概括了幸福人生的六个阶段，向我们描绘了一条通往真我与幸福的康庄大道。孔子在学习上十分看重好学、乐学，有关论述不少，其中"知之者不如好之者，好之者不如乐之者"（《论语·雍也》）最为有名。孟子则曰："君子有三乐，而王天下不与存焉。父母俱存，兄弟无故，一乐也；仰不愧于天，俯不怍于人，二乐也；得天下英才而教育之，三乐也。"（《孟子·尽心上》）这段话的意思是，君子有三大人生乐趣：一是父母健在，兄弟平安，无灾无祸，因家庭完满而享受天伦之乐；二是上不愧对于天，下不愧对于人，真诚待人处世，修得内心安宁之乐；三是得到有天赋的优秀人才进行教育，桃李满天下，成为人师并教学有成而获育人之乐。君子如果怀有这些快乐，就会得到比当帝王还要多的快乐。

由此可见，老子基于"民"、孔子立足于"学习"以及孟子侧重于"君子"的幸福快乐观，紧紧围绕家庭和谐、德行修养和社会教化，体现了中国古代思想家追求平实而高远的人生的境界。古希腊思想家把幸福快乐作为人生目的，倡导身心之乐、理性之乐、德善之乐，夸美纽斯（2006）[72] 提出"一切最完美的快乐"是"学问、德行和虔信"，这些观点与中国古代思想家的主张虽然在哲学理念、思想基础和具体表现上有差异，却也有异曲同工之妙和殊途同归之效。可以说，在中国是老子开创了"乐业"之先河，是孔子开创了"乐学"之先河，是孟子开创了"乐教"之先河。我们仿佛看到孟子这位伟大的智者，在对他的学生不厌不倦地循循善诱、指点迷津；又仿佛看见他白发苍髯，看着弟子们茁壮成长、人才辈出，而闭目颔首，一脸的自得和满足。这何尝不是人间一种崇高而美好的境界呢？

（二）梁启超的"教育趣味"

自孔子首倡"好之""乐之"以后，中国古代好学、乐学的思想主张便绵延不断、一脉相传，并演进为中华民族传统教育思想的一份宝贵遗产。其间，宋朝二程阐发的"教人未见其趣，必不乐学"（《二程集·遗书》），是这一思想的丰富发展和兴趣教学观的生动体现，自此趣学与好学、乐学思想融为一体。同时，乐业、乐教的思想也在不断发展，其中乐业思想先被《汉书·货殖列传》加以阐发，到近代又为黄炎培所推演，其职业教育思想的精髓就在于"使无业者有业，使有业者乐业"，其目的是"用教育方法，使人人依其个性，获得生活的供给和乐趣，同时尽其对群之义务"。（田正平，李笑贤，2018）[424] 而梁启超可谓中国古代乐业、乐教和乐学、趣学思想的集大成者，其观点系统、见解精辟，特别值得一提。

梁启超（1992）[476-480] 说："我确信'敬业乐业'四个字，是人类生活不二法门"；"敬业即是责任心，乐业即是趣味"，是"我生平最受用"的两句话。甚至可以说敬业其实也就是乐业，因为只有在劳动中感到乐趣，才会对职业本身产生敬畏之心，才会忠实于自己的职业。

梁启超鼓吹的趣味教育，其中一义就是希望"各人选择他趣味最浓的事项做职业，自然一切劳作，都是目的，不是手段，越劳作越发有趣"（梁启超，2005a）[339]。

梁启超（2005b）[342-347] 十分赞赏孔子"学而不厌、诲人不倦"和"好之乐之"的人生哲学，认为"厌倦是人生第一件罪恶，也是人生第一件苦痛"，并因认定教育职业的特性决定了它能够做到"继续的快乐""彻底的快乐""圆满的快乐"而感叹："乐哉教育！乐哉教育！"在各种行业趣味中，梁启超对教育工作者或教师的"教育趣味"情有独钟、十分偏爱。虽然胡适（1994a）[397] 也说过"'得天下英才而教育之'，教育也是有一种兴趣的"，但是真正将乐教思想发扬光大并形成一种较为完整的教育趣味思想的是梁启超，这具体表现在他的《趣味教育与教育趣味》一文中。梁启超（2005a）[339-340] 认为，既然趣味教育如此重要，"那么在教育界立身的人，应该以教育为惟一的趣味，……既已打算拿教育做职业，便要认真享乐，不辜负了这里头的妙味。孟子说：'君子有三乐，而王天下不与存焉'，那第三种就是：'得天下英才而教育之'；他的意思是说教育家比皇帝还要快乐。他这话绝不是替教育家吹空气，实际情形，确是如此"。在他看来，理由有三：

第一，教育事业好像自己亲手种的花一样，花的生命和你的生命是并合为一的，只要用一分心力，自然会有一分效果还你，而且效果是日日不同，一日比一日进步，有说不出来的无上妙味。在教育中，"教育者与被教育者的生命是并合为一的。教育者所用的心力，真是俗语说的'一分钱一分货'，丝毫不会枉费。所以我们要选择趣味最真而最长的职业，再没有别样比得上教育"（梁启超，2005a）[340]。

第二，当时中国的政治、经济无不令人头痛，唯有教育事业是一条光明大路，儿童青少年是国家强盛、民族振兴的希望所在。"只要'鞠躬尽瘁'，好生把他培养出来，不愁不眼见中兴大业。所以别方面的趣味，或者难得保持，因为到处挂着'此路不通'的牌子，容易把人的兴头打断；教育家却全然不受这种限制。"（梁启超，2005a）[340]

第三，"教育家还有一种特别便宜的事，因为'教学相长'的关系，教人和自己研究学问是分离不开的：自己对于自己所好的学问，能有机会终身研究，是人生最快乐的事，这种快乐，也是绝对自由，一点不受恶社会的限制。做别的职业的人，虽然未尝不可以研究学问，但学问总成了副业了；从事教育职业的人，一面教育，一面学问，两件事完全打成一片。所以别的职业是一重趣味，教育家是两重趣味。"（梁启超，2005a）[340-341]

最后，梁启超总结道："孔子屡屡说：'学而不厌，诲人不倦'，……问他为什么能不厌不倦呢？只是领略得个中趣味，当然不能自已。你想：一面学，一面诲人，人也教得进步了，自己所好的学问也进步了，天下还有比他再快活的事吗？人生在世数十年，终不能一刻不活动，别的活动，都不免常常陷在烦恼里头，独有好学和好诲人，真是可以无入而不自得，若真能在这里得了趣味，还会厌吗？还会倦吗？孔子又说：'知之者不如好之者，好之者不如乐之者。'诸君都是在教育界立身的人，我希望更从教育的可好可乐之点，切实体验，那么，不惟诸君本身得无限受用，我们全教育界也增加许多活气了。"（梁启超，2005a）[341]

梁启超是我国系统论述"趣味教育"第一人，并最早专门探讨了教育趣味问题。他从趣味主义人生观出发，首创"教育趣味"概念并"拿趣味当目的"，首次提出教育职业的"两重趣味"，把从事教育视为社会上最有趣味的职业。他的这些观点很有见地，也别具一格，既提升了教育和教师的地位和作用，又给所有教育工作者在职业素养上提出了一个十分重要的要求：把从教当作唯一的、最浓的趣味，享受其妙味，体验其快乐。

三、教师"双重兴趣说"：教育事业何以特别有趣

从事教育特有乐趣，作为人师别有趣味，这是以往无数圣贤名家之人生经验和切身体会，是由教育事业和教师职业特性所决定的。教育是专门培养人的特殊事业，教师职业对象是学生，主要是正在成长的儿童青少年，工作载体或工具是公认的或有定论的科学知识，主要指任教学科的知识和教育科学知识。教师既要不断传授知识、培养学生，又要不断研习知识和学生，由此构成了教师职业的双重特性，并决定了教师职业具有双重兴趣，表明了教师职业实践是人类社会最复杂的工作之一，是需要全身心投入才能够做好的崇高事业。

（一）教师职业的双重性

俄罗斯学者克林莫夫依照人与自然、科技、符号、形象等客体的关系，将现代数万种职业分为五大类："人—自然""人—技术""人—符号""人—形象""人—人"，其中教师职业属于"人—人"的类型。并且，教师这种"人—人"类型的职业人是"具有的典型的偏好、兴趣、个性特征的一定组合（霍兰德、克林莫夫），也就是说，这类职业特征的标准实际上已经被深刻的个性化了"（季姆娜娅，2008）[87]。教师职业实践是以知识为媒介的专门培养人的社会活动，是一种特殊的"人—人"类型的实践活动，具有十分明显的双重性。

首先，教师是教育活动的实施者、组织者、管理者或领导者，处于主导地位。在教学过程中，教师活动的对象有两个：一是学生；二

是知识。其中学生是接受知识和被教育的客体，知识是教师教授和学生学习的载体，两者既可统一又可分离。这既是由教育本性决定的，也是教师职业最根本的特点，教师职业的其他特点（如示范性、创造性、专业性等）都是由此派生的（这似乎也可理解为教师教育和教学活动的逻辑起点）。关于教师、学生和知识的关系，夸美纽斯（2006）[293]早已论述过："教就是引导学生接受教导。于是有了教师、学生和教导！教师是传递知识的人，学生是接受知识的人，教导就是传递知识的行为——从教师传给学生。没有人教，就教不了任何东西。没有人学，就学不了任何东西。没有教导，就没有知识的传授。"

其次，教师是教书育人的职业，任何教学都有教育性，教师职业具有用知识培养人和用人格教育人的双重性。体现在知识教学中，教师不仅要使学生学会、会学，掌握有用的知识，还要使学生乐学、爱学，养成终身学习的习惯。

再次，教师的知识素养也能反映出其工作的双重特性——知识结构上的双学科性，从而进一步使教师区别于其他相近的职业。根据职业的特殊要求，教师不仅需要精通所任教学科（学科知识），还必须熟悉如何教好这些知识（教育科学知识）。这是两类性质不同的知识，前者是基础，是教师之为教师的前提，教师自己要有东西可教；后者是工具，是教师之为教师的独特之处，教师要懂得怎么去教。两者相辅相成，具体体现在一个教师身上，是统一的。两者缺一不可：缺了前者，无法做教师；缺了后者，做不了好教师。

最后，教师职业的双重性还表现为教师既是知识的传授者，又是学习者和研究者（这也是教学相长的另一层重要含义）。为了适应正在成长进步的儿童青少年及其不断发展变化的年龄特征和心理特点，为了更好地传授学科知识和学生需要的其他科技人文知识，教师必须不断地研究和了解学生，包括向学生学习；还必须不断地钻研和学习新知识，包括参与教学实验、改革或研究本学科的学问。这些都是教师的"正道"而不是副业，也是做教师的好处或"特别便宜的事"（梁启超语）。

（二）教师兴趣的双重性

教师职业的双重性为教师的双重兴趣理论提供了重要依据。它要求教师不但对教育事业特别是培养学生的工作充满兴趣或志趣，而且对所教的学科也抱有浓厚的兴趣。这种双重兴趣包含着既密切联系又相互区别的两种兴趣：前者为对学生的兴趣和对教师职业的兴趣，后者是对学科的兴趣和对学科教学的兴趣。

首先是教师对学生的兴趣和对教师职业的兴趣。支撑这一观点的是多年来关于教师心理的研究结论："'必须把对儿童和青少年的爱与对教师职业的爱区分开：可能非常爱儿童，深深地喜欢青少年，甚至是在对教师职业没有好感的时候；当然，也可能对教师职业本身没有什么反对的，甚至觉得它比其他的工作还好，同时还对儿童和青少年抱有很大的好感'。显然，教师只有把对儿童的爱和对教育职业的爱区分开来，才能使自己具备教师职业的修养。"（季姆娜娅，2008）[90]这就是我们常说的教师要"热爱教育事业、热爱学生"的依据和缘由，它为我们区分教师对教师职业的兴趣和对学生的兴趣提供了根据和基础。正如巴班斯基（1982）[45]说的："许多事情取决于教师内在的素养，取决于他对本职工作、对儿童工作的兴趣。"

其次是教师对学科的兴趣和对学科教学的兴趣。苏霍姆林斯基（1984）[56]说："认识本身就是一个激发生动、不可熄灭的兴趣的最令人赞叹、惊奇的奇异的过程。自然界的万物，它们的关系和相互联系，运动和变化，人的思想，以及人所创造的一切，——这些都是兴趣的取之不竭的源泉。"学科知识与学科知识的教学，都具有引发教师内在兴趣的条件。哪怕是学科教学中学生一点一滴的收获和变化，或者是学科知识研究中某一细微问题上的发现，都会给教师带来相应的满足和愉悦，激发或强化其学科兴趣和学科教学的兴趣。比如，华罗庚曾说过，就数学本身而言，也是壮丽多彩、千姿百态、引人入胜的。数学像一座妙趣横生、令人流连忘返的百花园，而数学的教学过程也同样是绚丽多姿、饶有兴味的。一名出色的数学教师，一方面如同园丁一样，对园中的一草一木、一亭一阁、一溪一径了如指掌、兴趣盎然；另一方面如同导游一样，对如何介绍园中的名山胜水、奇石怪崖等所有引人入胜之处胸有成竹，在数学中娓娓道来，让学生感到其乐无穷，从而引导学生漫游和畅想于欢乐的数学大花园中，同时教师自己也会有许多收获。这样的境界又何尝不让教师感到心满意足、心旷神怡而流连忘返呢？夸美纽斯（2006）[369] 在《教学法解析》一书的结尾处说："'我们愈是经常传授知识，我们就变得愈有学问。'我们的经久不变的快乐就在其中。"这就是梁启超为什么说教育者可以将"一面教育，一面学问""完全打成一片"并具有"两重趣味"的缘由；这也是我们提倡新时代的教师既要投身教学、琢磨学生、探寻教育教学规律和方法，又要钻研学科和问题、做研究型和专家型教师的缘由。

简而言之，教师的教育兴趣是对教书育人工作和任教学科都充满兴趣或志趣，它是一种满足教师职业内在需要、具有强大内驱力量和强烈感情色彩的选择性的态度和认识行为的倾向。需要强调的是，教师应该把对教育教学的兴趣作为其职业生涯的主要兴趣或中心兴趣，这关乎其幸福快乐。退一步讲，假如要在这两种兴趣中选择其一的话，作为教师理应首选前者；这样或许做不了大学问或专业研究，却可以成为一位好教师、教学专家乃至教育家。北京大学中文系教授洪子诚在文学研究上颇有造诣,对当教师情有独钟,他在一次答记者问中的一段话值得体味,可供参考。

记者:以前我曾经两次在不同场合听您讲到您对自己所从事的职业所感到的困惑和痛苦,您一直在问"文学有什么用?",现在是否解决了这个问题?

洪子诚:这是一个普遍性的问题,做人文工作的人究竟对社会有什么用。说到职业,我对教师这个职业比对人文工作者更感兴趣,当教师还是有乐趣,对人有帮助,这很好。说到文学工作者,究竟能够发挥什么作用,我很怀疑。

(《中华读书报》1999 年 9 月 15 日第 18 版)

四、相关概念辨析:教育工作需要兴趣来支撑

(一) 教育兴趣与教育快乐

幸福和快乐是人类社会和个体生活的必然追求,虽然人们对幸福和快乐的理解和感受不同。幸福主义或快乐主义是西方历史上一种持续时间很长、具有重要影响的哲学理论。在欧美,教育快乐观像快乐教育观一样源远流长、绵延不断,并始终与幸福快乐的实践哲学和教育目的相伴随。其突出代表有夸美纽斯和斯宾塞,他们都是快乐教学与教学快乐思想的倡导者。夸美纽斯(1984)[致意读者3]宣称:"'大教学论',就是一种把一切事物教给一切人类的全部艺术……;并且它又是一种教起来使人感到愉快的艺术,就是说,它不会使教员感到烦恼,

或使学生感到厌恶，它能使教员和学生全都得到最大的快乐。"他又说："既使人受益又使人愉快的不仅仅是诗人，也包括教学效果好的每一个教师。"（夸美纽斯，2006）[356] "'我们愈是经常传授知识，我们就变得愈有学问。'我们的经久不变的快乐就在其中。"（夸美纽斯，2006）[369] 斯宾塞也说，兴趣与满足总可以带来快乐。"我的教学差不多完全是依照自己快乐教育的方法来进行的，孩子们都非常愉快地听我授课"，并且，"做教师的工作，却的确为我带来了很多的欢乐，这是我生命中最为难忘的时光"，因为"这恰是我十分喜欢做的一件事"。（斯宾塞，2009）[221] 桑代克认为，"兴趣愈大，则所得的快乐亦愈大"（桑代克，盖兹，1935）[163]。所以，西方近现代的快乐教育思想不仅体现了学生和教师的统一，还反映了快乐与兴趣的一致性。这同梁启超所说的"乐业即是趣味"不谋而合。因为兴趣与快乐都是积极的情感体验，它们像一对孪生子，你中有我，我中有你，有兴趣的必然是快乐的，感到快乐的往往会引起兴趣。具体到教育的兴趣与快乐，它们也是相互促进、互为因果的。

"凡是有生活的地方都有快乐和宝藏"，这是一个永恒不变的真理。就正当职业而言，各行各业应处于同等地位，无高低贵贱之分，但无论做什么职业，对它抱有浓厚的兴趣，感到很有乐趣，都是相当重要的。所以职业兴趣问题历来为职业研究者所关注。梁启超（1992）[476-480] 说："须知苦乐全在主观的心，不在客观的事。""人生能从自己职业中领略出趣味，生活才有价值。孔子自述生平，说道：'其为人也，发愤忘食，乐以忘忧，不知老之将至云尔。'这种生活，真算得人类理想的生活了。"教育之乐不仅是教育的情感心理问题，还关系到教育者的幸福感和幸福观，属于教育伦理学的范畴。在这个意义上讲，追求幸福快乐是人生目的、教育目的，也是教师职业道德构建的出发点和归宿。（檀传宝，2000）[27] 然而，无论乐业还是敬业，其实只有"从自己职业中领略出趣味"（梁启超语），在劳动中感到乐趣，才会对职业本身产生敬畏之心，才会忠于、乐于自己的职业。在教育上也是如此，无论教师幸福快乐的含义是什么，有一个重要基础或核心问题是可以确定的，那就是：做教育工作是他的最爱，当教师是他的志趣，所教学科是他的专业兴趣所在。只有达到这样的职业境界，才能真正与人的内在情感体验相联系，从工作中感到生命的充实和生活的乐趣，实现从"他律"到"自律"的转变，从而觉得"教育不是牺牲，而是享受，不是重复，而是创造，不是谋生的手段，而是生活本身"（刘次林，2003）[213]。否则，所谓教师的幸福快乐将成为无源之水、无本之木。甚至可以说，孔子的不厌不倦、孟子的教育之乐，也是针对那些对教育、对学生和对任教学科有爱、有兴趣的教育者来讲的。也只有这样，才能得到英才、培养好英才，真正体验到做教师的幸福和快乐。

（二）教育之趣与教育之爱

有一篇文章称美国人眼中所谓好教师的标准有四：一是"兴趣人"，即对教育工作真正感兴趣并在此基础上产生热爱之情；二是"智慧人"，即对所教学科进行钻研并在此基础上把握相邻学科知识点之间的内在逻辑联系；三是"有心人"，即能够通过自身的人格魅力来感染、影响学生；四是"榜样者"，即能激发学生的求知欲望并为学生树立终身学习的榜样。文中又对"兴趣人"做出解释：好教师一定是一个热心的人，是一个因热爱教学而不是因为稳定的薪水、较长而又固定的假期、较短的工作时间而选择从事教育工作的人，是一个能从其教学中体验到快乐的人。（胡东芳，2004）在国内外，像这种把"兴趣人"作为好教师首要标准的情况并不多见，其内涵是要求教师对教育事业和教学工作真正有兴趣并感到快乐，无功利之念，进而生成热爱之情。在其鲜明的提法之下，不乏全面合理的解说，并且还给我们提出了如何看待教育之趣与教育之爱的关系问题。

教育学教材对教师素养有一系列规范性的要求，其中"热爱教育事业、热爱学生"是首要的。它是教师最重要的师德，是教师职业修养的一种很高的境界，体现了教师高尚的职业理想和坚定的职业信念；它是一种真挚、深沉而持久的感情，是一种巨大的教育力量，体现了教师劳动的社会价值和个人价值的有机结合；它是做好教育工作的基本前提，也是实施兴趣教育和培养教育兴趣的重要基础。教育工作的核心在于培养人、培育儿童青少年，特别需要爱与爱的共鸣、心与心的呼唤。让教育充满爱，让教学充满爱，让学生充满爱，首先要求教师充满爱。热爱教育事业要具体体现在热爱学生上，这是一种只讲付出不计回报、无私且没有血缘关系的爱，是一种严慈相济的神圣的爱。如果将教师比喻为人类灵魂的工程师，那么可以说师爱就是师魂，教师的知识学问、技巧能力及其他素养都不能与之相比。正因为如此，人们才说"没有爱就没有教育"。

教育之爱与教育之趣看似两回事，实则紧密关联。从概念来分析，作为高尚职业境界和高级情感的教育之爱，既指热爱、爱护、关爱，又有爱好、喜爱之意。这后一点与兴趣爱好一样，都是积极的情感因素，并有着强大的驱动作用，能满足个人内在的需要，使人得到发自内心的快乐。只是"爱"更偏重理性的认识、理性的情感，"趣"则侧重于感性的认识、感性的情感。兴趣，既指爱好、喜爱、喜欢、有趣、乐趣，也有志趣之说。其中，志趣是兴趣的高级形式，是兴趣与志向（或理想）之间沟通的桥梁、联系的纽带。当教育者的兴趣与理想结合在一起而形成志趣的时候，教育之爱与教师的职业理想信念、社会价值特别是个人价值，就对接为共通的内容和一致的要求。它们有共同追求的目标，有明确的指向性，都是教师主体自我的意向活动或行为倾向，都有一种一往无前、不达目的誓不罢休的神奇力量，体现了目的与过程的统一、理性与非理性的统一、自我与对象的统一、个人与社会的统一以及知情意行（认识、情感、意志和行动）的统一。

教育之爱滋润教育之趣，教育之趣支撑教育之爱。从现实来看，热爱教育、热爱儿童，跟教师对自己劳动的社会价值和从事教育工作的重要意义、地位的深刻认识有关，跟教师对其受国家和人民委托教育年轻一代而产生的社会责任感、使命感、荣誉感有关，也同教师职业比其他职业更具有自我实现的价值和满足个人较高层次的需要有关，同教师劳动实践能够充分发挥个人聪明才智、促进自身发展完善、享受成功进步乐趣有关。两者相辅相成，相得益彰，同等重要而不可偏废。过去，对于教育之爱或教师之爱，人们从理性认识、责任义务和社会价值方面要求得多，从感性认识、兴趣志趣和个人价值方面要求得少，这是不全面的；这种做法即便能够起到作用也是不真挚、不牢固、不可持续的。正确的认识和做法是：既自觉地把培养人当作神圣工作、把教育当作崇高事业、把教师当作高尚职业来对待和追求，又自觉地把教书育人作为自己最喜欢的事业，把任教学科及其教学作为自己最有兴趣的专业。人们常说一个人的成功源于对事业的兴趣和热爱，说的就是这个道理。尤其是在现今市场经济下出现急功近利等问题时，以兴趣和热爱之情之力来支撑事业、投身工作，实属难能可贵。对上述问题，苏州市湘城中学李宏伟老师在学校网站上发表的《教师的职业兴趣》一文中所谈的感受和看法，有一定的代表性：

　　我觉得一名适应新时代要求的教师首先要爱教育事业、爱学生，并且有为这一事业奋斗终生的意志。但这样一些东西常常只存在于上岗时间不长的年轻教师心中。而经过年复一年工作与生活的磨砺，很多教师在不知不觉中选择了平庸，选择了随波逐流，变得没有什么追求、没有什么斗志。

　　那么，我们怎样才能保持一颗热爱的心呢？这方面需要我们做的努力有很多。但我认为最重要的是保持职业兴趣。……这是从业者在工作本身的压力下形成的对所从事职业的最低层面的热爱。但这个最低层面的热爱却用最有力的力量维持着某一个行业的正常运转。它让从业者清醒地认识到自己的责任，从而去完成正常的工作任务。……它是教育活动的内在要求。只有具有这种热爱，才可能扮好一个教师的角色，进而生发出对这一行业的热烈的感情，从而使自己的教育活动具有"创造性"，把教育活动当作一项创造性的脑力劳动，努力在教学中探索，不断进取，使自己在奉献中实现人生的价值。①

　　　　　　　　　　〔苏州市湘城中学网站（http://www.szxczx.net）〕

（三）教育兴趣与兴趣教育

　　教育兴趣与兴趣教育相辅相成，缺一不可。兴趣教育的主体对象是受教育者即学生，教育兴趣的主体对象是教育者即教师，两者既独立存在、自成一体，又密切联系、相互促进。

　　首先，教师是教育教学也是兴趣教育的直接实施者和领导者，对学生学习兴趣的发现、引导和培养具有十分重要的作用，也负有重大的责任。对此，以往教育家有不少精辟的论断。如夸美纽斯（1984）[108]

－－－－－－－－－－

① 引用时略有改动。

指出，孩子们的求学欲望主要是由教师及其所教的学科和教学的方法激发起来的。裴斯泰洛齐认为，儿童学习兴趣的缺乏或确立主要是由教师及其教学方式造成的，这个问题的关键在"教"的方面。他说："或许也没有一种情况可以表明缺乏兴趣不是由于教师采用的教学方式造成的。我甚至要将它作为一个法则定下来，无论何时，只要儿童对学习漫不经心，并明显地表现出对课程缺乏兴趣，教师就应该始终首先在自己身上找原因。""只要教师不愿承担或无力胜任激发学生生龙活虎般的学习兴趣的重任——他们就不应该抱怨学生不用心听讲，甚至也不应该抱怨某些学生可能表现出来的厌学情绪。"（裴斯泰洛齐，1992）[392-393] 斯宾塞（2005）[65] 说："其实那些厌恶都不是天生的，而是教师那个不良的制度引起的。"帕克说："利用学生兴味是教员职业的作用。"（帕刻，1924）[50] 库克认为："让学生原有的兴趣在更高层次上转化为新的兴趣，这正是教师的经常职责。"（康内尔，1990）[257] 桑代克认为，"兴趣的发生完全视教师能否运用变化的原理，姿态的表演，指导学生竞胜的方法，练习和复习时间的支配是否得当，工作的时间是否适宜等等而定"（桑代克 等，1934）[149]。苏霍姆林斯基（1984）[461] 更为明确地强调："培养儿童的学习愿望则在决定性的程度上有赖于教师。掌握知识应当给儿童以欢乐和充实的精神生活。滋养儿童对知识的热爱的第一个源泉，就是教师，首先是校长的高度的智力素养。"他向教师建议："让学生们把你所教的学科看做是最感兴趣的学科，让尽量多的少年像向往幸福一样幻想着在你所教的这门学科领域里有所创造，做到这一点是你应当引以为荣的事。"（苏霍姆林斯基，1984）[60] 由此可见，教师是培养学生的学习兴趣的第一责任人，在兴趣教育过程中处于主导地位。这就要求教师必须把培养学生的学习兴趣作为自己的一项重要任务和教学目标，切实贯彻好兴趣性的教学原则，履行好实施兴趣教学的重要职责，进而为学生的全面发展发挥应有的作用。

其次，学生学习兴趣的发展和形成，也取决于教师自觉的专门培养活动、教学艺术以及教师的整体素养状况，并且与教师的职业兴趣有着密切的关联。激情感染激情，兴趣激发兴趣。一般来说，有什么样的父母，就可能有什么样的孩子。同样，有什么样的教师，也就可能有什么样的学生。教师有多喜欢学生，学生便会有多喜欢教师；教师有多厌倦教，学生便会有多厌倦学。如果对学生没有真心的爱与兴趣，那么怎能指望学生对教师以及教学活动感兴趣呢？教师的悲哀就是学生对教师所教的学科没有兴趣，教师最大的悲哀就是把一个对这门学科有兴趣的学生弄得没兴趣。

教育是人（教师）与人（学生）心灵交融的工作，教师对教育、学生和任教学科的浓厚兴趣，不仅促使他认真地、充满热情地从事教学工作，钻研学科知识和教学方法，而且会对学生的学习和个性形成产生潜移默化的教育作用，还往往会感染学生并引起他们对学习、对相应学科的浓厚兴趣。裴斯泰洛齐将这种现象称为"教师和受教者之间的共鸣"。他指出，对数理学科有兴趣的教师会引起一些学生对数理学科的兴趣，喜欢文学的教师也会引起一些学生对文学的兴趣，这是因为"教师的兴趣与他要向学生传授的东西之间存在着最为明显的交互作用。如果他不是用他的全部精力专心于所教科目，如果他不关心所教内容学生是否理解，他所用的方法学生是否喜欢，那么他必定要疏远学生对他的爱戴之情，使他们对他所说的东西漠然置之。然而，对教学工作的真正兴趣——亲切的语言和更亲切的情感，面部表情以及眼神——决不会不对学生发生影响"（裴斯泰洛齐，1992）[393]。裴斯泰洛齐本人也正是以其对教育的热情、志趣和对学生的热爱而赢得后人的普遍尊重和敬仰的。赫尔巴特（1989）[268] 说，"教育者并不把那些与教学相适应的进步看成无所谓。他个人的同情，或者关心，与那种或多或少在学习中已被激发起来的兴趣共同起着非常强烈的作用"。第斯多惠非常强调教师的个性力量和人格魅力在兴趣教育中的重要作用。他特别指出，"用什么方法来引起学生的学习兴趣呢？用什么方法会使学生对课文产生兴趣呢？我认为首先教师本人要从内心喜欢讲授课文，并把兴趣转移到学生身上"。在他看来，"有活泼的父母才有活泼的孩子，有活泼的教师才有活泼的学生"。（第斯多惠，2001）[177-178] 斯宾塞（2005）[83] 说："当我们想起一个我们觉得像朋友的老师的管教，比起一个我们讨厌的、或至少不爱理睬的人的管教来，是多么有效与和善，我们就可以推断用快乐的原则进行教育的间接优点并不少于它的直接优点。"

现代教育家也十分重视教师的教育兴趣对于学生学习兴趣的重要影响。如杜威在《我们怎样思维》中指出，为何有的教师并未受过教育理论和心理学知识的训练等，却成为受欢迎的、优秀的甚至伟大的教师，其原因就在于他们以教学热情唤起了学生求知的渴望和心灵的萌动，而不是仅仅灌输和塞满知识。他说："给学生留下最持久的印象的教师，能够唤起学生新的理智兴趣，把自己对知识或艺术的热情传导给学生，使学生有探究的渴望，找到本身的动力。这是一件最为紧要的事。"在他看来，要达到这样的效果，除了知识及其传授需要一定条件和技巧外，"教师本身必须有真正的理智活动兴趣，必须热爱知识，这样，于无意中就会使其教学充满生机。一个令人生厌的、敷衍了事的教师将使任何学科变成死物"（杜威，2008e）[251]。克鲁普斯卡雅（1987）[295] 说："一个有才华的报告员，一个出色的教师，只有自己对某一事物非常喜爱，他才能使听众和学员对这一事物产生兴趣，才能把他们的思想引向这个方向，激发他们对这一问题的兴趣。"尤其是既为校长又为教师的苏霍姆林斯基，在他的帕夫雷什中学，学生之所以对某一门学科感兴趣，甚至因此走上专业化道路，许多情况下都是因为受到了教师的感染、启发和鼓励。苏霍姆林斯基（1984）[496]说："如果教师没有兴趣，那么学习对儿童来说就会变成枯燥的事情。"他在一篇专门介绍自己学习经历和办学成绩的文章中，用大量篇幅谈论了教师的兴趣爱好在兴趣教学中的重要作用及具体做法，在此引用其中一段来说明教师兴趣取向对学生兴趣的重要影响。

> 我给自己定了一条规则，就是要不断注视跟教学大纲有关的那些科学的最新成就和进展。特别重要的是要了解数学、物理学、生物学、生物化学和电子学的新成就。在我的实验室里（我给自己的工作室起了这个名称），放着一堆堆的笔记本（每一门科学或一个科学问题分别使用一个笔记本），里面都有几千条从杂志里摘录的材料和从报纸上剪下来的资料。我的这些兴趣和爱好，或者直接地或者通过教师间接地传给了我们的学生。（苏霍姆林斯基，1984）[461-462]

反过来说，学生的学习兴趣也会影响教师的教学兴趣。教学过程是教与学的双边活动，教师的热情唤起学生的学习兴趣，学生的兴趣又作用于教师的热情。教师乐教，学生乐学，两者有机结合在一起，就成为教与学的最佳交汇点，就能取得教学的最佳效果，而这一切的前提和条件主要在教师的兴趣。

许多优秀教师的经验也证明，他们之所以能做出卓越成绩并使学生学有兴趣，很重要的一点是他们喜爱自己所从事的职业和学生，并具有持久的兴趣或志趣。相反，一个教师如果不喜欢他所从事的职业和学科，就会失去工作的动力和快乐，就不能进行创造性的劳动和成功的教学，也就难以有效地培养学生的学习兴趣。一些调查研究也证实，教师的积极性和教学兴趣对教学工作的结果及学生都具有重要的影响。（Retelsdorf et al.，2010）因此，教师的教育兴趣作为教师素养特别是其个性修养的一部分，对学生的学习兴趣有着直接的促进作用，是实施兴趣教育不可或缺的要素之一。

五、走出职业倦怠：教育兴趣素养及其养成

教育兴趣素养的养成过程也是好教师品格养成的过程。关于好教师的品格，从古至今的论述十分丰富。其中夸美纽斯（2006）[293-294] 的有关论述，可以让这个问题回到它的理论原点："教师应当能胜任教学（是一个博学的教师）；教师应当能熟练地教学（是一个能干的教师）；教师应当热心教学（是一个不知懒惰和厌恶为何物的人）。""换言之，（1）他自己必须知道他要教给别人的东西；（2）他自己所知道的东西，他应当能教给别人；（3）他还应当愿意教他所知道、所能教的东西。"教师对教育的兴趣品质显然归属最后一种，属于精神层面、个性特征特别是情感要素范畴。我国教育学者提出，从身体和精神两大方面界定"教育者之资格"，其中在精神上，首先要求的是"教育者之知力须受形式的陶冶而有多方兴味。多方兴味云者，要有普通学之知识是也。如小学教员，尤非有此资格不可"（张子和，2009）[23-24] 其他要求则为具有教育知识、具有管理儿童才干、富有爱心、有威严、有道德品性、守秩序、有强固意志、有经历、能鉴机识变等。这说明教育兴趣也是教育者资格的一个主要内容。

（一）教育兴趣的要素

教师的兴趣素养与现行教育学提出的教师的一般素养并不矛盾，

我们提倡"教育的兴趣"不过是给这些一般素养增加些"燃料"和"调料",赋予其较多的动力和情感色彩而已。通过以上论述和分析,我们从中可以勾画出教师应具备的一些兴趣素养。

第一,对从事教育事业和教师职业充满兴趣或志趣。认为教育事业或教师职业最符合自己的个性和志向,最具有自我实现的价值和社会价值,也最能够满足个人的职业需要和充分发挥个人的聪明才智。有了它生活就觉得快乐,人生就有意义,离开它就不能生活,从内心深处和情感需要上把教书育人作为自己最喜爱的工作。这既是教育兴趣的核心和实施兴趣教育的基础,也是养成教师之爱、教师之乐的应有之义和内在要求,还会对教师整个职业素养和教育能力的提高产生重要的影响。如前所述,由兴趣教育出发,或为教育之爱,或为教师的幸福快乐,都要求教育工作者具有真挚、深刻而稳定的兴趣,进而发展为志趣,使"热爱教育事业"这一素养要求由教师的职业道德要求扩展为教师的个性心理品质或人格心理范畴。

第二,喜爱学生,对培养学生和学生发展饶有兴味。教育事业和教师职业的兴趣必须具体表现在促进学生成长进步和健康发展上,这就要求教师把自己的事业成功、幸福快乐和人生乐趣,与儿童青少年的成长进步和健康发展有机地联系在一起,视学生的发展为自己的发展,视学生的成功成才为自我价值实现的最佳途径,在学生中间其乐无穷,既享受教学过程又满足于教育结果,能够在学生的全面发展中找到自己的职业、生活乃至人生的乐趣,教学不厌,诲人不倦,心甘情愿地贡献自己的知识、才能和一切力量。

第三,痴迷任教学科,对它有浓厚兴趣。教师在学校主要是通过学科课程向学生传授知识,并促进其能力培养和个性发展的。因此,教师应对自己任教学科具有浓厚的兴趣,将其作为自己最喜欢的专业,饶有兴致地钻研它、全面而深入地把握它，做到举一反三、融会贯通，进而在教学中做到深入浅出、运用自如。并且，教师对自己所教科目的喜爱，还会直接感染并传导给学生，能有效地激发他们的学习兴趣。苏霍姆林斯基（1984）[463-464] 说，"我是文学教师，我承认我热爱自己的学科"，"使我高兴的是，我对语言的热爱传给了孩子们，占据了他们的思想和情感"。为此，他提出教师"要把读书当做第一精神需要，当做饥饿者的食物。要有读书的兴趣，要喜欢博览群书，要能在书本面前坐下来，深入地思考"（苏霍姆林斯基，1984）[416]。

第四，具有比较广泛的兴趣爱好。在学生心目中，教师是全知全能的；作为教师，要激发和培养学生的兴趣爱好，发展学生的个性特长，自己必须得有兴趣爱好，才会收到较好的教育效果。所以，教师应有广泛的兴趣爱好，使自己拥有比较广博的文化修养，以满足学生的各种好奇心和求知欲。关注教师的业余生活，引导和培养教师的兴趣爱好，正是学校管理者以人为本理念的最好体现，不仅能营造健康、高雅、和谐的校园文化，还能促进教师身心健康，帮助教师缓解职业倦怠，提高教育教学效益。苏霍姆林斯基确信，热爱和喜欢自己任教学科并有着广泛兴趣的教师有一种宝贵的品质：不仅有效地传授给学生实在的知识，而且能够有效地唤起他们的学习兴趣和求知欲望。苏霍姆林斯基本人在此方面做得十分出色，作为文学教师，他对数学、物理学、生物学、化学、电子学、天文学等方面的兴趣爱好，给学生以极大的影响；作为校长，他明确要求他学校的教师具备一种或几种技能或学科方面的兴趣爱好。

第五，有钻研教育教学理论和方法的兴趣，包括研究兴趣教育的兴趣。当前，提高教育教学质量、提升师资队伍水平的教育政策取向，对教师的教育素养提出了新的更高要求。为此，教师要结合自身实际，有兴趣地钻研教育教学理论和方法问题，以切实提高自己的教育教学能力。为了有效地实施兴趣教学，更好地培养学生的学习兴趣，教师还要积极钻研兴趣问题，研究和了解兴趣教育的理论和方法。苏霍姆林斯基在此方面做出了表率：在其论著中大量阐述有关培养学生兴趣的独到见解，发表一系列专门谈论兴趣教育的文章，还把兴趣问题提到校务委员会上进行讨论，并鼓励教师深入学习和研究兴趣问题［即"怎样恰当地激发学生的兴趣的问题，越来越引起我们的重视"（苏霍姆林斯基，1984）[231]］。

第六，做快乐有趣的教育工作者。大量事实和研究表明，儿童青少年有明显的"爱屋及乌"倾向，即对自己喜欢的教师所授科目比较感兴趣，学得也比较好，所以教师要努力做活泼开心的有趣人。斯宾塞（2009）[24-26] 说，"我以为，教育应当是快乐的。……教育之目的，是帮孩子成为一个快乐之人；教育的方法或手段也应当是快乐的"。他希望教师和家长都要"做一个快乐的教育工作者"，"努力做一个乐观之人"，因为"当一个快乐的人看孩子时，更多看到的是孩子的优点；而一个不快乐的人，更多看到的是孩子的缺点"。学生总是喜欢那些欣赏自己的教师，而对于自己不喜欢的教师所授的学科则不感兴趣，尽管他们明知道这门学科很重要。在生活中，我们都喜欢有情、有义、有胆、有识、有趣的人，学生也同样喜欢快乐向上、品德高尚、开拓创新、博学多才、风趣高雅的教师。作为教师，由于个性差异，面对各种压力，虽然不能做到时时处处都快乐有趣，但在学校特别是面对学生的时候，最好表现出风趣幽默、趣味高雅、情趣横生、兴趣盎然的一面，以自己的快乐给学生带来欢笑和愉快，为兴趣教育或快乐教育、学生发展乃至和谐校园尽一份力。这一点表现在课堂教学上也是如此。第斯多惠（2001）[177] 说："教师只有用活泼、激发性，兴致勃勃地（而不是矫揉造作地）来和儿童打交道，来上课，才能感到小小教学试验成功的欢乐。我们亲身体验到课堂教学艺术不是传授艺术，课堂教学艺术是激发、启迪和活跃。但是你本身要是没有激发性，没有主动性，又怎么能去激发学生，去唤醒睡眠的人，又怎么能去活跃别人呢？……活跃不在于外表显得匆匆忙忙，好像击剑那样手忙脚乱。活跃不在于面部表情，似乎做一下鬼脸就算活泼。真正的活跃就是精神活力，这种活力是自然而然流露在面部表情上。"

（二）教育兴趣的培养

兴趣非天生，关键在养成，养成在于方法得当。既然兴趣是可以培养的，那么教育的兴趣也可想方设法加以养成。正如梁启超（1992）[479]所言，"凡职业都是有趣味的，只要你肯继续做下去，趣味自然会发生"，即深入其中，专心致志，刻苦努力，不甘落后，除去妄想，一步一步奋斗，并细心体会其中的变化、发展和妙味，工作趣味自然生成。教育趣味的培养也是一样，教师要提高对职业特点和意义特别是其优势、好处的认识，但更为重要的是要在教育实践中身临其境、亲力亲为，才能体会到"只要你日日学，自然不厌，只要你日日诲人，自然不倦。趣味这样东西，总是愈引愈深，最怕是尝不着甜头，尝着了一定不能自已，……所以真肯学的人自然不厌，真肯诲人的人自然不倦"（梁启超，2005b）[347]。有教育工作者提出了一些保持教师职业兴趣的方法，如要有责任心和爱心、多与学生交流、善于学习和借鉴、体验内在成功感、掌握教育学与心理学知识等；又如用心感知教学产生教学兴趣，用专业知识保障教学兴趣，热爱学生激发教学兴趣，用责任感唤醒教学兴趣，富有激情提高教学兴趣。

苏霍姆林斯基则"提倡教师在日常工作中做一些科学研究"：

如果你[①]想让教师的劳动能够给教师一些乐趣，使天天上课不致变成一种单调乏味的义务，那你就应当引导每一位教师走上从事一些研究的这条幸福的道路上来。……教师在观察、研究和分析事实的基础上去创造教育现象，这正是创造性研究的最重要的因素——预见性之所在。不研究事实就没有预见，就没有创造，就没有丰富而完满的精神生活，就不会对教师工作发生兴趣。不去研究，积累和分析事实，就会产生一种严重的缺点——缺乏热情和因循守旧。只有研究和分析事实，才能使教师从平凡的、极其平凡的事物中看出新东西。能够从平凡的、极其平凡的、司空见惯的事物中看出新的方面、新的特征、新的细节，——这是创造性的劳动态度的一个重要条件。同时，这也是兴趣、灵感的源泉。如果教师没有学会分析事实和创造教育现象，那么那些年复一年地重复发生的事情在他看来就是枯燥的、单调乏味的，他就会对自己的工作失掉兴趣。(苏霍姆林斯基，1984)[494-496]

需要指出的是，由于兴趣的表现是多层次的，影响兴趣形成的因素是多方面的，所以如何才能让教师具有教育兴趣，如同学生学习兴趣的培养以及教师爱的情感的形成等一样，是一项复杂的系统工程。这类问题也如同苏霍姆林斯基（1984）[416] 所说的"怎样才能使读书成为每一位教师的需要"这个问题一样，"很难确定地说有些什么特殊的方法"（因为"读书的需要是靠教师集体的全部精神生活培养起来的"）。教育兴趣的培养虽然有一些具体办法，但是它主要与教师的全部素养、教学艺术，特别是与教师的情感、动机和态度等心理素养及其养成紧密联系在一起。从上述培养教育兴趣的一些方法和建议中

---

① "你"指校长。

也可以看出这一点。其中任何一种具体办法，都有其适用性和具体的条件，要寻找"医治百病的灵丹妙药"，显然是不切实际的。对此，我们要有清醒的认识，需要专门做深入广泛的调查和研究，应当系统把握、整体运用、综合调理，而不能局限于一两种具体的养成方法，不能为兴趣而兴趣，更不能追求一时的、表面的兴趣。正因为如此，杜威（2008a）[201]强调，"认为兴趣本身就是目的和方法，必将一事无成。兴趣不是靠考虑它和以它为目标就可以获得的，而是靠考虑和针对在它的背后和激发它的条件才能获得"。桑代克则明确指出："兴趣的标准虽甚重要，但是一种最难应用的标准。"（桑代克，盖兹，1935）[163-164]

鉴于教育工作和教育兴趣的特殊重要性，对教师兴趣素养的要求应当比对学生的更加严格。假如学生对学习某一学科不感兴趣的话，教师、家长等就必须想方设法加以引导和培养，或者极力寻求其他学科的兴趣加以弥补和平衡。但是做教师的就不一样了，虽然兴趣是可以逐步培养的，但是不管什么原因和情况，如果教师在教育岗位上确实不喜爱这一职业或学科教学，不能尽快或很好地树立起这方面兴趣，那么最好改行变业、另寻他途。特别是在现代教师地位和待遇有较大提高，有不少热爱教育事业、愿意终身从教的优秀人才等待上岗的情况下，更应该如此。对此，梁启超（2005a）[339]曾说："一个人若是在教育上不感觉有趣味，我劝他立刻改行，何必在此受苦？"胡适（1994a）[396-397]也说"一般优秀青年不愿受师范教育，就是受了师范教育的人，不愿从事教育工作"，"世界各国一般都有此现象"，解决这个问题的办法除了提高教师待遇、培养教育兴趣之外，就是录用那些以个人兴趣为标准选择教师职业的人。

从学校教育管理的角度看，要注意抓住以下几个关键环节：一是加强师范生的兴趣教育特别是教育兴趣的培养，让真正乐教适教的优秀学生读师范。二是在选择录用教师的时候把好教育兴趣关，即把好教师入口关，促使优秀人才从教。三是对于在岗教师要注重教育兴趣的培养和培训工作。四是对确不喜欢教育工作和教师职业的劝其改行或换岗。五是创设良好的环境，组织开展丰富多彩的活动，培养教师的业余爱好。总之，要通过一系列行之有效的方法，努力确保在岗教师都有终身的职业兴趣、饱满的工作兴趣、广博的专业兴趣。

结语

在各行各业中，教育工作面对天真烂漫的儿童青少年及其变化万千的心理世界，面对浩瀚无际和丰富多彩的知识海洋，实为一种能给教育者带来尊严与欢乐的职业。"我们每个正在当教师，以及还将继续当教师和可能选择当教师者，都需要自问：为什么我选择当老师？我想，只要有可能，人人都会期望找到一种能给自己带来尊严与欢乐的职业。"（叶澜，2000）[98] 教育兴趣是教育者热爱教育事业、走向幸福快乐的重要源泉，又是有效教学和直接影响学生学习兴趣的关键因素，还是破解教师职业倦怠、构建和谐师生关系的有效路径。持久、高雅的教育兴趣，是教育工作者必备的职业素养和心理品质，应成为好教师的主要标准之一。如果所有教师都具有这样的职业素养，达到如此的精神境界——做教育工作是他的最爱，当教师是他的志趣，所教学科是他的专业兴趣所在，那么职业的"尊严和欢乐"就必定会伴随其终身，我们的教育事业必将充满生机活力而大有希望，教育强国之梦也将指日可待。

学校教育是专门培养人的活动，承载着科学知识的传递、人类智慧的积累与民族文化的传承、社会意识的塑造，理应追求精神和素质的涵养与更深层次的价值和意义。面对新时代我国社会人民日益增长的美好生活需要和不平衡不充分的发展之间的主要矛盾，要消除社会存在的唯分数论、唯升学论、唯文凭论与教育存在的应试严重、分数至上、考试中心等顽瘴痼疾的影响，总而言之，要破解教育变得越来越功利化的严重问题，需要在全社会而不仅是教育系统内部深化教育改革，破除制约教育高质量发展的思想观念和机制体制束缚，同时深化学校教育的中心工作——教学的改革，其中一条就是大力提倡和切实进行兴趣教育理论和方法的研究与应用，加快扭转教育功利化倾向，从而有效推动教学和教育走上高质量发展轨道。

参 考 文 献

爱因斯坦，2000. 爱因斯坦晚年文集 [M]. 方在庆，韩文博，何维国，译. 海口：海南出版社.

奥斯特曼，2018. 兴趣及其与教育学的关系 [M]. 诸惠芳，译. 北京：人民教育出版社.

巴班斯基，1982. 论教学过程最优化 [M]. 吴文侃，俞翔辉，冯克难，等译. 北京：教育科学出版社.

巴班斯基，1986. 教学教育过程最优化 [M]. 吴文侃，译. 北京：教育科学出版社.

白吉庵，刘燕云，1994. 胡适教育论著选 [M]. 北京：人民教育出版社.

白利刚，1996. Holland 职业兴趣理论的简介及评述 [J]. 心理学动态（2）：27-31.

白铭欣，1987. 论德育时机 [J]. 教育研究（9）：65-67.

鲍若维奇，1958. 认识兴趣及其研究途径 [M]. 金初高，译//鲍若维奇，等. 儿童时期的认识兴趣及其形成条件. 丁由，等译. 北京：科学出版社：1-15.

本刊编辑部，1986. "端正教育思想，明确培养国标"问题讨论综述 [J]. 教育研究（10）：36-42.

彼得罗夫斯基，1981. 普通心理学 [M]. 朱智贤，等译. 北京：人民教育出版社.

波果斯洛夫斯基，科瓦列夫，斯捷潘诺夫，1981. 普通心理学 [M]. 魏庆安，等译. 2版. 北京：人民教育出版社.

波兹纳斯基，1952. 伟大的思想家柏林斯基论教育 [M]. 宗华，译. 上海：作家书屋.

博伊德，金，1985. 西方教育史 [M]. 任宝祥，吴元训，主译. 北京：人民教育出版社.

布鲁巴克，1989a. 教育目的的基本理论问题［M］. 党士豪，译//瞿葆奎，丁证霖. 教育学文集：第4卷：教育目的. 北京：人民教育出版社：319-388.

布鲁巴克，1989b. 西方教育目的的历史发展［M］. 张家祥，译//瞿葆奎，丁证霖. 教育学文集：第4卷：教育目的. 北京：人民教育出版社：391-418.

布鲁纳，1989. 布鲁纳教育论著选［M］. 邵瑞珍，张渭城，等译. 北京：人民教育出版社.

曹刍，1927. 各科教学法［M］. 上海：中华书局.

曹孚，1979. 外国教育史［M］. 北京：人民教育出版社.

陈伯吹，1932. 儿童故事中的趣味问题［J］. 儿童教育，4（6）：43-50.

陈伯吹，等，1949. 儿童戏剧与儿童教育［J］. 中华教育界，（复刊）3（2）：30-33.

陈熙光，1921. 卡特氏教学上教材与兴趣和复习的研究［J］. 教育汇刊（2）：1-10.

陈选善，1935. 教育测验［M］. 2版. 上海：商务印书馆.

陈友松，1982. 当代西方教育哲学［M］. 北京：教育科学出版社.

陈玉琨，1999. 教育评价学［M］. 北京：人民教育出版社.

达尼洛夫，1955. 鼓励学生学习［M］//达尼洛夫，等. 怎样提高学生学习的兴趣. 雷鸣蛰，等译. 上海：正风出版社：1-34.

德可乐利，1932. 比利时德可乐利的新教育法［M］. 崔载阳，译. 上海：中华书局.

第斯多惠，2001. 德国教师培养指南［M］. 袁一安，译. 北京：人民教育出版社.

董远骞，1994. 中国近代教学论教材编写史略［J］. 课程·教材·教法（1）：58-61.

董远骞，1998. 中国教学论史［M］. 北京：人民教育出版社.

董远骞，2007. 教学的理论与艺术［M］. 北京：人民教育出版社.

杜殿坤，1993. 原苏联教学论流派研究［M］. 西安：陕西人民教育出版社.

杜威，1994. 学校与社会·明日之学校 [M]. 赵祥麟，任钟印，吴志宏，译. 北京：人民教育出版社.

杜威，2001. 民主主义与教育 [M]. 王承绪，译. 2 版. 北京：人民教育出版社.

杜威，2008a. 杜威教育文集：第 1 卷 [M]. 吕达，刘立德，邹海燕，主编. 北京：人民教育出版社.

杜威，2008b. 杜威教育文集：第 2 卷 [M]. 吕达，刘立德，邹海燕，主编. 北京：人民教育出版社.

杜威，2008c. 杜威教育文集：第 3 卷 [M]. 吕达，刘立德，邹海燕，主编. 北京：人民教育出版社.

杜威，2008d. 杜威教育文集：第 4 卷 [M]. 吕达，刘立德，邹海燕，主编. 北京：人民教育出版社.

杜威，2008e. 杜威教育文集：第 5 卷 [M]. 吕达，刘立德，邹海燕，主编. 北京：人民教育出版社.

杜威，2010. 杜威全集：早期著作（1882—1898）：第 5 卷（1895—1898）[M]. 杨小微，罗德红，等译. 上海：华东师范大学出版社.

段力佩，1979. 谈谈提高教育质量的问题 [J]. 教育研究（2）：45-48.

方红梅，2009. 梁启超趣味论研究 [M]. 北京：人民出版社.

佛罗斯特，1987. 西方教育的历史和哲学基础 [M]. 吴元训，张俊洪，宋富钢，等译. 北京：华夏出版社.

格莱夫斯，2005. 中世教育史 [M] 吴康，译. 上海：华东师范大学出版社.

顾明远，2010. 教育感言 [N]. 光明日报，11-24（12）.

桂运安，2015. 兴趣是创新之源：诺贝尔物理学奖获得者杨振宁谈创新 [N]. 安徽日报，09-20（2）.

郭德俊，2005. 动机心理学：理论与实践 [M]. 北京：人民教育出版社.

郭德俊，刘海燕，王振宏，2012. 情绪心理学 [M]. 北京：开明出版社.

郭戈，1984. 怎样培养学生的学习兴趣：苏霍姆林斯基的见解和做法 [J]. 外国教育动态（6）：41-45.

郭戈，1985. 浅论苏霍姆林斯基的教学思想［J］. 河南大学学报（社会科学版）
（3）：105-107.

郭戈，1987. 西方近代的兴趣教育思想［J］. 教育研究与实验（3）：60-63.

郭戈，2010a. 愉快教育思想的开端：重读夸美纽斯的教育名著［J］. 当代教育与
文化，2（2）：22-27.

郭戈，2010b. 斯宾塞：快乐教育思想的一座丰碑［J］. 当代教育与文化，2
（5）：21-28.

郭戈，2011. 兴趣教育思想发展的"三部曲"：卢梭，赫尔巴特和杜威［J］. 当
代教育与文化，3（4）：38-45.

郭戈，2012a. 关于兴趣教学原则的若干思考［J］. 教育研究（3）：119-124.

郭戈，2012b. 兴趣课程观述评［J］. 课程・教材・教法，32（3）：3-11.

郭戈，2014a. 我国的乐学思想传统［J］. 课程・教材・教法，34（5）：11-
17，85.

郭戈，2014b. 论教育的兴趣［M］//中国教育学会教育学分会. 中国教育科学：
2014年第3辑. 北京：人民教育出版社：107-129.

郭戈，2016a. 教育学和心理学中的"兴趣说"［J］. 课程・教材・教法，36
（9）：3-13.

郭戈，2016b. 关于兴趣若干基本问题的研究［M］//《中国教育科学》编辑部.
中国教育科学：2016年第2辑. 北京：人民教育出版社：155-193.

郭鸣鹤，1933. 现代教学法通论［M］. 2版. 北平：文化学社.

哈贝马斯，1999. 认识与兴趣［M］. 郭官义，李黎，译. 上海：学林出版社.

哈尔拉莫夫，1983. 教育学教程［M］. 丁酉成，曲程，王悦祖，等译. 北京：教
育科学出版社.

郝克明，2006. 跨进学习社会：建设终身学习体系和学习型社会的研究［M］. 北
京：高等教育出版社.

何喜刚，王兆璟，1994. 赫尔巴特与杜威思想"兴趣"教学思想之比较研究

[J]. 西北师大学报（社会科学版）（1）：68-73.

何旭明，2011. 学习兴趣的唤起：教师的教育教学对学生学习兴趣的影响研究
　　[M]. 北京：教育科学出版社.

赫尔巴特，1989. 普通教育学·教育学讲授纲要 [M]. 李其龙，译. 北京：人民
　　教育出版社.

胡东芳，2004. 什么样的教师才是真正的好教师：中国和美国对好教师的比较
　　[N]. 中国教育报，04-27.

胡适，1994a. 教育学生培养兴趣 [M]//白吉庵，刘燕云. 胡适教育论著选. 北
　　京：人民教育出版社：396-399.

胡适，1994b. 中学生的修养与择业 [M]//白吉庵，刘燕云. 胡适教育论著选.
　　北京：人民教育出版社：388-395.

胡适，1994c. 杜威的教育哲学 [M]// 白吉庵，刘燕云. 胡适教育论著选. 北
　　京：人民教育出版社：76-85.

胡适，2005. 胡适口述自传 [M] 唐德刚，译. 合肥：安徽教育出版社.

华东师范大学教育系，杭州大学教育系，1980. 现代西方资产阶级教育思想流派
　　论著选 [M]. 北京：人民教育出版社.

华东师范大学教育系，浙江大学教育系，2001. 西方古代教育论著选 [M]. 北
　　京：人民教育出版社.

怀特，1997. 再论教育目的 [M]. 李永宏，等译. 北京：教育科学出版社.

怀特海，2002. 教育的目的 [M]. 徐汝舟，译. 北京：生活·读书·新知三联
　　书店.

黄昆辉，1968. 克伯屈教育思想之研究 [Z]. 台湾师大教育研究所集刊：第十
　　辑. 台北：台湾师范大学.

霍恩，1989. 杜威的教育目的论述评（下） [M]//丁证霖，瞿葆奎. 教育学文
　　集：第4卷：教育目的. 北京：人民教育出版社：573-591.

季姆娜娅，2008. 教育心理学：第2版 [M] 杜岩岩，译. 北京：教育科学出
　　版社.

加涅，布里格斯，韦杰，1999. 教学设计原理［M］皮连生，庞维国，等译. 上海：华东师范大学出版社.

蒋维乔，1919. 教育学讲义［M］. 上海：商务印书馆.

蒋维乔，2013. 蒋维乔自述［M］. 合肥：安徽文艺出版社.

蒋晓，1984. 赫尔巴特学派教学理论评述［J］. 华东师大学报（教育科学版）（1）：70-77.

《教育规划纲要》工作小组办公室，2010. 全国教育工作会议文件汇编［G］. 北京：教育科学出版社.

金雅，2005. 梁启超美学思想研究［M］. 北京：商务印书馆.

荆其诚，1964. 行为主义产生的历史背景［J］. 心理科学通讯（2）：3-10.

康德，2002. 道德形而上学原理［M］. 苗力田，译. 上海：上海人民出版社.

康德，2004a. 实践理性批判［M］. 邓晓芒，译. 北京：人民出版社.

康德，2004b. 纯粹理性批判［M］. 邓晓芒，译. 北京：人民出版社.

康德，2005. 论教育学［M］. 赵鹏，译. 上海：上海人民出版社.

康纳尔，1991. 20 世纪世界教育史［M］. 孟湘砥，胡若愚，主译. 长沙：湖南教育出版社.

康内尔，1990. 二十世纪世界教育史［M］. 张法琨，方能达，李乐天，等译. 北京：人民教育出版社.

克伯屈，1991. 教学方法原理：教育漫谈［M］. 王建新，译. 北京：人民教育出版社.

克拉斯沃尔，布卢姆，等，1989. 教育目标分类学：第二分册 情感领域［M］. 施良方，张云高，译. 上海：华东师范大学出版社.

克鲁普斯卡雅，1987. 克鲁普斯卡雅教育文选：上卷［M］. 卫道治，译. 北京：人民教育出版社.

夸美纽斯，1984. 大教学论［M］. 傅任敢，译. 2 版. 北京：人民教育出版社.

夸美纽斯，2006. 大教学论·教学法解析［M］. 任钟印，译. 北京：人民教育出版社.

昆体良, 1989. 昆体良教育论著选 [M]. 任钟印, 译. 北京: 人民教育出版社.

拉伊, 2005. 实验教育学 [M]. 沈剑平, 瞿葆奎, 译. 2 版. 北京: 人民教育出版社.

李春青, 1996. 论儒学体系中的"乐"范畴 [J]. 广东社会科学 (3): 45-51, 44.

李国庆, 1995. 简论西方心理学中关于需要问题的研究 [J]. 殷都学刊 (3): 77-81, 117.

李国庆, 2006. 现代欧美教育科学化运动的一个基石: 儿童研究运动之研究 [D]. 南京: 南京师范大学.

李洪玉, 何一粟, 1999. 学习动力 [M]. 武汉: 湖北教育出版社.

李江凌, 2004. 价值与兴趣: 培里价值本质论研究 [M]. 北京: 中国社会科学出版社.

李廉方, 2006a. 各科教授法总论 [M] //郭戈. 李廉方教育文存. 北京: 人民教育出版社: 11-20.

李廉方, 2006b. 《改造小学国语课程第三期方案》序言 [M] //郭戈. 李廉方语文教育论著选. 北京: 语文出版社: 220-223.

李廉方, 2006c. 最经济的合科教学法概论 [M] //郭戈. 李廉方语文教育论著选. 北京: 语文出版社: 300-315.

李明德, 1982. 论"教育心理学化运动" [J]. 教育研究 (10): 72-76.

李淑梅, 马俊峰, 2007. 哈贝马斯以兴趣为导向的认识论 [M]. 北京: 中国社会科学出版社.

梁启超, 1992. 敬业与乐业 [M] //夏晓虹. 梁启超文选: 下集. 北京: 中国广播电视出版社: 476-480.

梁启超, 2005a. 趣味教育与教育趣味 [M] //童秉国. 梁启超作品精选. 武汉: 长江文艺出版社: 336-341.

梁启超, 2005b. 教育家的自家田地 [M] //童秉国. 梁启超作品精选. 武汉: 长江文艺出版社: 342-347.

梁启超，2005c. 学问之趣味［M］//童秉国. 梁启超作品精选. 武汉：长江文艺出版社：348-351.

列宁，1958. 列宁全集：第20卷［M］. 北京：人民出版社.

刘次林，2003. 幸福教育论［M］. 北京：人民教育出版社.

刘佛年，1980. 全面发展和教学改革：在全国重点中学工作会议上的报告摘要［J］. 教育研究（5）：16-25.

刘佛年，1981. 有关发展学生智力的一些问题［J］. 教育研究（3）：2-7.

刘佛年，1986. 大面积提高教学质量的探讨［J］. 教育评论（1）：1-4.

刘薰宇，1926a. 青年与政治［J］. 教育杂志（1）：1-12.

刘薰宇，1926b. 教育漫谈（八）：传染"感觉"［J］. 教育杂志（12）：3-4.

刘薰宇，1947. 马先生谈算学［M］. 4版. 上海：开明书店.

刘薰宇，1948. 数学趣味［M］. 特1版. 上海：开明书店.

刘薰宇，1993. 怎样解决中等学校的学潮［M］//本书编辑组. 匡互生和立达学园教育思想教育实践研究. 北京：北京师范大学出版社：154-161.

卢梭，1978. 爱弥儿：论教育［M］. 李平沤，译. 北京：商务印书馆.

卢梭，2001. 爱弥儿：论教育：上卷［M］. 李平沤，译. 2版. 北京：人民教育出版社.

罗尔斯，1988. 正义论［M］. 何怀宏，等译. 北京：中国社会科学出版社.

罗廷光，1930. 普通教学法［M］. 上海：商务印书馆.

洛克，1985. 教育漫话［M］. 傅任敢，译. 北京：人民教育出版社.

洛克，2005. 教育片论［M］. 熊春文，译. 上海：上海人民出版社.

洛克，2006. 教育漫话［M］. 杨汉麟，译. 北京：人民教育出版社.

马克思，恩格斯，2012. 马克思恩格斯选集：第3卷［M］. 北京：人民出版社.

麦丁斯基，1953. 世界教育史：上册［M］. 叶文雄，译. 11版. 北京：五十年代出版社.

毛泽东，1993. 毛泽东文集：第1卷［M］. 北京：人民出版社.

毛泽东，1999. 毛泽东文集：第 7 卷［M］. 北京：人民出版社.

孟宪承，2006. 教育概论［M］. 福州：福建教育出版社.

孟昭兰，2005. 情绪心理学［M］. 北京：北京大学出版社.

苗力田，1989. 古希腊哲学［M］. 北京：中国人民大学出版社.

苗力田，李毓章，1990. 西方哲学史新编［M］. 北京：人民出版社.

墨菲，大卫夏弗，2006. 心理测验：原理和应用［M］. 张娜，杨艳苏，徐爱华，
　　译. 上海：上海社会科学院出版社.

帕刻，1924. 普通教学法［M］俞子夷，译述. 上海：商务印书馆.

潘菽，1983. 教育心理学［M］. 2 版. 北京：人民教育出版社.

裴斯泰洛齐，1992. 裴斯泰洛齐教育论著选［M］. 夏之莲，等译. 北京：人民教
　　育出版社.

彭凯平，1989. 心理测验原理与实践［M］. 北京：华夏出版社.

皮亚杰，1980. 发生认识论（续完）［J］. 傅统先，译. 教育研究（1）：93-
　　96，63.

皮亚杰，1981. 教育科学与儿童心理学［M］. 傅统先，译. 北京：文化教育出
　　版社.

皮亚杰，1982. 儿童的心理发展［M］. 傅统先，译. 济南：山东教育出版社.

皮亚杰，2015. 皮亚杰教育论著选［M］. 卢濬，选译. 2 版. 北京：人民教育出
　　版社.

瞿葆奎，2003. 胡克英教育文集［M］. 北京：教育科学出版社.

瞿增敏，1987. 关于"兴趣、态度"的评价［J］. 上海教育科研（3）：49.

全国九所综合性大学《心理学》教材编写组，1986. 心理学［M］. 南宁：广西
　　人民出版社.

任钟印，2001. 西方近代教育论著选［M］. 北京：人民教育出版社.

任钟印，2005. 夸美纽斯教育论著选［M］. 2 版. 北京：人民教育出版社.

桑代克，盖兹，1934. 教育原理［M］. 贡志容，译. 南京：南京书店.

桑代克，盖兹，1935. 教育之基本原理［M］. 宋桂煌，译. 2 版. 上海：商务印

书馆.

桑代克，1939. 成人的兴趣 ［M］. 陈礼江，喻任声，译. 长沙：商务印书馆.

单中惠，2007. 西方教育思想史 ［M］. 北京：教育科学出版社.

单中惠，2011. 西方教育问题史 ［M］. 北京：人民教育出版社.

沈杰，1984. 谈激发学习兴趣对于发展智力的重要意义 ［J］. 上海师范大学学报
（哲学社会科学版）（1）：138-140.

盛群力，等，2008. 21 世纪教育目标新分类 ［M］. 杭州：浙江教育出版社.

舒基娜，1955. 复习时发展学生认识兴趣的途径和方法 ［M］. 徐竹生，译//达尼
洛夫，等. 怎样提高学生学习的兴趣. 雷鸣蛰，译. 上海：正风出版社：
35-57.

斯宾塞，2005. 斯宾塞教育论著选 ［M］胡毅，王承绪，译. 2 版. 北京：人民教
育出版社.

斯宾塞，2009. 斯宾塞快乐教育书 ［M］. 张建威，十一的，译. 北京：中国妇女
出版社.

斯卡特金，1982. 现代教学论问题 ［M］. 张天恩，译. 北京：教育科学出版社.

斯卡特金，1985. 中学教学论 ［M］. 赵维贤，丁西成，译. 北京：人民教育出
版社.

苏霍姆林斯基，1980. 给教师的建议：上册 ［M］. 杜殿坤，译. 北京：教育科学
出版社.

苏霍姆林斯基，1984. 给教师的建议 ［M］. 杜殿坤，译. 2 版. 北京：教育科学
出版社（2005 印刷）.

索里，特尔福德，1982. 教育心理学 ［M］. 高觉敷，刘范，林传鼎，等译. 北
京：人民教育出版社.

索洛维契克，1983. 学习与兴趣 ［M］. 袁长在，甘雨泽，译. 哈尔滨：黑龙江人
民出版社.

STRAYER G D, NORSWORTHY N, 1932. 普通教学法 ［M］. 陈礼江，译. 上海：
民智书局.

泰勒，1994. 课程与教学的基本原理［M］. 施良方，译. 北京：人民教育出版社.

檀传宝，2000. 教师伦理学专题：教育伦理范畴研究［M］. 北京：北京师范大学出版社.

坦纳 D，坦纳 L，2006. 学校课程史［M］. 崔允漷，等译. 北京：教育科学出版社.

田本娜，2001. 外国教学思想史［M］. 北京：人民教育出版社.

田正平，李笑贤，2018. 黄炎培教育论著选［M］. 北京：人民教育出版社.

王北生，王程程，2017. 未来教育与未来教育之研究［J］. 课程·教材·教法，37（10）：4-11.

王策三，1985. 教学论稿［M］. 北京：人民教育出版社.

王承绪，赵端瑛，1993. 郑晓沧教育论著选［M］. 北京：人民教育出版社.

王承绪，赵祥麟，2001. 西方现代教育论著选［M］. 北京：人民教育出版社.

王克先，1987. 学习心理学［M］. 福州：福建少年儿童出版社.

王秀南，1947. 十年来中国实验教育的回顾与展望［J］. 中华教育界（复刊），1（1）：71-82.

魏克山，1955. 托尔斯泰论教育［M］. 陆庚，译. 上海：正风出版社.

乌申斯基，1989. 人是教育的对象：教育人类学初探：上卷［M］. 郑文樾，译. 北京：人民教育出版社.

乌申斯基，2007. 乌申斯基教育文选［M］. 张佩珍，冯天向，郑文樾，译. 2版. 北京：人民教育出版社.

吴馥梅，2001. 重温巴甫洛夫的高级神经活动学说［J］. 现代特殊教育（10）：40-42.

吴俊升，王西征，2006. 教育概论［M］. 福州：福建教育出版社.

吴立岗，1997. 动机形成的理论及相应的教学策略［J］. 外国中小学教育（4）：1-5.

吴明海，2008. 欧洲新教育运动的历史研究［M］. 北京：教育科学出版社.

吴式颖，2003. 外国教育史教程：缩编本［M］. 北京：人民教育出版社.

吴元训，1989. 中世纪教育文选［M］. 北京：人民教育出版社.

吴志宏，1984. 美国"进步教育运动"述评［J］. 外国教育动态（6）：49-53，62.

西尔维亚，2018. 兴趣心理学探索［M］. 刘聪慧，译. 北京：人民教育出版社.

肖学周，2004. 朱光潜《诗论》"情趣"说研究［D］. 北京：北京大学.

萧孝嵘，2009. 教育心理学：上册［M］. 福州：福建教育出版社.

谢恩皋，1930. 小学普通教学法［M］. 上海：中华书局.

休金娜，2006a. 认识兴趣是现代教学理论的重要问题［M］//冯克诚. 学校教育
    教学观与《中小学教育学》选读：第4辑：第3卷. 北京：中国环境科学出
    版社：221-229.

休金娜，2006b. 认识兴趣和形成世界观及进行德育的关系［M］//冯克诚. 学校
    教育教学观与《中小学教育学》选读：第4辑：第3卷. 北京：中国环境科
    学出版社：232-235.

休金娜，2006c. 活动：教育过程的基础［M］//冯克诚. 学校教育教学观与《中
    小学教育学》选读：第4辑：第3卷. 北京：中国环境科学出版社：251-259.

休金娜，2006d. 培养学生的学习兴趣［M］//冯克诚. 学校教育教学观与《中小
    学教育学》选读：第4辑：第3卷. 北京：中国环境科学出版社：260-262.

徐小洲，2000. 论赫尔巴特的教育目的论［J］. 浙江大学学报（人文社科版）
    （6）50-55.

亚里士多德，1990. 尼各马科伦理学［M］. 苗力田，译. 北京：中国社会科学出
    版社.

杨清，1981. 心理学概论［M］. 北京：人民出版社.

叶澜，2000. 论教师职业的内在尊严与欢乐［M］//中共上海市教育工作委员会，
    上海市教育委员会. 今天我们怎样做老师：上海教育名师讲坛报告集. 上海：
    上海教育出版社：96-117.

赞科夫，1980a. 和教师的谈话（小学教学问题）［M］. 杜殿坤，译. 北京：教育

科学出版社.

赞科夫，1980b. 教学与发展［M］. 俞翔辉，杜殿坤，译. 北京：文化教育出版社.

赞科夫，1984. 小学教学新体系的实验［M］//俞翔辉，等. 赞科夫新教学体系及其讨论. 北京：教育科学出版社：44-64.

赞科夫，2001. 论小学教学［M］. 俞翔辉，译. 2版. 北京：教育科学出版社.

张楚廷，2003. 课程与教学哲学［M］. 北京：人民教育出版社.

张二庆，耿彦君，2006. 西方自然主义教育思想发展述评［J］. 河北师范大学学报（教育科学版），8（3）：47-51.

张法琨，1984. 神学化·人本学化·心理学化：宏观西方教育思想发展的进程［J］. 华东师范大学学报（教育科学版）（2）：83-90.

张华，2000. 课程与教学论［M］. 上海：上海教育出版社.

张焕庭，1979. 西方资产阶级教育论著选［M］. 北京：人民教育出版社.

张履祥，葛明贵，2001. 基础心理学［M］. 合肥：安徽大学出版社.

张瑞策，1934. 小学教学法［M］. 2版. 北平：文化学社.

张云，2007. 经验·民主·教育：杜威教育哲学［M］. 上海：上海社会科学院出版社.

张子和，2009. 大教育学［M］. 福州：福建教育出版社.

章凯，2000. 兴趣与学习：一个正在复兴的研究领域［J］. 宁波大学学报（教育科学版），22（1）：27-33.

章凯，2004. 兴趣的自组织目标-信息理论［J］. 华东师范大学学报（教育科学版），22（1）：62-66.

赵茜，李刚，2018. 学校如何为学生未来做准备［N］. 中国教育报，11-14（6）.

赵廷为，2007. 教材及教学法通论［M］. 福州：福建教育出版社.

郑日昌，2008. 心理测量与测验［M］. 北京：中国人民大学出版社.

中国教育史研究会，1985. 杜威赫尔巴特教育思想研究［M］. 济南：山东教育出版社.

钟启泉, 2006. 现代课程论 [M]. 上海: 上海教育出版社.

周谷平, 叶志坚, 2006. 赫尔巴特教育学在中国: 一个跨越世纪的回望 [J]. 教育学报, 2 (5): 29-35.

朱光潜, 1987a. 谈人生与我 [M] //朱光潜. 朱光潜全集: 第 1 卷. 合肥: 安徽教育出版社: 57-61.

朱光潜, 1987b. 谈学文艺的甘苦 [M] //朱光潜. 朱光潜全集: 第 3 卷. 合肥: 安徽教育出版社: 340-344.

朱光潜, 1987c. 谈趣味 [M] //朱光潜. 朱光潜全集: 第 3 卷. 合肥: 安徽教育出版社: 345-348.

朱光潜, 1987d. 谈读诗与趣味的培养 [M] //朱光潜. 朱光潜全集: 第 3 卷. 合肥: 安徽教育出版社: 349-354.

朱作仁, 1980. 提高教学效率的几个问题 [J]. 教育研究 (1): 39-46.

庄泽宣, 2006. 教育概论 [M]. 福州: 福建教育出版社.

邹谦, 1969. 教育心理学 [M]. 台北: 正中书局.

佐藤学, 2004. 学习的快乐: 走向对话 [M]. 钟启泉, 译. 北京: 教育科学出版社.

ALLPORT G W, 1946. Effect: a secondary principle of learning [J]. Psychological Review, 53 (6): 335-347.

BERLYNE D E, 1949. "Interest" as a psychological concept [J]. British Journal of Psychology, 39 (4): 184-195.

BERLYNE D E, 1957. Uncertainty and conflict: a point of contact between information-theory and behavior theory concepts [J]. Psychological Review, 64 (6): 329-339.

CLYDE V M, 1952. A comparative study of the concept of interest in the educational philosophies of Johann Friedrich Herbart and John Dewey [D]. University of Southern California.

DE GARMO C, 1902. Interest and education: the doctrine of interest and its concrete application [M]. New York: Macmillan.

FINDLAY J J, 1902. Principles of class teaching [M]. New York: Macmillan and Co, Limited.

HARRINGTON T, LONG J, 2013. The history of interest inventories and career assessments in career counseling [J]. The Career Development Quarterly (1): 83-92.

HOLMES B, 1994. Herbert Spencer [J]. Prospects, 24 (3/4): 533-554.

LEE J K, 2008. Education and happiness: Perspectives of the East and the West [EB/OL]. (2008-12-12) [2021-01-28]. https: //files. eric. ed. gov/fulltext/ED503756. pdf.

MCMURRY C A, 1893. The elements of general method, based on the principles of Herbart [M]. Bloomington: Public School Publishing Co.

OSTERMANN W, 1899. Interest, in its relation to pedagogy [M]. New York: E. L. Kelloge & Co.

PEERS M, 1942. Ovide Decroly [M]. Bruxelles: Office de publicité.

PREDIGER D J, VANSICKLE T R, 1992. Locating occupations on Holland's Hexagon: beyond RIASEC [J]. Journal of Vocational Behavior, 40 (2): 111-128.

RENNINGER K A, HIDI S, KRAPP A, 1992. The role of interest in learning and development [C]. Mahwah: Lawrence Erlbaum Associates, Inc.

RENNINGER K A, HIDI S, 2011. Revisiting the conceptualization, measurement, and generation of interest [J]. Educational Psychologist, 46 (3): 168-184.

RETELSDORF J, BUTLER R, STREBLOW L, et al., 2010. Teachers' goal orientations for teaching: Associations with instructional practices, interest in teaching, and burnout [J]. Learning and Instruction, 20 (1) : 30-46.

RING W E, 1967. Experimental social psychology, some sober questions about some frivolous values [J]. Journal of Experimental Social Psychology, 3 (2): 113-123.

SCHIEFELE U, 1996. Topic interest, text representation, and quality of experience

［J］. Contemporary Education Psychology，21（1）：3-18.

SILVIA P J，2006. Exploring the psychology of interest［M］. New York：Oxford University Press.

THORNDIKE E L，1935a. The psychology of wants，interests and attitudes［M］. New York：Appleton-Century.

THORNDIKE E L，1935b. Adult interest［M］. New York：Macmillan.

TRACEY T J G，ROUNDS J，1996. The spherical representation of vocational interests［J］. Journal of Vocational Behavior，48（1）：85-95.

VAN DIJK T A，KINTSCH W，1983. Strategies of discourse comprehension［M］. New York：Academic Press.

BUHLER C，1938. Le développement des intérêts de l'enfant［J］. *Pour l'Ère nouvelle*，142：312-314.

平松秋夫，1970. ヘルバルト派教育学の我が国の教育に及ぼせる影響2：興味説を中心として［J］. 東京学芸大学紀要：第1部門 教育科学，21：1-25.

松岡侑介，2007. デューイ興味論における「興味」と「努力」の関連構造に関する一考察："Interest and Effort in Education"における論議を中心として［J］教育学雑誌（42）：59-74.

藤永保，1981. 心理学事典［M］. 東京：平凡社.

佐野真一郎，1995.「興味」論再考［J］. 豊橋短期大学研究紀要，12：197-206.

索　引
（人物、著作及重要术语）

373

后　　记

我对兴趣问题感兴趣，并钻研兴趣教育，有很长时间了。回想起来，在高中时我就对自己有兴趣科目的学习感到很神奇，还曾就有关感想写了一篇作文，但却不解兴趣之所以然，从此便留下了一个心结。读大学念教育系本科时，"普通心理学"课程中"兴趣"一节的讲授，建立了与这个心结的"暂时神经联系"，勾起了潜意识里我对兴趣问题的好奇心和求知欲。于是，怎样培养学习兴趣，便成为我大学时代专业研习的第一个话题。我饶有兴味地撰写了几篇文章，甚至还以《兴趣教育论》（1988）为题完成了硕士学位论文。此后30多年，无论是学习还是工作，我都没有失去继续钻研兴趣问题的兴趣，断断续续又发表了不少文章。一开始关注的是教学中培养学习兴趣的途径和方法，收集了大量有关文献资料；之后系统总结了古今中外教育家、心理学家论述和研究兴趣问题的思想观点；再后来就兴趣与教育教学过程的一系列关系问题分别进行了专题探讨；最后逐渐形成了自己的见解，初步构建起一个关于兴趣教育的理论体系，完成了《兴趣教育论》这部专著，从而对自己多年来持续思索着的这么一个令人感兴趣的话题做了一个了结，画上了一个句号。

在拙著即将出版之际，要特别鸣谢早年曾经帮助过我的几位老师：一是我在信阳高中文科班就读时的班主任、地理教师全玉福（后担任了校长）。他不仅促使我在高考志愿中填报了教育系学校教育专业（包括教育学、心理学），而且在我高中毕业时让我撰写了如何好好学习的文章，这是我最早触及培养学习兴趣的问题（文章的其他三项内容分别是树立远大理想、选好文理科、讲求学习方法），为后来我在大学期间钻研兴趣教育提供了"原型启发"。二是大学时"普通心理学"课程的任课教师、时任河南省心理学会秘书长凌培炎教授。他是我撰写第一篇有关兴趣文章的指导者和处女作发表的促成者，我的学术创作之路由他引领启航，令我着实难忘。三是我的硕士生导师，时任河南大学教育系主任、河南省教育学研究会理事长王汉澜教授。他悉心指导我完成学位论文《兴趣教育论》，这也是本书的雏形和起点。

需要说明的是，本书是兴趣教育理论的总汇，吸收了许多相关研究成果，其中较多地参考了中华女子学院副院长薛小丽在西南大学读博士的学位论文；人民教育出版社李化侠博士在与我进行博士后合作研究时，参与了本书第九章"兴趣的测验和评价"的撰写。她们也是本书部分章节的作者之一，在此一并表示谢意！最后，还要感谢教育科学出版社社长、总编辑郑豪杰以及本书的责任编辑，他们为本书的编辑出版和质量提升付出了很多辛劳，也提出了很好的意见。我的第一部拙著《李廉方教育思想研究》（1995），也是本人博士学位论文（1991）的修改稿，就是在教育科学出版社出版的；现在，这部积多年之功完成的新著也将由该社出版，我甚感欣慰。

本人水平有限，书中有不少不足之处，敬请读者、学者批评指正。学无止境，研究无涯，对于各方意见，我将认真汲取，不断修正和完善。

作者
2023 年 8 月 23 日
于北京魏公村

出 版 人　郑豪杰
责任编辑　何　艺
版式设计　杨玲玲
责任校对　贾静芳
责任印制　叶小峰

图书在版编目（CIP）数据

兴趣教育论／郭戈著. — 北京：教育科学出版社，
2024.1
　　ISBN 978-7-5191-3516-4

　　Ⅰ.①兴…　Ⅱ.①郭…　Ⅲ.①学习兴趣—教育研究
Ⅳ.①G442

　　中国国家版本馆 CIP 数据核字（2023）第 123439 号

兴趣教育论
XINGQU JIAOYULUN

出 版 发 行	教育科学出版社				
社　　　址	北京·朝阳区安慧北里安园甲 9 号		邮　　编	100101	
总编室电话	010-64981290		编辑部电话	010-64989336	
出版部电话	010-64989487		市场部电话	010-64989009	
传　　　真	010-64891796		网　　址	http://www.esph.com.cn	
经　　　销	各地新华书店				
制　　　作	北京金奥都图文制作中心				
印　　　刷	三河市兴达印务有限公司				
开　　　本	720 毫米×1020 毫米　1/16		版　　次	2024 年 1 月第 1 版	
印　　　张	25.25		印　　次	2024 年 1 月第 1 次印刷	
字　　　数	285 千		定　　价	88.00 元	